环氧彩色抗滑路面表层技术与应用

主 编 刘书祥 肖庆一 刘 剑

中国建材工业出版社

图书在版编目（CIP）数据

环氧彩色抗滑路面表层技术与应用/刘书祥，肖庆一，刘剑主编. -- 北京：中国建材工业出版社，2022.11
ISBN 978-7-5160-3582-5

Ⅰ.①环… Ⅱ.①刘…②肖…③刘… Ⅲ.①沥青路面—抗滑性能—研究 Ⅳ.①U416.217

中国版本图书馆 CIP 数据核字（2022）第 168358 号

内 容 提 要

本书分上下两篇，上篇侧重介绍环氧类抗滑材料组成、配合比、性能及评价，开展对沥青路面环氧彩色抗滑路面表层内部路面结构与材料的特性研究，研制适用于隧道路面铺装用环氧结合料，并提出环氧彩色抗滑路面表层铺装的施工工艺；下篇侧重介绍在高速公路隧道出入口的设置应用，服务于隧道出入口路面安全性提高，分析隧道出入口事故原因、隧道出入口过渡段设置、隧道出入口减速设计、环氧彩色抗滑路面表层材料抗滑性能及仿真试验研究，最后介绍环氧抗滑材料在太行山高速上的应用情况。

本书可供公路、道路工程建设管理、设计、施工、监理等领域专业技术人员参考，也可供相关院校师生借鉴。

环氧彩色抗滑路面表层技术与应用

Huanyang Caise Kanghua Lumian Biaoceng Jishu yu Yingyong

主　编　刘书祥　肖庆一　刘　剑

出版发行：中国建材工业出版社
地　　址：北京市海淀区三里河路 11 号
邮　　编：100831
经　　销：全国各地新华书店
印　　刷：北京雁林吉兆印刷有限公司
开　　本：787mm×1092mm　1/16
印　　张：11
字　　数：300 千字
版　　次：2022 年 11 月第 1 版
印　　次：2022 年 11 月第 1 次
定　　价：**78.00 元**

本社网址：www.jccbs.com，微信公众号：zgjcgycbs
请选用正版图书，采购、销售盗版图书属违法行为
版权专有，盗版必究。本社法律顾问：北京天驰君泰律师事务所，张杰律师
举报信箱：zhangjie@tiantailaw.com　　举报电话：(010)57811389
本书如有印装质量问题，由我社市场营销部负责调换，联系电话：(010)57811386

本书编委会

主　　编：刘书祥　肖庆一　刘　剑

副主编：刘　翠　朱　斌　周　彤　袁景玉　杨景丽

编写单位：中电建冀交高速公路投资发展有限公司

　　　　　河北工业大学

前　　言

近年来，我国高速公路建设发展迅速，截至2021年，我国已建设高速公路16.91万公里，居世界首位。我国的山脉众多、水域广阔，随着脱贫攻坚全面胜利，山区等欠发达地区路网布局优化，山区高速公路在新建高速公路中的比例明显提高。桥梁、隧道是山区道路的关键构筑物，可以降低高程障碍、减小坡度和曲率、缩短里程、提高车速，在山区高速公路建设中得到了大规模的建设。山区高速公路桥梁及隧道进出口受环境的温度、风、雨雪、紫外线辐射等影响差异较大，导致桥梁、隧道路段的行车安全事故发生率远高于其他路段，常常形成高速公路事故黑点。

为有效提高山区高速公路特殊路段路面综合安全服务水平，寻求切实有效的工程技术措施以提高桥梁、隧道路段路面综合路用性能、抗滑水平及视觉效果，近几年，越来越多的科研机构加大对新材料、新技术的开发应用，并将一部分研究成果应用于桥梁、隧道铺面工程中，取得了良好的效果。环氧彩色抗滑路面表层技术作为一项重要的新技术，可以提高驾驶员的注意力以及对物体的识别效果，通过颜色的示意作用来实现对交通的引导与警示，特殊组成材料设计形成特殊的纹理构造，提升道路安全技术等级，全面改善山区道路车辆行车安全。此外，彩色路面还具有改善道路环境的作用，在公园、广场、城市街道和旅游风景区等场所应用给行人带来别样的视觉体会。目前，国内对高速公路路面特殊路段抗滑铺装材料与结构的研究较少，缺乏国家规范对彩色路面铺装质量控制和施工工艺的指导，路用结合料与彩色骨料的各项性能很难满足实际工程的应用需求，主要表现在力学性能、粘结性能、施工和易性、路用耐久性和抗紫外线老化性等较差，彩色路面铺装后，经常在一两年内出现开裂、剥落和脱层等病害，这说明国内铺装材料研发以及施工工艺还有较大的提升空间。

太行山高速公路是一条穿越太行山区的国家高速公路，全长约651公里，已建和在建200公里、新建451公里；走向为由北向南，在河北省境内依次穿越张家口、保定、石家庄、邢台、邯郸五个市，途经19个县（市、区）。太行山地理位置独特，是连接河北省与沿线各省市的重要纽带，可以起到促进周边城市经济发展的作用；作为河北省太行山区的重要旅游通道，它可以缓解京港澳高速石安段的交通压力；它是一条名副其实的"扶贫路、致富路、旅游路、发展路、科技路"，河北省计划将太行山区建成北京的休闲区和产业承载地，对于疏解北京非首都功能、开发沿线矿产和旅游资源、带动群众致富具有重要意义，是河北省的重点建设项目。其中太行山高速公路邯郸段贯穿整个邯郸市，北接太行山高速公路邢台段，南与河南省林州至桐柏高速公路林州段相接，是全线地形最复杂、施工难度最大的一段。项目地处山岭重丘区，其中桥隧路段比例高，超过40%。为了提升太行山高速公路特殊路段道路安全水平，中电建冀交高速公路投资发展有限公司与河北工业大学土木与交通学院联合组成课题攻关团队，依托邯郸段开展环氧彩色抗滑路面表层技术研发与应用课题攻关。

本书为"基于隧道环境的彩色发光及浅色彩色发光抗滑表层技术及其视觉功效分析"项目研究成果的汇总，内容包括上篇和下篇两个部分，共14章。上篇包括5章，着重介绍环氧彩色抗滑路面表层材料制备关键技术与性能，根据高速公路隧道进出口的特殊道路环境开展彩色路面结构与材料方面的研究；设计了环氧彩色抗滑路面表层加沥青混凝土复合结构方案；进行彩色抗滑表层结合料的优化配比设计研究；分析铺装后彩色路面复合结构的路用性能和现场施工技术。下篇包括9章，着重介绍环氧彩色抗滑路面表层在山区高速公路特殊路段上的设计、大比例性能评估及隧道进出口工程示范，提出对隧道进出口过渡段速度规范控制措施、隧道进出口过渡段长度的确定；基于视错觉理论，提出环氧彩色抗滑路面标线设置方案，基于模拟驾驶试验确定最佳的铺设方案；通过小型加速加载装置做了轮胎与路面的磨耗试验，完成环氧彩色抗滑路面表层大比例长期性能研究；基于太行山高速公路邯郸段有关工程完成试验段研究。

硕士研究生刘彦兵、杨萌、刘晓健、崔晓宇、王文斌对本书部分数据图表绘制、分析和校对提供了重要帮助，出版社杨娜老师的支持和鼓励对本书成稿发挥了重要作用，在此向他们表示深深的谢意。

由于作者水平所限，书中难免存在不妥之处，恳请广大读者批评指正。

编者
2022年9月

目 录

上篇 环氧彩色抗滑路面表层制备关键技术

1 环氧彩色抗滑路面表层技术概要 ··································· 2
  1.1 环氧彩色抗滑路面表层技术发展的背景和意义 ··············· 2
  1.2 环氧彩色抗滑路面表层制备技术发展的现状 ··················· 3
  1.3 环氧彩色抗滑路面表层制备技术内容 ························· 9
2 环氧彩色抗滑路面表层材料组成 ······································· 11
  2.1 环氧基复合材料 ·· 11
  2.2 原材料的选择与试验方法 ······································· 12
  2.3 彩色骨料性能测试 ··· 20
  2.4 本章小结 ··· 23
3 环氧彩色抗滑路面表层材料配比及性能 ······························ 24
  3.1 环氧基复合材料配比优化设计 ································· 24
  3.2 环氧结合料的性能 ··· 36
  3.3 本章小结 ··· 56
4 环氧彩色抗滑路面表层复合结构路用性能的影响 ··················· 57
  4.1 沥青混凝土（环氧表层下卧层）配比及性能 ················ 57
  4.2 路用性能影响分析 ··· 59
  4.3 本章小结 ··· 75
5 环氧彩色抗滑路面表层的抗滑性能研究 ······························ 77
  5.1 试验设备介绍 ··· 77
  5.2 试验方案 ··· 80
  5.3 磨光值试验 ·· 82
  5.4 小型加速加载下的抗滑性能试验 ······························ 84
  5.5 本章小结 ··· 87

下篇 环氧彩色抗滑路面表层在隧道工程中的应用

6 环氧彩色抗滑路面表层应用概要 ······································· 90
  6.1 环氧彩色抗滑路面表层在隧道进出口应用背景意义 ········ 90
  6.2 环氧彩色抗滑路面表层技术应用概况 ························· 91
  6.3 环氧彩色抗滑路面表层应用技术内容及其逻辑关系 ········ 93
7 隧道进出口过渡段交通减速措施研究 ································· 95

7.1 减速措施类型及特点 ·· 95
   7.2 减速措施设置理论基础 ··· 100
   7.3 本章小结 ·· 102
8 隧道进出口过渡段长度的研究 ··· 103
   8.1 隧道进出口交通事故原因研究与分析 ·· 103
   8.2 隧道进出口行驶特点 ·· 105
   8.3 隧道进出口过渡段及其长度确定 ·· 108
   8.4 本章小结 ·· 109
9 隧道进出口过渡段减速措施的设置与应用 ·· 110
   9.1 颜色设计原则 ·· 110
   9.2 两种减速措施设置参数的确定 ·· 111
   9.3 隧道进出口过渡段减速措施设置形式 ·· 116
   9.4 仿真场景的建立 ··· 119
   9.5 本章小结 ·· 120
10 驾驶中的视觉特征及眼动试验理论 ··· 122
   10.1 隧道进出口行车环境 ··· 122
   10.2 隧道进出口驾驶员行为特征 ··· 123
   10.3 眼动仪试验方法可行性研究 ··· 125
   10.4 模拟驾驶 ··· 126
   10.5 本章小结 ··· 126
11 驾驶员视觉特征模拟试验 ·· 127
   11.1 试验目的 ··· 127
   11.2 试验方法 ··· 127
   11.3 试验模型建立 ··· 127
   11.4 灯具照明布置 ··· 128
   11.5 试验过程 ··· 130
   11.6 本章小结 ··· 132
12 隧道进出口过渡段环氧彩色抗滑路面表层对驾驶员眼动影响研究 ························· 133
   12.1 试验方案设计 ··· 133
   12.2 试验步骤 ··· 135
   12.3 试验数据统计及分析 ··· 137
   12.4 本章小结 ··· 151
13 环氧彩色抗滑路面表层的应用与施工技术研究 ·· 153
   13.1 环氧彩色抗滑路面表层的工程应用 ··· 153
   13.2 试验路检测 ·· 156
   13.3 经济性评价 ·· 158
   13.4 社会性评价 ·· 158

  13.5 本章小结 ··· 159
14 结语 ··· 160
  14.1 主要结论 ··· 160
  14.2 展望 ·· 161
参考文献 ··· 162

上篇
环氧彩色抗滑路面表层制备关键技术

1 环氧彩色抗滑路面表层技术概要

1.1 环氧彩色抗滑路面表层技术发展的背景和意义

近年来，我国高速公路建设发展迅速，截至 2020 年年底，我国高速公路总里程已经突破 16 万公里，居世界首位。我国是一个山脉多、水域广的国家，公路建设面临着更加复杂的自然环境，跨越无数高山峻岭是建设公路需要攻克的难题之一。而桥梁、隧道可以降低高程障碍，减小坡度和曲率，缩短里程，提高车速，因此桥梁、隧道建设逐渐得到了大规模的推广。

桥梁、隧道为空间窄小的特殊构造物，桥梁路面及隧道进出口路面受环境温度、风、雨雪、紫外线辐射等影响差异较大，导致桥梁、隧道路段的行车安全事故发生率远高于其他路段，成为高速公路交通事故频发的主要路段。根据桥梁、隧道事故调查资料，发现水泥混凝土铺筑路面平整度低、抗滑性差、养护难度大，应用数量相对较少；沥青路面具有行车噪声小、驾驶舒适性高、行驶安全性好、维修简易、资源利用率高等优势，高速公路沥青路面的大规模应用逐渐取代了原水泥混凝土路面。而在桥梁、隧道环境铺设普通的沥青路面存在一些问题，如：沥青混合料早期抗滑性能良好，后期存在性能衰变；单一的色调容易使驾驶者感到视觉疲劳；施工期产生的烟尘大、能耗高；运营期间的水稳定性存在衰变，使用耐久性差，以及防火问题、行车安全性问题等[1]。

近几年，越来越多的科研机构加大对新材料、新技术的开发应用，并将一部分研究成果应用于桥梁、隧道铺面工程中，取得了良好的效果。而环氧彩色抗滑路面表层技术作为其中重要的一种应用技术，可以提高驾驶员的注意力以及对物体的识别效果，通过颜色的作用来实现对交通的引导与警示，从而提升交通管理的工作效率与安全性，使得车辆行驶更为有序。此外，彩色路面铺装还具有改善道路环境的作用[2]，以及抗滑减速、养护路面表层结构的功能。

为了满足大众对高速公路行驶舒适性与安全性等方面的需求，就需要选用粘结强度高、路用性能可靠、耐久性优良的铺装材料。截至目前，彩色路面无论从铺装材料的选择还是工程造价方面都比普通沥青路面需要更多成本[3]。此外，铺装材料的耐久性也一直是彩色路面发展的瓶颈。但从未来城市道路与高速公路发展着眼，彩色路面铺装技术会逐渐趋于完善，并在不同区域得到大规模的应用。

目前，国内缺乏国家规范对彩色路面铺装质量控制和施工工艺的指导，路用结合料与彩色骨料的各项性能很难满足实际工程的需要，主要表现在力学性能、粘结性能、施工和易性、路用耐久性和抗紫外线老化性等较差，彩色路面铺装后，经常在一两年内出现车辙、开裂、剥落和脱层等病害。因此，根据高速公路桥梁、隧道特殊路段的行驶环境开展路面铺装材料与结构的研究，在以往研究经验的基础上，综合考虑交通荷载，桥梁、隧道环境和经济适用性等问题，通过对传统双酚 A 型环氧树脂掺加不同种类的添加剂进行化学改性，得到彩色新型环氧基复合材料，然后以该种彩色结合料为基体研发出一种符合隧道路用功能性要求且成本相对较低的环氧功能层材料，并与彩色骨料结合成一种多功能型的彩色环氧铺装层。该彩色超薄功能层路面，不仅提高了驾驶员的舒适度，同时还改善了道路安全性。环氧结合料与彩色抗滑骨料对彩色铺装层的路用性能能否达到预期效果起到了重要作用，因此针对环氧彩色抗滑路面表层铺装技术中存在的问题，开展环氧彩色抗滑路面表层铺装材料与结构特性研究，制备适应沥青路面的彩色环氧结合料，提出环氧彩色抗滑路面表层铺装设计方法，对铺装施工工程具有重要的理论和现实的指导意义。

1.2 环氧彩色抗滑路面表层制备技术发展的现状

1.2.1 彩色路面铺装的应用现状

随着交通安全越来越受到关注，很多国家展开了对彩色路面的应用探索。欧美等国率先开始研究彩色路面，最早将其用于道路工程的安全管理方面。20 世纪 60 年代，苏联公路学院对彩色路面展开了研究[4]，在明斯克市区修建了大面积的彩色路面，结果证明了彩色路面能够起到诱导与警示交通的作用，并降低道路安全隐患。日本在彩色路面研究领域做得比较成功，在 20 世纪 70 年代初对彩色抗滑路面开始了研究，随后在城市行车道、停车站、公园和广场等公共场合铺设了很多的彩色路面，并召开了关于彩色路面的国际会议，引起世界强烈反响。

彩色路面技术最早用于城市道路，提高了道路与周围环境的协调性，还起到警醒路人、降低驾驶员疲劳等作用。彩色路面从工程材料角度主要分为彩色沥青路面和环氧型彩色路面。环氧树脂作为高分子聚合物的一种，具有很大优势，养护时间较短且易于施工。环氧彩色表层铺装厚度较小，对路面、桥梁不会造成承重负担，且其力学强度高、耐腐蚀性强、固化速度快、抗滑耐磨以及耐久性能良好。

国内的彩色路面铺装技术研究较晚，始于 20 世纪 80 年代，近几年的研究集中于彩色路面施工技术的应用研究。虽然我国开展该项研究时间较短，但发展速度很快。在国外研究成果的基础上，也在努力探索研发适用于我国城市道路与公路特点的彩色路面，长安大学郝培文等人在成都铺设彩色沥青试验路；成渝高速路段铺有黄色等间距间断形式的彩色路面；上海的延安西路铺设绿色公交专用道；连霍高速公路上的双幅隧道口铺有三种不同颜色的彩色抗滑路面。如今，世界各国的彩色路面种类繁多，根据实际工程来源和施工应用材料的不同将彩色路面主要分为以下三种类型[5]。

（1）沥青彩色路面。沥青彩色路面厚度一般大于 3cm，与普通沥青路面不同之处是用无机盐类颜料替代填料，同时采用彩色骨料代替普通骨料填入沥青混合料中，此种施工工艺能够配出多种颜色。当使用彩色骨料和脱色沥青拌和时，混合料颜色取决于骨料本身的颜色。由于普通沥青是黑色，容易挡住其他颜色，需要对普通沥青进行脱色处理并选择适当的溶剂对其改性方能达到正常沥青材料的技术指标，因此施工工艺要比普通沥青路面复杂得多。另外，沥青彩色路面的生产成本极高，高温性能与耐久性能都较差，对环境污染严重，在行车荷载与外界环境作用下，彩色骨料颜色很快就会变浅，且不适用于重载交通路面，目前该技术已逐渐被淘汰。

(2) 水泥灌浆沥青混合料彩色路面。这种新型半柔性路面在英国、日本、法国以及我国使用较多[6]。水泥灌浆沥青混合料彩色路面的施工工艺主要是向加有添加剂的水泥浆料中掺入颜料制成彩色水泥，再将彩色水泥灌入成型后的大孔隙开级配沥青路面的缝隙中养护，即形成半柔性彩色水泥灌浆沥青混合料路面。这种路面材料能克服普通沥青的缺点，具有与水泥混凝土类似的刚性，整体强度高、抗渗水性能强、受温度影响小、高温稳定性好、胀缩量小，无须设置伸缩缝，施工成本低廉，视觉效果较好，但施工工艺比较复杂，施工要求较高，施工的质量通常决定路面的质量[7]。

(3) 环氧彩色抗滑路面。该彩色路面是将一种适用于特定施工路面环境的环氧树脂涂覆于需处理的路面，然后根据道路功能选择出单一规格的彩色骨料，随即在道路表层撒布均匀。该路面不仅预防了行驶车辆发生打滑，而且施工工艺省时简便，养护期短，适用范围广。彩色路面能够引导驾驶员在特定路面区域内行驶，警示效果强，还可避免混行，同时提高了夜间道路能见度。摩擦系数较高的彩色路面可缩短制动距离，改善道路安全性，又因其表层耐磨性强，可以显著延长路面使用寿命。

近年来，环氧彩色抗滑路面技术在很多国家得到了推广与应用。环氧树脂材料作为一种多功能型高分子聚合物，具有耐久性良好、快速提高路表抗滑性能与交通安全性等优势，可以应用于如隧道进出口标线、立交桥桥面与高速公路急转弯处等区域，得到了国内外研究人员的广泛关注。

1.2.2 环氧彩色抗滑路面表层材料的研发现状

环氧彩色抗滑路面表层材料是为了防止汽车在隧道路面行驶过程中发生打滑，当道路潮湿时，在弯道、下坡、隧道进出口等多发交通事故，采用的抗滑铺装材料，可起到警视和抗滑减速的作用。环氧彩色抗滑路面表层材料作为一种从欧美引进的新型预防性养护铺装技术，相比环氧沥青混凝土铺装材料具有很多明显的材料性能优点[8]，例如高低温性能稳定、粘结强度高、耐腐蚀性强、铺装厚度薄、固化时间短、抗滑耐磨以及施工工艺简便。而国内因对其缺乏充分的了解与缺少实际施工中的操作经验，导致了环氧抗滑表层材料在国内交通工程领域应用较少。

环氧抗滑表层作为彩色抗滑路面最重要的路面结构，其材料性能决定了彩色抗滑路面整体的路用性能。环氧抗滑表层材料发明于英国，在美国等发达国家得到了飞速发展，美国已在全国40多个州应用了环氧彩色抗滑路面表层技术[9]。截至目前，世界已有很多研究机构对路用环氧树脂材料展开了大量研究。1985年，韩国Rang W. Lee与Ju Won Kim[10]等人开发了一种浅黄色的高分子环氧胶粘剂，并通过马歇尔稳定性试验、车辙试验和加速老化试验等对比试验证明了其与彩色骨料具有良好的兼容性。1993年，在美国公路战略研究计划（SHRP）中分析了修复桥面的多种方法[11]，得出铺装环氧抗滑表层能够使桥面寿命至少延长十年。两年后，美国国家公路与运输协会（AASHTO）公布了聚合物铺装表层的技术指标。21世纪初，Michael S. Stenko[12]研究了应用在桥面铺装的环氧抗滑层的摊铺方法与使用性能，证实了环氧胶粘剂用于路面铺装具有优异的实用性与力学强度。美国得克萨斯州大学对比四种高分子聚合物混凝土铺装材料的使用效果，证明铺装环氧抗滑表层的抗滑性与耐久性良好[13]。日本在美国等发达国家研究的基础上提出了创新方案与符合实际路面环境的改进方法，并对铺装环氧抗滑层进行了大量的研究工作,特别是在其应用方面,颁布实施了《日本增摩阻环氧树脂施工要领》,制定了环氧结合料与彩色骨料的技术标准,推出了彩色抗滑表层施工指南,以便于在道路急转弯处、公路陡坡处、隧道进出口与高速公路收费站入口等区域使用,例如在日本北九州市行车道铺设的铁红色路面与停车处铺装的草绿色路面等。韩国 Hyung Lee Soo[14]等人通过研究彩色路面投入使用不久后出现的骨料脱落、表面褪色、脱层等病害原因,对铺装彩色抗滑表层技术提出了进一步改进方案,使用熔融喷射法有效改善了施工工艺。因此,施工技术应以安全优良的施工特性为发展目标,并由创新改性材料、施工工艺以及机械化设备来确保路面耐久性[15]。

近年来,国内外环氧彩色抗滑路面表层技术蓬勃发展。我国对彩色路面的研究起步晚。在国外研究成果的基础上,也在积极探索适用于国内路面情况的环氧彩色抗滑路面表层技术。同济大学李立寒等人[16]通过对双酚 A 型环氧胶粘剂的性能研究,分析了环氧基复合材料使用性能的关键影响因素。武汉理工大学方星等研究环氧抗滑表层材料的使用性能,预估疲劳寿命,说明了外界环境、车辆荷载和摩擦力影响彩色骨料的剥落程度,提高温度、增加荷载与摩擦力都会加重彩色骨料的脱落,而环氧彩色抗滑路面表层材料具有很高的粘结强度与良好的耐磨性。长安大学雷磊对聚氨酯环氧树脂磨耗试件进行拉拔试验和加速磨耗试验,研究表明环氧表层具有优异的拉拔强度,层间附着力和抗滑性能满足重载交通对加铺层的使用要求[17],适用于各种混凝土路面铺装。薛希亮跟踪调查了葛洲坝工程中环氧树脂材料的使用情况,调查结果表明了环氧胶粘剂有良好的防水性能。长沙理工大学张大斌[18]研究了使用 DLERA 环氧胶的桥面铺装层的耐疲劳性能、黏附性能与低温性能等,说明该环氧表层在桥面铺装领域具有广泛的应用价值。上海神科薄层铺装公司研制出新型彩色环氧涂料,应用于抗滑层实体工程,显著提高了施工效率。重庆智翔公司于 2000 年在重庆马桑溪大桥铺筑环氧磨耗层试验段,5 年后常规性能检测良好,并申请了施工方法的专利,在全国多省推广应用。彩色路面施工现场如图 1-1 所示。

图 1-1 彩色路面施工现场

我国的环氧树脂原材料多从国外进口。国内比较知名的厂家如天津珂赛思公司、上海彩瑄建材公司，与国内名校成立了科研团队，但对环氧胶结料改性的核心技术仍依赖于英国公司，国内的原创性技术较为薄弱。

环氧树脂作为高分子聚合物的一种，具有很高的黏度、热稳定性以及耐腐蚀性能，选择不同的固化剂和其他外加剂能够得到性能各异的环氧基复合材料，将其引入隧道铺装中，即在原有路面涂刷粘结力强的环氧基复合材料，再撒布磨光值很高的彩色骨料，由于环氧基复合材料本身就可作为防水粘结剂，具有良好的不透水性与粘结强度，能有效隔绝水和空气与沥青混合料接触，路面耐久性良好。此法适合各种路面，防滑耐磨，维修方便，色彩丰富且持久。目前，国外将环氧树脂材料广泛应用于隧道进出口、交叉口、陡坡及高速公路收费站等特殊路段。

综上所述，环氧彩色抗滑路面表层材料相比其他几种铺装材料，具有颜色鲜艳持久、施工简便、抗滑性好、能够改善行车条件等诸多优势，得到广泛应用。

1.2.3 阻燃彩色路面材料研究现状

常见的沥青材料由碳氢化合物及非金属衍生物组成，其燃烧属于分解放热过程，燃烧的熔珠洒落、流淌，最终可能酿成火灾。在隧道等特殊环境下，燃烧过程还可能会分解出氢气、甲烷等易燃气体[19]，促进燃烧反应的进行，从而加速沥青的热分解。隧道环境较为封闭，散热慢，燃烧升温快，在短短几分钟内，温度甚至能升高到1000℃左右，从而引发范围更广的火灾，对驾驶员造成严重的生命威胁，对隧道路面结构造成巨大破坏，使得交通陷入瘫痪，且短期很难修复，维修成本高昂。1950年，国外将阻燃矿物纤维掺入沥青中提高沥青路面的阻燃性能[20]，但没有达到预想的阻燃效果。随着对道路阻燃技术的持续探索，20世纪70年代，英国开始将难燃的有机卤化物以及无机填料掺入沥青胶结料中。自21世纪以来，公路路面阻燃技术在我国得到了广泛应用。2000年，重庆市的高速公路隧道采用阻燃沥青路面材料铺筑了约6000m长；2003年，贵州的公路隧道采用了阻燃SBS改性沥青混合料铺筑路面。隧道防火非常重要，而隧道路面材料的防火性能作为其中重要的一部分，地位不可小觑，对其材料阻燃性能的研究可谓势在必行。

阻燃一般分为两种方式：一是降低燃烧速率并减少热量释放，这种阻燃方法主要应用对象为高聚物；二是依靠包覆着材料表层的保护层来起到阻止材料燃烧的作用，主要应用对象为建筑结构材料。由于道路粘结材料普遍使用高聚物，在此只涉及高聚物的阻燃技术探讨。

铺装环氧抗滑表层沥青路面可隔绝大气环境与沥青混合料的直接接触，能够有效减少隧道路面在高温环境及车轮摩擦情况下发生的结构破坏和燃烧现象。环氧树脂作为一种可燃的高聚物，在外界一定加热条件下会发生氧化降解，生成有毒气体和凝聚物，对人体造成伤害，如图1-2所示，因此制备环氧结合料时需考虑如何提升其阻燃性能，改善道路安全性。

依据燃烧理论，高聚物在加热情况下发生热裂解燃烧[21]，根据自由基链式反应进行燃烧，以下述步骤进行：

(1) 链引发见式 (1.1)

$$RH \longrightarrow R\cdot + H\cdot \tag{1.1}$$

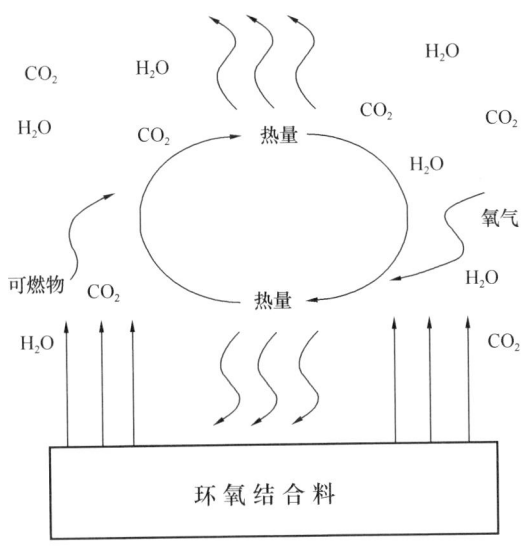

图 1-2　环氧结合料的燃烧过程示意

(2) 链增长见式 (1.2)、式 (1.3)

$$R\cdot + O_2 \longrightarrow ROO\cdot \tag{1.2}$$

$$RH + ROO\cdot \longrightarrow ROOH + R\cdot \tag{1.3}$$

(3) 链支化见式 (1.4)、式 (1.5)

$$ROOH \longrightarrow RO\cdot + \cdot OH \tag{1.4}$$

$$2ROOH \longrightarrow ROO\cdot + RO\cdot + H_2O \tag{1.5}$$

(4) 链终止见式 (1.6)～式 (1.9)

$$2R\cdot \longrightarrow R-R \tag{1.6}$$

$$R\cdot + \cdot OH \longrightarrow ROH \tag{1.7}$$

$$2RO\cdot \longrightarrow ROOR \tag{1.8}$$

$$2ROO\cdot \longrightarrow ROOR + O_2 \tag{1.9}$$

由上述燃烧机理可知，聚合物燃烧由可燃物、热源、空气和自由基反应四要素组成，破坏或抑制其中一个或多个要素就能有效控制高聚物的燃烧分解，从而达到阻燃效果。聚合物材料的阻燃机理主要分为固相阻燃机理、气相阻燃机理和中断热交换阻燃机理三类。

(1) 固相阻燃机理

固相阻燃又称凝聚相阻燃，指阻燃剂燃烧时产生多孔性焦化层或炭层覆盖在表面，可减少热裂解产物以及隔绝空气[22]，抑制分解与燃烧，如硼酸锌、聚磷酸铵等膨胀型阻燃剂就应用该机理阻燃。

(2) 气相阻燃机理

气相阻燃，指阻燃剂燃烧时释放出高密度气体，覆盖在高聚物表面，具有阻碍聚合物燃烧生成的可燃气体与空气接触的作用，从而达到阻燃的目的。如卤化锑协效阻燃剂的分解产物可与高聚物分解产物反应生成卤化氢，捕获燃烧反应中的活性自由基，使燃烧减缓[23]。同时，反应生成的三卤化锑密度较大，起到稀释和覆盖作用，具有较好的阻燃效果。

(3) 中断热交换阻燃机理

中断热交换阻燃机理，指高聚物受热分解出现熔滴现象，可以带走聚合物燃烧分解产生的热量，减少热量持续向聚合物内部的传导，使其达不到热分解温度，从而延缓燃烧并减少可燃物质的产生。但熔滴可能引燃其他物质，具有潜在的火灾风险。隧道路面作为密实的平面铺装结构[24]，不具备形成"熔滴"的条件，因而该方法不适用于隧道路面材料。

基于燃烧的四要素来选择高聚物的阻燃机理和阻燃剂。阻燃剂一般通过吸热冷却、生成保护层、气相覆盖以及减缓燃烧的链式反应等阻燃模式来实现对材料阻燃的效果，需要对阻燃剂进行深入研究才能得到其阻燃机理。

阻燃剂可根据化学结构分为无机阻燃剂与有机阻燃剂。卤系阻燃剂作为应用最广泛的有机阻燃剂，具有用量少、覆盖领域广、阻燃效率良好等特点[25]，且其分解温度与高聚物的热分解温度相近，能及时起到阻燃作用。卤系阻燃剂中的不同元素化合物表现出不同的性能，对卤系阻燃剂的性质有直接影响。研究表明，溴化物和氯化物的阻燃效果较好，但氯系阻燃剂需为溴系阻燃剂的两倍用量时才能起到相同作用，同时氯化物燃烧产生大量烟气，对交通安全造成严重影响。因此，通常选用溴化物作为阻燃剂，常用的溴系阻燃剂主要有十溴二苯醚、十溴二苯乙烷和六溴环十二烷等众多品种。

多溴二苯醚作为溴系阻燃剂的代表，其C—Br键易断裂生成溴自由基，对燃烧的链式反应有抑制作用，具有较高的阻燃效率。然而，在1982年研究人员发现多溴二苯醚在燃烧过程中会生成致癌气体[26]，如多溴二苯并呋喃等，燃烧时伴有大量浓烟产生，使得多溴二苯醚阻燃剂被禁止在欧美使用与销售。1990年在美国Albemarle（雅宝）公司人工合成了十溴二苯乙烷（DBDPE），作为多溴二苯醚的替代品，其熔点与高聚物分解温度相匹配；分子结构无醚键，不会产生有毒气体；白度高，抗紫外老化性强。而三氧化二锑（Sb_2O_3）作为应用最广的高聚物高效阻燃剂，与DBDPE形成卤锑阻燃体系，可以明显提高高聚物的阻燃效率，对材料基体力学性能影响小。

1.2.4 现有技术发展分析

随着我国进入大规模高等级公路建设的黄金时期，国内一些科研单位和养护技术公司合作进行了彩色路面铺装技术研究，但尚未进行大规模的应用。结合多年国内外铺装环氧彩色抗滑路面表层技术的应用研究，结果显示，主要病害形式为磨损剥落、脱层和开裂等。其损害原因如下：

(1) 环氧胶结料属于热固性材料，一般胶结料在交通荷载和外界环境长期共同作用下存在一些老化、脱落及断裂等病害，需研制适用于隧道路面环境的黏度大、韧性强的环氧基复合材料。

(2) 国内近年来已经进行了部分环氧彩色抗滑路面表层工程应用，但环氧彩色抗滑路面表层和沥青混凝土的热膨胀系数不同，使得有些环氧胶结料与原路面相容性差，从而产生温缩裂缝，容易造成路面出现层间开裂、水损害等病害。同时，施工前原路表面未彻底干燥，层间结合处污染多，开放交通后在交通荷载及冻融循环长期作用下，容易出现脱层病害。

(3) 环氧彩色抗滑路面表层+沥青混凝土复合结构在与车轮间的摩擦以及外界环境条件的综合影响下容易引起铺装层抗滑性能衰减、骨料磨损剥落以及脱层等病害现象，且多发生于轮迹带处。增加铺装层厚度可在一定程度上延长路面的使用寿命。调查显示，环氧彩色抗滑路面表层的使用寿命为10年左右，建议在骨料发生大量脱落前加铺一层，以保证其防滑性。目前，尚未系统研究沥青路面铺设环氧彩色抗滑路面表层的抗滑耐久性的衰变规律。

在隧道等特殊环境下，很多环氧彩色抗滑路面表层＋沥青混凝土复合结构出现了粘结性能差、抗滑性能衰变太快、耐久性和水稳定性未系统研究和设计方法尚未提出等方面的问题，从而严重影响了环氧彩色抗滑路面表层技术的广泛应用，亟待妥善解决。

1.3 环氧彩色抗滑路面表层制备技术内容

1.3.1 技术内容

针对现有环氧彩色抗滑路面表层制备技术存在的不足，本篇开展适用于桥梁、隧道路面铺装的环氧彩色抗滑路面表层材料制备技术研究，并提出环氧彩色抗滑路面表层铺装的施工工艺。其主要阐述的技术内容包括：

1. 环氧彩色抗滑路面表层材料的组成及试验方法

根据环氧胶结料在彩色铺装路面中的作用，广泛收集并调查分析了相关规范及实体工程应用情况，研究了环氧基复合材料和骨料的技术性能指标及要求。通过考虑各种材料的应用原理以及特性比较，分析了各类添加剂性质对环氧胶结料性能的影响，选择出适用于隧道环境的环氧树脂进行性能试验研究，并确定各组分添加剂在环氧胶结料中的作用，从而为后续优选材料做准备。制定了从各组分材料的特性和力学性能角度对环氧结合料的技术性质进行分析的试验方案，从而确定了道路铺装用环氧胶结料的技术指标要求。

2. 环氧彩色抗滑路面表层材料的配比设计及性能评价

基于华北隧道进出口的应用环境特点，根据环氧彩色抗滑路面表层材料组成及特性进行环氧结合料的优化配比设计研究，确定主剂、固化剂、稀释剂、增韧剂、填料及阻燃剂等材料的最佳掺比，并通过进行试验研究检测其使用性能。此外，由于环氧彩色抗滑路面表层铺装施工时，结合料黏度不断变化，且时间和温度对黏度变化趋势影响较大，因此通过采用动态剪切流变试验（DSR）对环氧基复合材料进行速率扫描和温度扫描研究其流变性能，并通过流变曲线对其黏弹性进行分析。由于层间界面处是整个环氧彩色抗滑路面表层铺装结构的薄弱环节，在分析环氧抗滑磨耗层与旧路面层间粘结强度形成机理的基础上，将力学试验指标（如拉拔强度、拉伸剪切强度）作为室内环氧结合料试件的粘结性能指标，在环氧结合料铺装表面进行拉拔试验和拉伸剪切试验来评价环氧抗滑层中环氧结合料与沥青混合料的粘结性能。考虑铺装材料直接暴露在外界空气中，受到光照以及气候影响，可能会降低高分子材料的耐老化性能，因此应对该环氧结合料的耐紫外线老化性能进行分析。

3. 环氧彩色抗滑路面表层＋沥青混合料复合结构铺装的路用性能研究

在分析国内外环氧彩色抗滑路面表层铺装设计方法的基础上，根据室内试验的研究结果，确定环氧彩色抗滑路面表层的最佳环氧结合料用量。环氧彩色抗滑路面表层复合结构在隧道交通荷载及外界环境长期持续作用下，会产生一定的变形损害，且彩色路面铺装层受环境影响较大,因此将对环氧彩色抗滑路面表层复合结构进行路用性能研究,同时了解其摩擦系数衰减规律,通过室内马歇尔试验、车辙试验、小梁弯曲试验、冻融劈裂试验、汉堡车辙试验、间接拉伸试验评价了环氧彩色抗滑路面表层对沥青混合料高温性能、低温性能、水稳定性以及耐疲劳性能的影响程度,研究环氧彩色抗滑路面表层复合结构与普通沥青面层的路用性能的差异,为实现环氧彩色抗滑路面表层+沥青混合料复合结构的铺装工程应用与推广提供技术参考。

4. 环氧彩色抗滑路面表层抗滑耐久性能研究

为研究彩色抗滑表层的抗滑性能,设计了以小型加速加载装置为核心仪器的磨耗试验,通过贯穿在试验全过程的摩擦系数与构造深度的测试,对比普通沥青路面与加铺彩色抗滑表层试验路面的检测数据。

1.3.2 技术内容逻辑结构

环氧彩色抗滑路面表层制备技术的逻辑关系如图 1-3 所示。

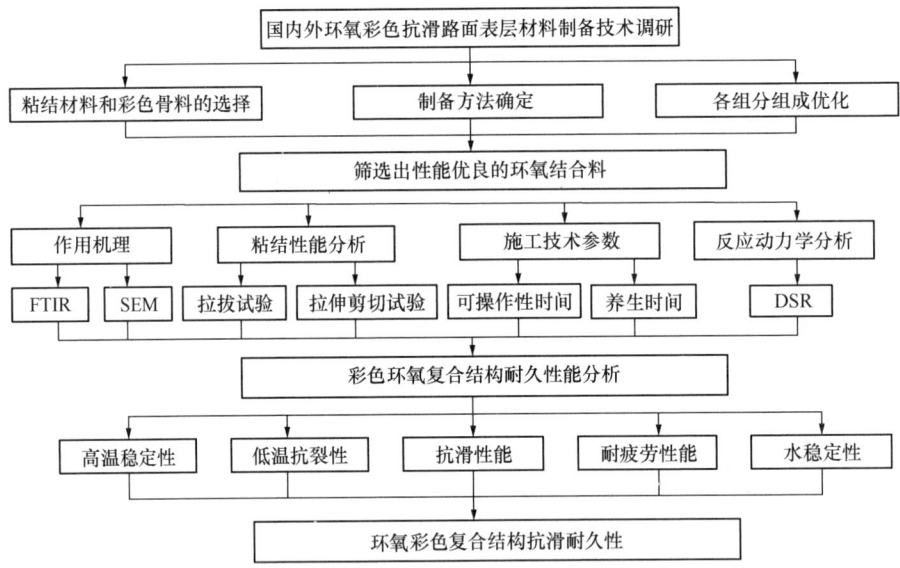

图 1-3 环氧彩色抗滑路面表层制备技术内容内在逻辑图

2 环氧彩色抗滑路面表层材料组成

环氧彩色抗滑路面表层作为一种新型的路面铺装材料,是对沥青路面进行预防性养护铺装的重要组成结构,直接暴露在大气环境中,承受温度与交通荷载。环氧材料种类众多,分子结构与组成成分复杂,性能差异大,紧密结合我国北方地区(公路气候分区Ⅱ大区)环境需求,因此需要对其性能进行优化。本章根据环氧彩色抗滑路面表层材料的实际性能要求,确定了通过力学性能测试(拉伸强度、伸长率、弹性模量等试验指标)优化环氧结合料的配比设计方案。在国内外环氧抗滑表层材料相关规范的基础上,对环氧结合料的基本性能指标进行了检测,并结合实体工程应用对新型环氧粘结料的固化反应前后物质性能变化以及耐紫外线老化性能进行微观机理研究。

2.1 环氧基复合材料

环氧彩色抗滑路面表层材料用的环氧基复合材料是由环氧树脂、固化剂、增韧剂、稀释剂、填料、阻燃剂及微量助剂组成,将主剂环氧树脂和外加剂合理配比成韧性好、强度高、反应活性大的固化体系,使得环氧结合料具有很好的初始黏度,提高了结合料对沥青路面的粘结力,同时改性环氧结合料由于表面张力低,容易润湿被黏物,进一步增强了与路面的粘结强度,并通过表面扩散和内部渗透提高了黏附性。由于环氧结合料的力学性能与粘结性能优异,施工工艺简便,近些年来在汽车、电气、建筑、交通和航空航天领域得到广泛应用。路用环氧基复合材料在国外研究应用较多。以美国、日本为主的发达国家经过几十年的研发探索,使得该技术逐渐走向成熟,应用于不同等级路面的抗滑、增摩处理,提出了相关使用措施并制定了详细的技术规范,显著提升了环氧彩色抗滑路面表层对于沥青路面的使用效果。由于我国对于环氧结合料的研究起步较晚,因此国家标准以及相关部门颁布的标准中都没有明确的环氧彩色抗滑路面表层材料的技术指标。通过调研国内常用的环氧彩色抗滑路面表层材料,发现只有湖北和重庆制定了表层环氧防滑铺装设计与施工技术指南。国内外现行的环氧彩色抗滑路面表层结合料的性能指标见表2-1。

表2-1 国内外环氧彩色抗滑路面表层材料的性能指标

技术指标	中国	美国	日本
黏度(25℃)/mPa·s	1000~5000	7000~25000	—
抗拉强度/MPa	≥10	≥12	≥3
粘结强度/MPa	≥1.7	≥1.7	≥1.2
耐溶剂腐蚀性	—	—	无变形、软化、膨胀
低温抗裂性	—	—	—
耐候性	无起皱、裂缝、剥落	—	无起皱、裂缝
吸水率/%	<1	—	—
凝胶时间(25℃)/min	15~30	15~45	—

2.2 原材料的选择与试验方法

2.2.1 原材料

2.2.1.1 环氧树脂

环氧树脂（EP）是指分子含有两个及以上环氧基团的聚合物的总称，是胶结料和涂料等高分子材料的主要基体。其在固化剂作用下，能发生化学反应形成三维交联网状固化物，属于热固性聚合物[27]。EP 种类繁多，主要应用于建筑涂料、电子和航空领域。其从官能团方面可主要分为缩水甘油胺类、缩水甘油醚类。其从应用特性方面可分为以下五种。

（1）双酚 A 型环氧树脂。双酚 A 型环氧树脂作为用量最大的一类通用型 EP，原材料容易获取，产量较大，成本较低，用途广泛，占我国 EP 总产量的 85% 以上。该型 EP 含有羟基和环氧基，使固化物具有良好的粘结力和内聚力；羟基与醚键属于极性基团，显著增强了浸润性和黏附力；醚键和 C—C 链带来柔韧性，苯环提供了刚性和耐热性[28-29]；—C—O— 的键能高，使得结合料具有良好的耐碱性，在涂料行业和电子行业得到广泛应用。其结构式如图 2-1 所示。

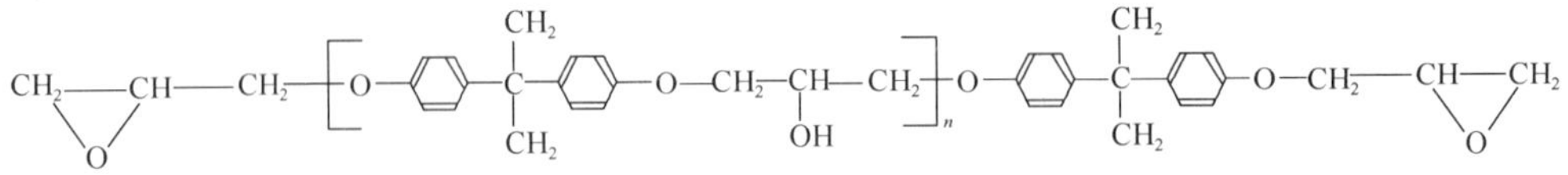

图 2-1 双酚 A 型环氧树脂分子结构式

（2）双酚 F 型环氧树脂。双酚 F 型环氧树脂黏度较小，仅为双酚 A 型环氧树脂的 1/3[30]。其稳定性和耐腐蚀性较好，但是耐热性较差。其结构式如图 2-2 所示。

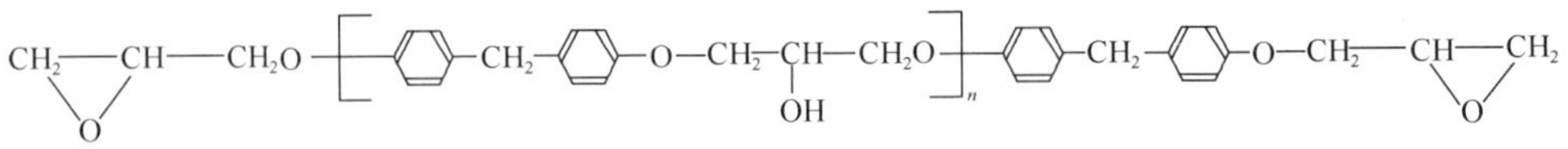

图 2-2 双酚 F 型环氧树脂结构式

（3）双酚 S 型环氧树脂。双酚 S 型环氧树脂的黏度略高于双酚 A 型环氧树脂的黏度，强极性的砜基赋予其优异的热稳定性和粘结力，提高了化学稳定性及尺寸稳定性[31]。其结构式如图 2-3 所示。

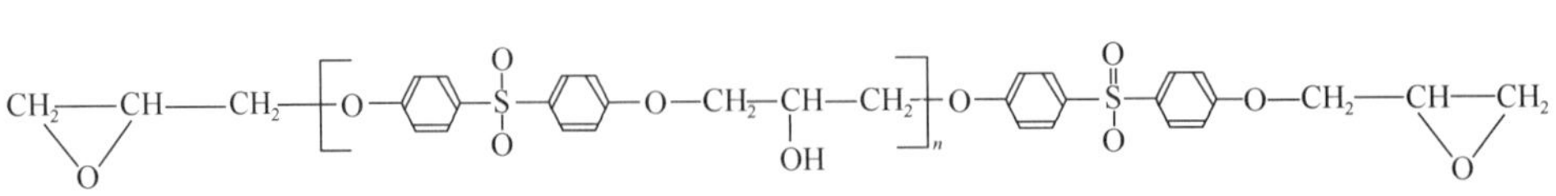

图 2-3 双酚 S 型环氧树脂结构式

（4）氢化双酚 A 型环氧树脂。氢化双酚 A 型环氧树脂分子中不含双键，黏度和硬度较低[32]，具有良好的耐候性和加工工艺性，但凝胶时间是双酚 A 型环氧树脂的两倍，存在生产工艺复杂、使用不便以及成本高等缺陷，只适于作为改性剂使用。其结构式如图 2-4 所示。

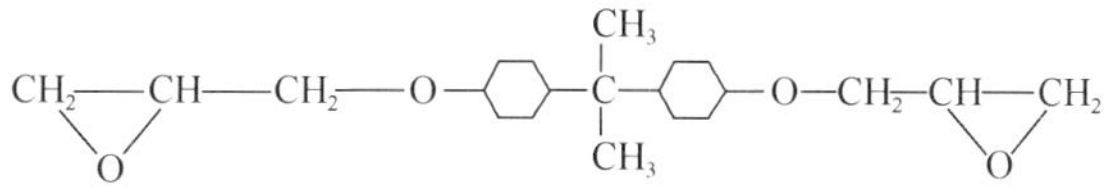

图 2-4 氢化双酚 A 型环氧树脂结构式

（5）线型酚醛环氧树脂。线型酚醛环氧树脂是由苯酚或邻甲酚与甲醛反应制得的酚醛树脂，再与环氧氯丙烷反应生成，环氧官能度大于 2[33]，固化物交联密度较大。缺陷是黏附力较小，脆性较大，低温性能和耐碱性较差，固化时需较高温度，产物有水生成，使得固化收缩率较大，常用作电子设备中的密封材料。其结构式如图 2-5 所示。

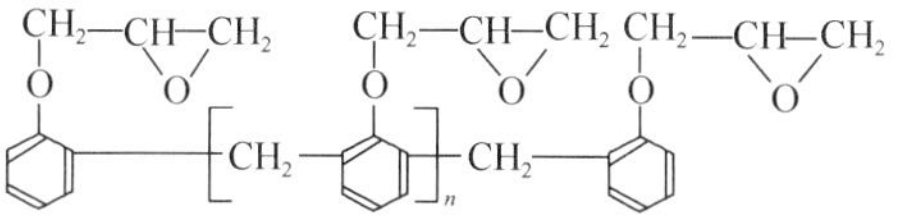

图 2-5 线型酚醛环氧树脂结构式

由于双酚 A 型环氧树脂成本较低，固化收缩率小，耐腐蚀性良好，因此综合考虑选择双酚 A 型环氧树脂。双酚 A 型环氧树脂中常用的 EⅠ型树脂黏度较小，单独使用容易结晶[34]。而 EⅡ型树脂黏度较大，施工和易性较差。因此将两种不同分子量的环氧树脂复配使用，既提高了粘结强度，又不易产生结晶，也降低了收缩率。其主要技术指标见表 2-2。

表 2-2 双酚 A 型环氧树脂技术参数测定结果

检测项目	EⅠ	技术要求	EⅡ	技术要求
环氧当量/(g/eq)（0.1mm）	186.6	60～80	219.4	80～100
软化点（环球法）/℃	—	≤45	19	—
挥发分/%	0.087	≯2.2	0.286	≯2.2
黏度（25℃）/(mPa·s)	—	30000～50000	41600	≤100
色度	23	实测	0.1	实测
外观	合格	无机械杂质且透明液体	合格	无机械杂质且透明液体

2.2.1.2 固化剂

固化剂又称硬化剂，是环氧结合料中的一种决定性物质，能够与环氧树脂中的环氧基和羟基发生化学反应[35]，产生交联现象。环氧树脂自身属于热塑性聚合物，在常温或加热条件下不能固化，无法获得力学强度与耐久性能，不能直接使用，必须在固化剂及外加剂作用下生成三维交联网状结构的固化物后才具有实用性能。

固化剂品种繁多，性质迥异，按固化温度分为高温、中温、常温、低温等固化剂[36]。由于实际操作环境很难具备升温固化的工作条件，因此一般采用常温固化剂。按化学结构分为酸酐型、多元胺型、聚硫醇型和聚酰型。在调研相关文献报道的基础上，结合市场以及部分厂家的使用情况，采用改性多元胺 T31 固化剂，能够显著提高 EP 的固化速度，符合实际工艺要求。由于 T31 固化剂自身带有酚醛骨架结构以及活泼的氢键，催化其羟基、胺基和仲基等活性基团与 EP 两侧的环氧基团组成空间网状交联结构，起到了加速固化和憎水的作用；改变了分子链的形态、间距和化学键的结构性质，显著提高了试样的耐热性和防腐蚀性，改善了粘结强度和抗冲击性；还可在较低温度下生成固化物，改变了热塑性质，形成了一种稳定的热固性聚合物材料，广泛运用于电子产品与基础设施领域。T31 固化剂技术参数见表 2-3。

表 2-3　T31 固化剂技术参数

检测项目	实测值	技术指标	试验方法
黏度/(25℃，mPa·s)	340	实测	GB/T 2794—2013
外观	合格	棕色或琥珀色液体	目测
密度/(20℃，g/cm^3)	1.08	实测	GB/T 29617—2013
闪点/℃	75	实测	JTG F40—2004
胺值/(mgKOH/g)	360	实测	化学滴定法
挥发分	0.286	实测	GB/T 30982—2014

2.2.1.3　增韧剂

环氧树脂（EP）在 T31 固化剂作用下得到的固化物通常结构分子运动困难，脆性大，伸长率低，抗弯曲变形和抗冲击性能差，抗裂纹扩展性较差，当粘结部位承受车辆荷载冲击作用时易发生开裂，使得裂纹迅速延伸，导致胶层与沥青面层之间发生脱层现象，而增韧剂能够改善环氧结合料的韧性，使其脆性下降。因此，利用增韧剂改性环氧结合料已成为材料领域的探究热点。

为了改善环氧结合料的使用性能，必须添加适量增韧剂来降低固化物的脆性，提高粘结强度，而不影响结合料的其他性能。增韧剂一般含有活性基团且有大量活动分子链，能与树脂发生反应，对减少应力集中和抵抗裂纹扩展有一定作用。常用的增韧剂分为网络聚合物、树脂类、柔性链段固化剂等[37]。选择 650 低分子聚酰胺作为增韧剂，其分子组成较为复杂，分子链含有很多活性官能团，如活泼的酰胺基，分子端部有伯、仲胺氢，可与环氧基团发生反应，生成固化产物，此外还有不饱和键和较长的脂肪酸碳链，链端间距较大，因此，固化后密度较小，使得固化产物具备较好的韧性以及抗弯曲性。而低分子聚酰胺与环氧树脂在合适的配比条件下混合后，室温静置 3～5d 可固化，但反应尚未停止，同时结合料的力学强度与黏度均不理想，添加量较大，不适用于作为常温固化剂。而 T31 固化剂与环氧树脂反应时间较短，于施工不利，因此添加聚酰胺可以延长环氧结合料的可操作时间与固化时间，便于道路施工成型，同时还能提高固化物的韧性。

低分子聚酰胺易溶于环氧树脂，湿润性良好，挥发性小，固化产物收缩率小，粘结性、耐水性和耐冲击性极好，耐热性和耐腐蚀性较差。从维护基质树脂的力学性能和使用寿命角度来看，聚酰胺已被证明作为环氧树脂改性剂是有实用意义的。将低分子聚酰胺放在增韧剂章节进行分析，以达到增韧的目的。其技术参数见表 2-4。

2 环氧彩色抗滑路面表层材料组成

表 2-4 固化剂的主要技术参数

检测项目	实测值	技术指标	检验方法
黏度（40℃）/(mPa·s)	22000	15000～30000	GB/T 2794—2013
外观	合格	浅棕色流态无沉淀物	目测
胺值/(mgKOH/g)	245	210～250	化学滴定法
密度/(20℃，g/cm^3)	0.95	实测	GB/T 29617—2013
固含量/%	98	96～100	GB/T 6740—1986

2.2.1.4 稀释剂

由于环氧结合料的黏度多偏大，而结合料黏度大不利于施工，因此需要通过添加稀释剂降低黏度来提高结合料的流动性，以利于施工现场涂布工作的进行，同时改善环氧胶对路面的润湿能力和浸透能力，提升粘结强度。根据反应机理，稀释剂可分成活性稀释剂和非活性稀释剂两类。活性稀释剂是指具有环氧基及低分子量的化合物[38]，如亚烷基缩水甘油醚、丁基缩水甘油醚以及C12-14烷基缩水甘油醚等反应型稀释剂，其中含有的环氧基能参与固化反应，与环氧树脂的相容性良好，不会发生相分离；在用量很少的情况下就能够显著降低体系黏度；与环氧树脂融合静置过程中不会产生分层、凝胶现象；安全环保，刺激性小。非活性稀释剂如邻苯酸二甲酸二丁酯、磷酸三乙酯、壬基酚和甘油三醋酸酯等。非活性稀释剂一般不能与 EP 和固化剂反应，只能作为增塑剂和溶剂发挥调节作用，对固化物性能的影响较大，因此优先采用活性稀释剂。

所选用的 1,6-己二醇二缩水甘油醚（X-652）属于一种黏度低、表面张力低、无色无味、柔韧性、挥发性小、润湿能力强的单官能团活性稀释剂，具有良好的流动性、柔韧性与色浆分散性，用途广泛。稀释剂技术参数见表 2-5。

表 2-5 稀释剂技术参数

检测项目	实际值	技术指标
外观	无色透明液体	无色透明液体
黏度（25℃）/(mPa·s)	15～25	实测
环氧值/(当量/100g)	0.65～0.69	实测
有机氯/(当量/100g)	0.012	≯0.02
水分	0.03	≯0.1

2.2.1.5 填料

环氧树脂在固化过程中常出现一定体积收缩，使环氧结合料发生应力开裂，造成路面出现反射裂缝[39]。为了改善环氧树脂的体积收缩，通常将一定量的填料加入到环氧基体中[40]，这种环氧加填体系属于包含多相微小区域的浓分散体系，填料对环氧树脂的流变性能具有很大影响。

填料作为环氧基复合材料的重要组成部分，属于固体添加剂，可有效降低和减少环氧结合料的固化收缩率和内应力，包括碳化硅、石英砂、结晶氧化铝和玻璃微珠等。填料起到增强、耐磨、抗滑、防腐以及减少内应力的作用，对于改善环氧结合料的施工工艺具有十分重要的作用。填料的加入可减少环氧树脂的用量，大大降低了材料成本。适量的填料在环氧基复合材料中具有良好的分散性,能够使得环氧结合料的机械强度变得更好。

选用 70~100 目的非金属矿物质石英砂作为填料。该填料是一种坚硬、耐磨、高温性能稳定的硅酸盐矿物,主要矿物成分为 SiO_2,使环氧结合料具有更好的载重能力,堆积密度和空隙率性能指标测试按照《公路工程集料试验规程》(JTG E42—2005)的细骨料试验方法进行。石英砂填料的技术指标见表 2-6。

表 2-6 石英砂填料的技术指标

检测项目	技术参数	试验方法
外观	乳白色	目测
硬度	7	莫氏硬度法
粒径/目数	70~100	—
熔点/℃	1650	自动熔点滴定法
堆积密度/(g/cm³)	1.65	T0331
空隙率/%	43	T0331

2.2.1.6 阻燃剂

目前为止,最有效的阻燃方式是在沥青、环氧树脂等高聚物中加入阻燃剂。阻燃剂按使用方法分为添加型阻燃剂和反应型阻燃剂。由于反应型阻燃剂的可操作性差,因此工程中常用的多为粉末状的添加型阻燃剂,包括氢氧化镁、三氧化二锑、十溴二苯乙烷和硼酸锌等。

氢氧化镁或氢氧化铝常作为普通沥青的阻燃剂。氢氧化镁燃烧时在表面形成炭层[41],起到阻断燃烧产生的可燃气体扩散的作用,燃烧时不产生有毒气体且抑烟,成本低,适用广泛。不足之处是用量大,阻燃效率低,需填充 30% 以上才能起到阻燃作用,用量过大还会使得材料力学性能显著降低,因此不适于作为道路铺装材料的阻燃剂。

环氧树脂等材料最常用的是溴系阻燃剂[42]。溴系阻燃剂与三氧化二锑(AO)共同溶解于被测物中时会发生协效反应,燃烧时能生成卤化氢和三溴化锑,捕捉气相中燃烧产生的活性自由基,从而中断燃烧,大大降低温拌型环氧沥青结合料的燃烧性能,阻燃效果显著,远优于单独使用的阻燃效果。同时,溴系阻燃剂热稳定性良好,相容性较好,用量少,对原材料性能影响小。在 20 世纪 90 年代成功开发出的十溴二苯乙烷(DBDPE)更是取代了燃烧时挥发有毒气体的十溴二苯醚,并在此基础上显著增强了抑制滴落性,有效阻止了火情蔓延,减少了有毒气体的扩散,因此选用 DBDPE 与 AO 复配而成的复合型溴类阻燃剂。目前对该类复合型阻燃剂研究较少,所以近年来不断有人提出阻燃剂去卤,以保护环境,只是因为此类阻燃剂阻燃性能优异,所以至今仍没有被完全取代。

综合以上原因,采用复合型卤系阻燃剂(DBDPE/AO)。表 2-7 和表 2-8 为阻燃剂材料的技术指标。

表 2-7 十溴二苯乙烷技术指标

检测项目	单位	技术要求	实测值
溴含量	%	≥81	82.5
白度	%	≥88	92.1

续表

检测项目	单位	技术要求	实测值
热失重（0.5%）	℃	≥305	320
熔点	℃	≥340	345
平均粒径	μm	≤5.0	2.7

表2-8 三氧化二锑技术指标

检测项目	单位	技术要求	实测值
Sb_2O_3	%	≥99.8	99.8
白度	%	≥95	96.5
熔点	℃	≥650	655
平均粒径	μm	0.5~1.3	0.6

2.2.1.7 颜料

考虑到彩色路面材料本身的特殊性，对颜料的选择有其特殊要求：耐高温，在环氧结合料拌和过程中，不发生分解变色；在光照下稳定，不容易褪色；具有较强的遮盖力和着色力；成本较低。目前市场上颜料按化学结构特点主要分为无机颜料和有机颜料。无机颜料主要为有色金属类氧化物或不溶性金属盐[43]，包括炭黑及铁、锌和铬等金属氧化物等，遮盖力强，热稳定性好。有机颜料主要包括酞环类和偶氮类等结构类型，耐候性和化学稳定性较差，易褪色，成本较高。因此需根据技术标准和工程需求，选择合适的颜料，以保持颜色的耐久性和鲜艳度。采用一种性能稳定、遮盖力强、成本较小的氧化铁类无机颜料，其相对密度较小，不溶于水，但耐候性较强，无毒，由武汉吉业升化工有限公司加工生产。技术指标见表2-9。

表2-9 氧化铁颜料的技术指标

检测项目	氧化铁
Fe_2O_3含量/%	≥86
密度/（kg/m³）	400~600
熔点/℃	350~400
pH	3~7
粒径/目数	600~700
着色力/%	95~105

2.2.2 环氧基复合材料的制备工艺

环氧胶结料采用高剪切乳化机按照聚合物复合法制成，制备工艺操作流程如下：

（1）将两种环氧树脂置于50℃保温2h，提高流动性，便于操作，当保温结束后，按照复配比例称取一定质量的环氧树脂加入反应容器中。

（2）依次掺入按配比称量好的稀释剂和增韧剂，人工搅拌3min左右得到环氧混合物Ⅰ。

(3) 添加定量的阻燃剂和填料，混合物黏度大幅上升，人工搅拌不均匀，因此采用高速剪切搅拌机对混合物进行搅拌，在搅拌过程中控制温度在30℃左右，将剪切机的转速控制在4000r/min左右，搅拌7min左右，直至较小粒径填料及各组分均匀分散于环氧混合物Ⅰ中。

(4) 添加预定量的固化剂和颜料，继续剪切搅拌5min，使得各组分完全溶解。各组分充分溶解后，立即终止搅拌，制得所需的彩色环氧结合料。

制备彩色环氧结合料的操作步骤如图2-6所示。

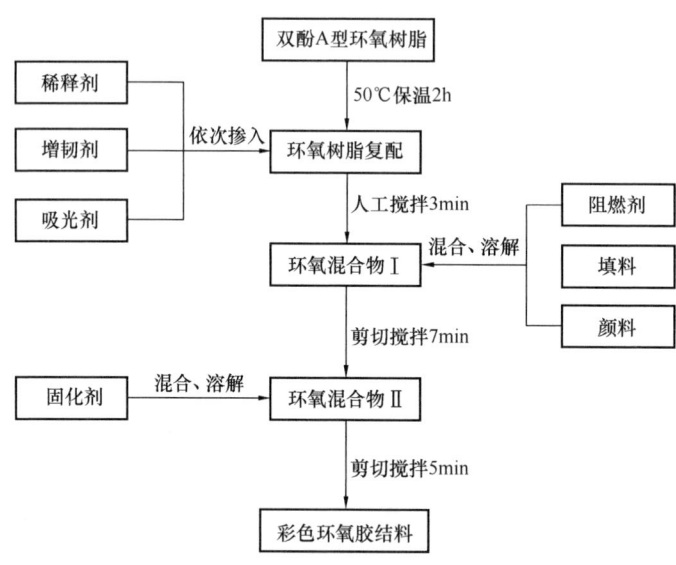

图2-6 制备彩色环氧胶结料的操作步骤

2.2.3 试验方法

高等级路面需要机械性能优异的材料来承受交通荷载作用力，其在路面裂纹和负弯矩弯拉应力共同作用下超过路面抗滑表层材料的最大承受限度时产生断裂破坏。本章环氧树脂结合料力学试验使用SUNS万能试验机测定拉伸性能（含拉伸强度、伸长率和拉伸模量）。

首先按照顺序将稀释剂、填料、增韧剂、固化剂等外加剂按照不同比例掺入环氧基体中，搅拌均匀后静置5min除气泡。在哑铃形试模中预先涂抹凡士林作为脱模剂，将配制好的混合物浇注试模，控制倒入模具的胶体厚度，放置在调平的试验台上依靠胶体自身的流动性使其自流平，如图2-7所示，相同试验条件下所成型的测试试样每组不少于5件，常温条件（23±3）℃下养护7d后，拉伸试验按照《塑料拉伸性能的测定》（GB/T 1040—2006）进行，如图2-8所示，标距为50mm，测量试样标距内任意三处位置的厚度和宽度来计算横截面面积，并将拉伸夹具的中心线和试样的中心轴对准，减少偏心力造成的影响，测试温度为室温，以5mm/min的机械速度匀速拉伸直至断裂，测定最大破坏荷载、伸长量、荷载变形曲线上初始直线区间的荷载增量和对应的变形增量。断裂后试样如图2-9所示。

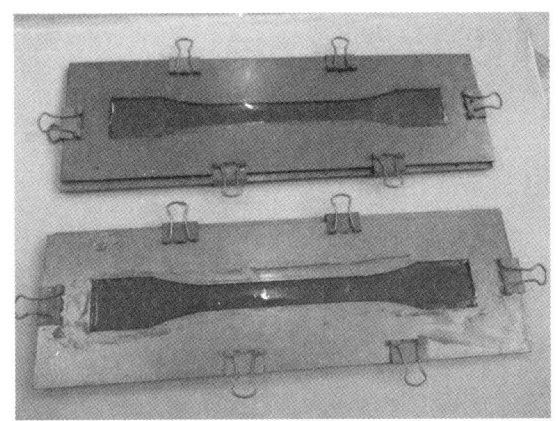 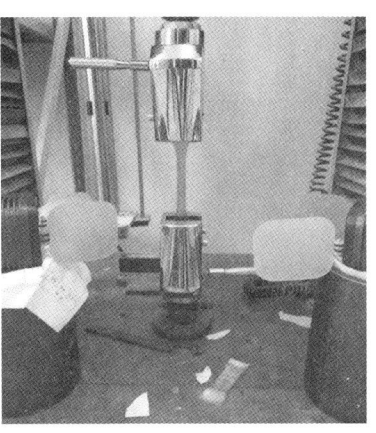

图 2-7 浇注后的哑铃型试样　　　　　图 2-8 拉伸试验

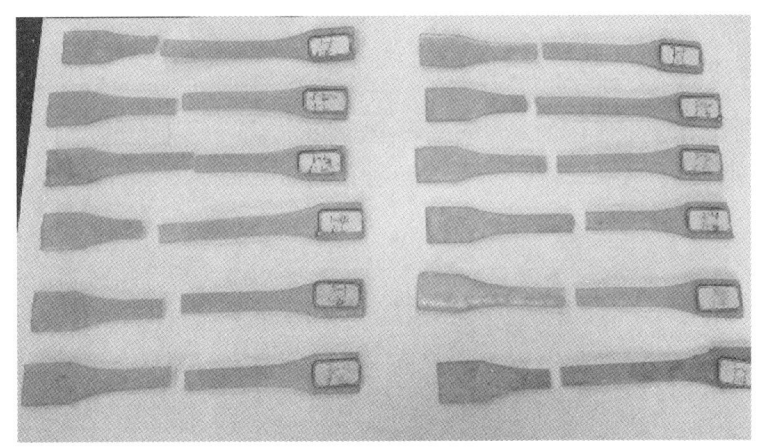

图 2-9 拉伸断裂后试样

试样拉伸强度按式（2.1）计算：

$$\sigma_t = \frac{F}{A} \tag{2.1}$$

式中　σ_t——拉伸强度，MPa；
　　　F——最大破坏荷载，N；
　　　A——原横截面面积，mm²。

试样伸长率根据式（2.2）计算：

$$\varepsilon = \frac{L_1 - L_0}{L_0} \times 100 \tag{2.2}$$

式中　ε——伸长率，%；
　　　L_0——试样拉伸前标线距离，mm；
　　　L_1——试样拉伸应力达到最大值时对应的伸长量，mm。

试验弹性模量计算公式：

$$E_t = \frac{L_0 \cdot \Delta P}{A \cdot \Delta L} \tag{2.3}$$

式中　E_t——拉伸弹性模量，MPa；
　　　ΔP——试样力-位移曲线上初始直线区间的荷载增量，N；
　　　ΔL——试样荷载增量对应的位移增量，mm。

2.3　彩色骨料性能测试

彩色骨料是抗滑表层重要结构的组成部分之一。耐磨骨料通过环氧结合料黏附于原路面层，直接与行车轮胎以及大气接触，具有很强的抗滑阻力，提高了行车安全性。同时可以保证有效接触面积，自然构成排水通道，抑制了路面水膜的出现，保证抗滑表层在雨水浸泡下具有充足的抗滑能力。

环氧彩色抗滑路面表层要求骨料颗粒表面粗糙、抗滑耐磨、压碎值小、吸水率小、色彩醒目，具有一定强度并起到警示作用，还要与环氧结合料具有足够的粘结强度，预防骨料发生剥落。

2.3.1　彩色骨料类型及材料特性

试验选择了目前比较常用的彩色陶瓷颗粒、煅烧铝矾土、彩色石英砂三种耐磨颗粒作为研究对象，如图 2-10 所示。以下介绍这三种材料的性能特征。

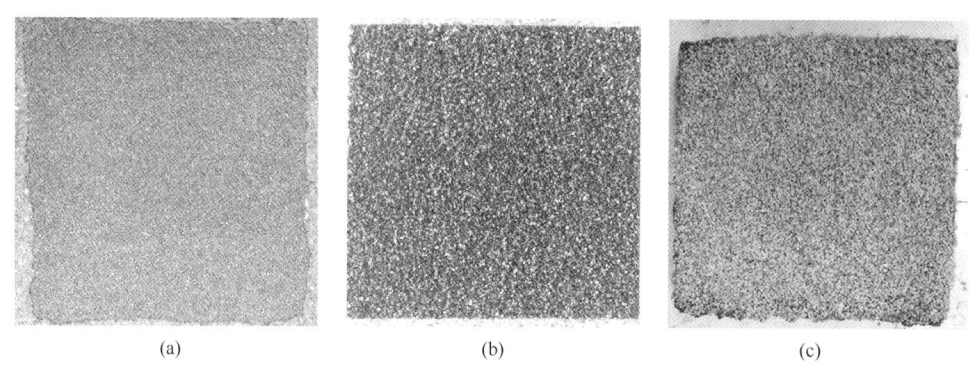

图 2-10　常见的三种彩色骨料
(a) 彩色陶瓷颗粒；(b) 煅烧铝矾土；(c) 彩色石英砂

1. 彩色陶瓷颗粒

20 世纪 90 年代起源于日本的彩色陶瓷颗粒因自身具备特殊的性能优势，最近十几年被很多发达国家大规模应用于道路施工领域，中国沿海部分地区也开始使用上海、天津某公司生产的彩色陶瓷颗粒。其中最普遍的是作为彩色抗滑路面材料使用。彩色陶瓷骨料主要由石英、长石、黏土、煅烧氧化铝、高岭土和无机颜料高温煅烧而成，吸水率低，硬度高，耐磨性强，抗滑性优异，维修成本低廉，使用寿命长；耐热性好，隔热效果显著，抑制了热岛气候，减少了道路病害；耐化学腐蚀性好，不易褪色变质，色彩醒目，环保安全等。而这种新兴材料市场价格较高，限制了大范围的应用推广。

2. 煅烧铝矾土

铝矾土亦称铝土矿，是多种铝质矿物的总称，一般由外生作用形成，其中主要成分是水合氧化铝、二氧化硅和铝硅酸盐等。铝矾土熔点超过2000℃，硬度1～3，而要获得耐热性好的材料需要对铝矾土进行高温煅烧着色处理。煅烧后氧化铝含量大于50%，颜色呈深灰色，表面纹理深度增大，避免在道路表面形成水膜，保证了行车安全。煅烧铝矾土具有破碎特性，保证颗粒表面具有一定的粗糙度，提供了良好的抗滑性，耐化学腐蚀性良好。缺陷是可供着色工艺选择的颜色过少，导致颜色单调，硬度偏低。

3. 石英砂

石英砂亦称硅石，属于硅酸盐矿物，主要成分是SiO_2。石英砂熔点1750℃，硬度7，耐磨性好，耐热性强，热膨胀系数小，并具有特殊的光学特性。石英砂经人工着色而成彩色石英砂，经磨圆处理，形状规则[44]，通过多级筛分优化粒度级配，提高抗压性，彩砂颜色经由化学键烧结于石英砂上，不易褪色。石英砂硬度高，耐腐蚀性良好，与环氧树脂等胶体结合性能优异。

2.3.2 彩色骨料技术性能指标

最近十几年彩色抗滑表层在我国的发展势头迅猛，对彩色骨料种类和颜色的研究也随之增多。由于我国开展环氧抗滑表层的研究时间较短，还未公布相关的全国通用规范，使得选择的彩色抗滑骨料经常出现不满足使用要求的现象，降低了彩色抗滑表层的使用效果。针对这个问题，国内的科研院所及制造厂家提出了彩色骨料的技术性能指标，并与美国、日本的环氧彩色抗滑路面表层相关规范进行相比，见表2-10。

表2-10 国内外抗滑表层彩色骨料的技术性能指标

技术指标	单位	中国	日本	美国
密度	g/cm³	2.5～4.0	2.1～4.9	—
粒径	mm	1～5	0.3～6	1.18～4.75
吸水率	%	<0.3	<0.3	<0.2
坚固性	%	—	—	≤5
莫氏硬度	—	≥6	>6	—
耐化学腐蚀性		无变化	无变化	
耐酸性		无变化	无变化	
耐碱性		无变化	无变化	

2.3.3 彩色骨料试验

2.3.3.1 磨光值试验

在环氧结合料粘结强度足够高的前提下，环氧彩色抗滑路面表层性能很大程度上取决于彩色骨料自身带来的摩擦力。开放交通后，骨料会受到车辆长期的轮碾作用，从而发生磨损。因此，要求骨料应保持足够的粗糙度且不被磨光，而磨光值是检验彩色骨料性能的关键指标。选用彩色陶瓷颗粒、煅烧铝矾土和石英砂三种骨料进行对比试验。

1. 试验条件

将2～3mm的彩色陶瓷骨料和小于0.3mm的干砂用水洗净，将两者与涂好脱模剂的试模一起放置于105℃的烘箱中烘干；将彩色骨料紧密排列于试模后，向粒料间隙中倒入干砂，并使其填充密实，与试模台阶齐平，然后清理余砂[45]。配制环氧砂浆倒入试模中，使其填充密实；抹平试模表面，使其与试模顶端齐平；将试模置于50℃的烘箱中4h，将试件脱模，用少量丙酮清理并编号，每种骨料制备两组试件，每组4个试件。本试验采用NI-Ⅲ型数控加速磨光试验机，按照《公路工程集料试验规程》（JTG E42）进行[46]，再用BM-X5型摆式仪测定试件摩擦系数值，如图2-11所示，结果见表2-11。

2. 试验结果

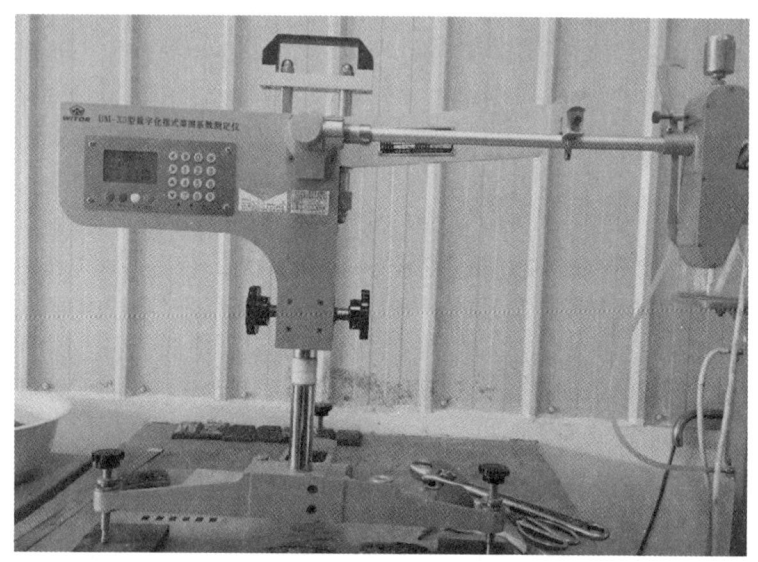

图2-11 BM-X5型摆式仪

表2-11 彩色骨料磨光值试验结果

检测项目	彩色陶瓷颗粒	煅烧铝矾土	彩色石英砂	技术指标	试验方法
PSV值	72	65	68	＞42	T 0321
BPN值	85	87	80	＞45	

由表2-11可知三种骨料的PSV值和BPN值均远超过规范要求值，且三种骨料的试验结果均高出最低值70%以上，完全符合使用要求，均可作为抗滑骨料。由表可知彩色陶瓷颗粒的磨光值最大，PSV为72，明显高于其他两种材料且具有较高的抗滑系数，因此优先选择高温煅烧氧化铝彩色陶瓷颗粒作为彩色表层抗滑骨料。

2.3.3.2 其他骨料性能试验

结合国内外相关研究单位的技术指标、华北山区的气候特点以及高速公路隧道进出口处交通环境的复杂性，对三种彩色骨料的现有技术要求进行了试验检测，试验结果见表2-12，该表推荐了彩色抗滑骨料的技术指标。由表可知三种骨料莫氏硬度均满足技术要求，彩色陶瓷颗粒的硬度最大，耐磨性能最好；彩色陶瓷颗粒和煅烧铝矾土具有良好的耐化学腐蚀性，保证了在雨水长时间浸泡下不褪色变质；彩色陶瓷颗粒和彩色石英砂的色彩丰富，能够在隧道进出口起到良好的警示作用，同时通过骨料磨光值试验结果，综合考虑决定采用彩色陶瓷颗粒作为彩色抗滑面层的骨料。

表 2-12　彩色骨料建议技术指标

技术指标	单位	彩色陶瓷颗粒	煅烧铝矾土	彩色石英砂	技术要求	试验方法
硬度（莫氏）	—	7.1	6.5	6.7	≥6	划痕法
密度	g/cm³	2.631	3.899	2.28	2～4	T 0328—2005 容量瓶法
压碎值	%	≤18			≤18	T 0330—2005
吸水率	%	0.38	0.25	0.16	<0.5	T 0330—2005
耐水性	—	无变化	无变化	无变化	无变化	80℃浸泡 24h
耐碱性	—	无变化	无变化	溶液颜色轻微变化	无变化	5%NaOH 溶液浸泡 24h
耐酸性	—	无变化	无变化	无变化	无变化	5%HCl 溶液浸泡 24h

2.4　本章小结

参考大量环氧彩色抗滑路面表层国内外有关规范，并根据高速公路隧道进出口抗滑表层铺装沥青路面对材料性能的要求，分析了各组分添加剂对环氧结合料性能的影响，选择出适用于隧道环境需要的环氧树脂和各类添加剂，确定了环氧结合料和彩色骨料的综合技术指标。制定了从各组分材料的特性和力学性能角度对环氧结合料的技术性质进行分析的试验方案，从而为进一步优化环氧基复合材料配方以及应用性能提供理论依据。通过对莫氏硬度、吸水率、压碎值、耐化学腐蚀性、磨光值以及抗滑系数进行对比试验，结合高等级公路桥梁、隧道进出口路段的气候特点确定了彩色陶瓷颗粒是理想的彩色抗滑骨料类型。

3 环氧彩色抗滑路面表层材料配比及性能

鉴于环氧结合料的配伍性以及适合桥隧环境要求的配比设计需要优化,需要对环氧结合料进行关键组成的配合比设计优化,课题组对环氧结合料的固化剂、增韧剂、稀释剂、填料、阻燃剂和微量吸光剂等进行了组成优化的研究,并对环氧结合料的密度、吸水率、可操作时间、黏结性、流变性和耐老化性等关键性能进行了试验研究,最后达到优化配比的目的。

3.1 环氧基复合材料配比优化设计

为选择环氧基复合材料中各类添加剂的合理用量,结合第 2 章对复合材料各组分的技术性能指标研究和配合比的设计试验方法,按照环氧结合料试件制备过程依次向主剂中添加不同比例的固化剂、增韧剂、稀释剂、填料和阻燃剂等外加剂制成标准拉伸试件,按照《塑料 拉伸性能的测定》(GB/T 1040)进行配比试验。

3.1.1 环氧树脂的复配

由于 EⅠ型 EP 的黏度偏小、粘结强度偏低,容易产生结晶,因此选用黏度较大、强度较高的 EⅡ与 EⅠ复配成环氧结合料主剂,并不断调整比例,从力学物理性质角度对 EP 材料进行分析研究,拉伸试验结果见表 3-1。

表 3-1 两种 EP 复配用量与拉伸性能的关系

配比(EⅠ:EⅡ)	拉伸强度/MPa	伸长率/%	弹性模量/MPa
1:0	11.85	13.2	213
4:1	12.51	13.15	232
3:1	13.65	12.56	265
2:1	14.96	11.78	307
1:1	17.42	10.13	368
1:2	18.75	7.59	417
1:3	19.35	6.35	451
1:4	19.75	5.9	488
0:1	19.72	5.57	512

由图 3-1 可知:

(1) EⅠ和 EⅡ的配比变化对结合料固化产物的力学性能有不小的影响,随着 EⅡ掺量的增加,固化物的拉伸强度逐渐变大。配比为 2:1 时的结合料拉伸强度涨幅为 9.6%,增加了 1.31MPa;配比为 1:1 时的拉伸强度涨幅为 16.4%,增加了 2.46MPa。当 EⅡ的掺量大于 EⅠ后,拉伸强度上升逐步趋于平缓,增长幅度减小,这可能由于在 EⅠ含量偏小时,不能对 EⅡ产生明显影响。

（2）随着EⅡ掺量的增加，固化物的伸长率有所减少，弹性模量则逐步上升，在EⅠ和EⅡ环氧树脂配比为1:1时，呈现了较高的拉伸强度和伸长率。

综上试验结果，将EⅠ型、EⅡ型环氧树脂按照1:1复配可以将两种EP材料的力学性能优势很好地结合在一起，得到较高的强度和韧性。

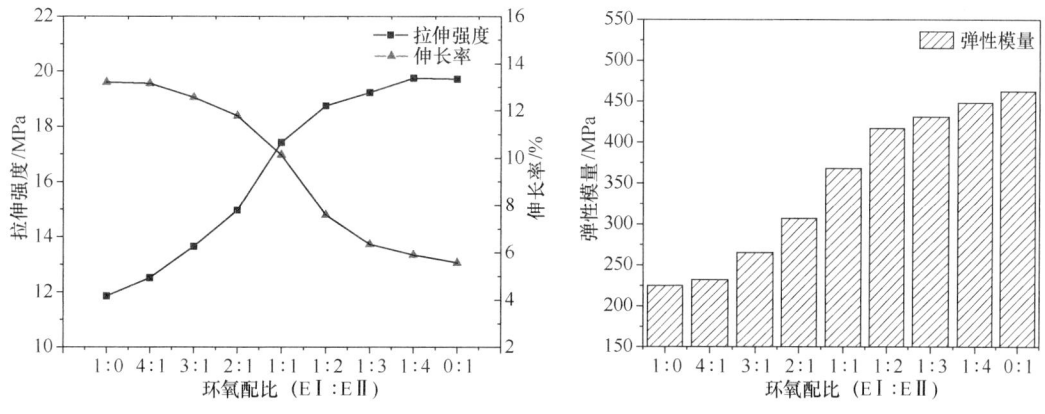

图 3-1 EP不同比例对拉伸性能的影响

3.1.2 固化剂的掺量

由于固化剂能够打开环氧基团的环形链段，引起化学反应，构成交联网状物质，将固化剂按5种不同掺量比例掺入复配后的环氧树脂中，按照行业约定俗成的习惯，选择phr作为固化剂配比单位（1phr=每100g环氧树脂加入1g添加剂）制备结合料并成型拉伸试件，分析不同掺量固化剂的拉伸性能和固化时间。试验结果见表3-2和表3-3。

表 3-2 固化剂掺量与拉伸性能的关系

固化剂掺量/phr	拉伸强度/MPa	伸长率/%	弹性模量/MPa
10	5.39	15.06	27
20	10.88	13.75	119
30	17.42	10.13	368
40	18.71	8.04	472
50	18.25	7.58	489

表 3-3 固化剂对结合料固化时间的影响

固化剂掺量/phr	0	15	20	25	30	35	40
固化时间/min	385	322	278	249	237	169	115

由图3-2和图3-3得到：

（1）随着T31固化剂掺量的增大，结合料的固化强度呈现先增大后平缓再减小的趋势。当固化剂掺量为30phr时，拉伸强度增幅为60.1%，增加了6.54MPa；当掺量为40phr时，增幅为7.4%，仅增加了1.29MPa；当掺量为50phr时，强度出现了略微下降。固化剂用量过少，使得环氧结合料的固化反应不充分，强度和硬度不满足规范要求。

固化剂掺量在未达到固化体系的最佳用量之前，T31含量的增加使得固化剂可以充分与EP的活性基团如羟基、胺基等发生交联反应；当固化剂掺量超过最佳用量后，由于没有剩余的环氧活性基团，固化剂只作为添加剂，不能发生反应。T31含量超过40%时，则由于反应过于剧烈、固化物出现发泡现象，形成了类似于泡沫型的材料，影响结合料的强度和韧性，难以形成大分子结构，这表明固化剂掺量不得超过40%。

（2）随着固化剂掺量的增大，伸长率出现下降的趋势。当固化剂掺量大于20phr时，伸长率明显减少，而弹性模量则先增大后趋于平缓。在掺量为30phr时弹性模量增幅达到209%，上升了249MPa；在掺量为40phr时最大为472MPa，增幅仅为28%。

（3）固化时间随着固化剂的用量增加呈线性下降，有明显缩短的趋势，这是由于T31用量增加使固化体系中的仲胺基、胺基和羟基等活性基团含量增加，环氧基团与活泼氢反应程度显著增强，加快了固化反应。当固化剂掺量大于30phr时，对固化时间的影响趋于平缓，说明T31掺量大于30phr时对固化时间影响较小。

综上考虑固化剂的拉伸试验结果、固化时间以及适用经济性等因素，T31固化剂掺量选择30phr，其拉伸强度为17.42MPa、伸长率为10.13%，为了提高结合料的韧性，需要加入增韧剂。

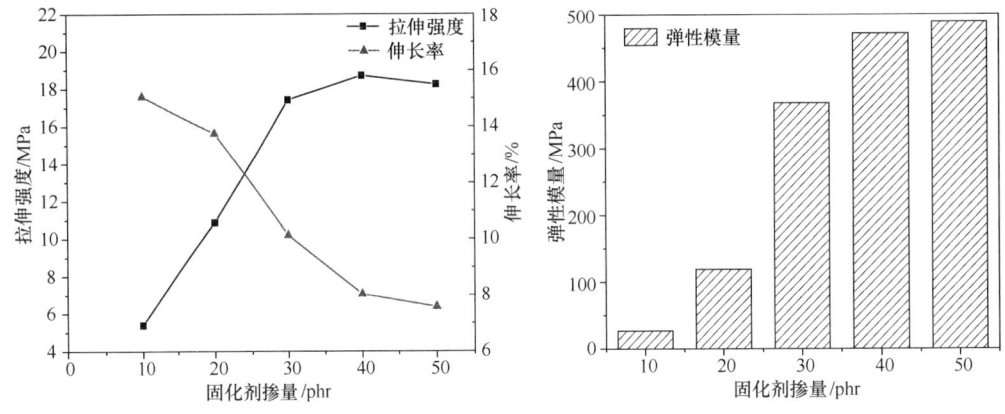

图3-2 固化剂掺量对结合料拉伸性能的影响

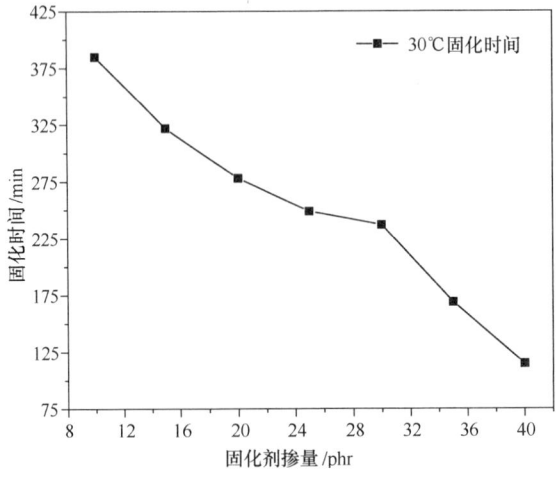

图3-3 固化剂掺量对结合料固化时间的影响

3.1.3 增韧剂的掺量

环氧树脂本身具有较强的热固性,刚度比较大,由于在行车荷载与外界环境共同作用下,高速公路隧道进出口的原沥青路面材料与环氧抗滑表层材料存在变形差异,会导致沥青面层与抗滑表层粘结的界面位置产生较大的层间内应力,因此要求环氧结合料具有一定的韧性,应与路面同步产生一定的弹性变形,否则易造成沥青混合料被拉裂或者彩色防滑表层剥落,从而导致彩色抗滑铺装结构受损。为了能使环氧树脂材料更好地与原路面结合,考虑在环氧树脂中添加外加剂来提高其延展性,而添加适当的增韧剂能显著提高环氧结合料的伸长率,使得固化后的结合料具备良好的柔韧性。基体采用 EⅠ与EⅡ两种 EP 按照1:1配比而成,固化剂掺量为30phr,按照行业习惯选择 phr 作为增韧剂配比单位,与0phr、10phr、20phr 和30phr 的增韧剂掺量分别进行配制,对固化产物进行拉伸性能分析。试验结果见表3-4。

表3-4 增韧剂掺量与拉伸性能的关系

增韧剂掺量/phr	拉伸强度/MPa	伸长率/%	弹性模量/MPa
0	17.42	10.13	368
5	18.35	9.6	381
10	18.08	10.42	372
15	17.14	12.51	356
20	15.53	16.86	329
25	13.78	18.32	275
30	10.85	18.58	241

由图3-4可知:

(1) 固化物的拉伸强度和弹性模量随增韧剂掺量的增加先增后减,这是由于聚酰胺的分子链多个官能团与环氧基团发生交联,增加了基体交联密度,使固化物强度略有上升。但随着增韧剂掺量的不断增加,聚酰胺分子内部的空腔也在变大,导致分子结构交联密度下降,引起强度下降。

(2) 固化物的伸长率随增韧剂掺量的增加先下降后升高,最后趋于平缓。材料的韧性由其结构和交联密度决定,聚酰胺含有柔性脂肪酸和活性胺基,改善了环氧体系的脆性。聚酰胺的分子结构含有大量的空腔,对环氧有增韧的作用,降低了固化物的交联度,因此随着增韧剂掺量的增加,其拉伸强度降低,伸长率逐渐增大,有利于韧性的提高。在增韧剂掺比为15phr时,伸长率增加幅度为20.1%;在掺比为20phr时,伸长率增加幅度为34.8%;增长了4.35%;在掺比为25phr时,伸长率增加幅度为8.7%,仅为掺比为20phr时增加幅度的1/4倍,而拉伸强度降低了11.3%,弹性模量降低了16.4%。

(3) 作为低分子聚合物,如果聚酰胺用量太多,单个聚酰胺分子末端接枝环氧链段过少,会导致由氢键形成的密实层过薄,多余的聚酰胺分子游离在共混物中起稀释作用,影响粘结性能和力学性能,使聚酰胺价格较高,固化时间缓慢,影响通车时间,因此增韧剂用量不宜过多。

聚酰胺作为 EP 的增韧剂可以明显提高固化物的韧性,综合考虑强度、伸长率和经济

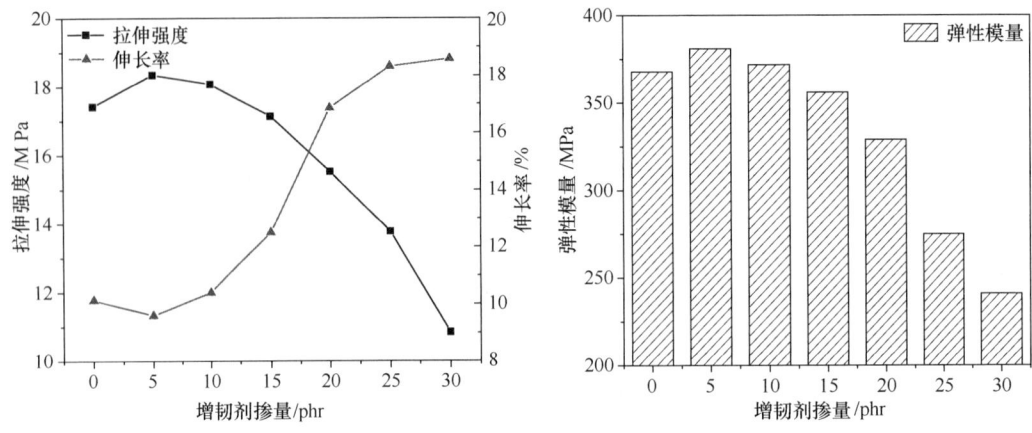

图 3-4 增韧剂掺量对结合料拉伸性能的影响

性等因素,确定增韧剂掺量 20phr 为最佳。

3.1.4 稀释剂的掺量

彩色抗滑层环氧结合料的初始黏度必须严格控制。如果初始黏度过高,则会导致流动性差,影响工程施工;如果初始黏度过小,使得流动性偏大,路面可能出现缺胶情况。因此对不同掺量的 1,6-己二醇二缩水甘油醚(X-652)的环氧固化物进行拉伸试验,试验结果见表 3-5。

表 3-5 稀释剂掺量与拉伸性能和黏度的关系

稀释剂掺量/phr	拉伸强度/MPa	伸长率/%	弹性模量/MPa	黏度(30℃)/(mPa·s)
0	15.5	16.86	329	5592
5	15.2	18.33	297	3746
10	14.3	19.01	236	2985
15	14.1	17.7	218	2463
20	13.9	14.54	203	2317

由图 3-5 可知:

(1) 环氧结合料的拉伸强度和弹性模量与稀释剂的含量成反比。在稀释剂含量小于 10% 时,随着稀释剂的增加,结合料的拉伸强度大幅下降,掺量超过 10phr 后,拉伸强度和弹性模量的下降速度明显减慢,逐渐趋于平缓。当含量在 0~5phr 范围时,拉伸强度减少了 2%;当掺量在 5~10phr 范围时,拉伸强度减少了 6%,下降趋势明显增强。

(2) 环氧结合料的伸长率随稀释剂掺量的增加先增后减。在稀释剂掺量为 10% 时,伸长率达到最大,为 19.01%;当掺量大于 10% 时,伸长率急剧下降;当掺量为 20% 时,伸长率仅约为 15%。这是因为稀释剂掺量过多导致固化物的力学性能明显降低,伸长率也随之大幅下降,因此稀释剂不宜添加过多,否则不仅降低了耐热性,还会严重影响环氧结合料的力学性能。

(3) 适量的稀释剂不仅降低了结合料的初始黏度,还会延长结合料的凝胶时间,有利

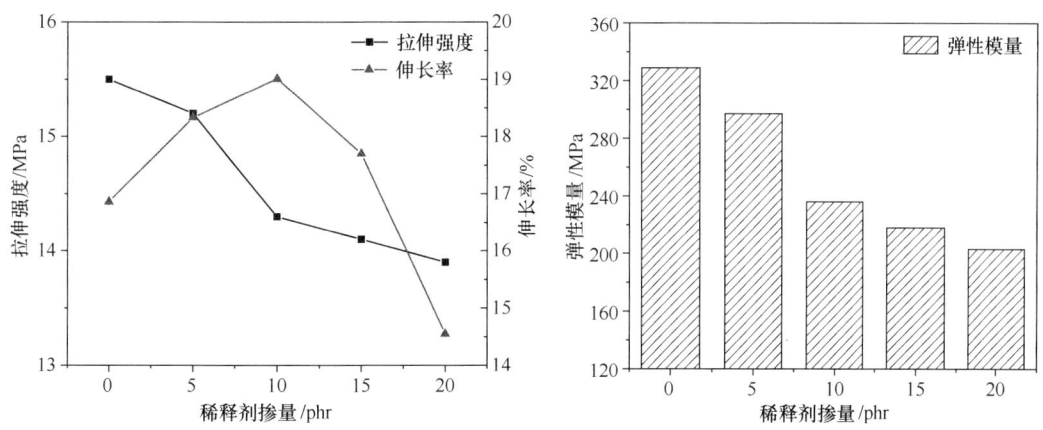

图 3-5 稀释剂掺量对结合料拉伸性能的影响

于施工操作。

综合考虑力学性能和经济性指标等因素,确定稀释剂掺量为 5phr。

3.1.5 填料的用量

3.1.5.1 石英砂/环氧基复合材料力学性能分析

根据不同的施工工艺和道路质量需要,在环氧基体中添加一定量的石英砂填料,填料不仅能控制结合料黏度,改善固化散热条件,降低结合料的收缩率,还能提高内聚强度,降低施工成本。对不同石英砂填料用量的环氧固化物进行拉伸试验,按照行业约定俗成的习惯,选择%作为填料配比单位(1%=添加剂占环氧基体总量的1%)。试验结果见表3-6。

表 3-6 填料用量与拉伸性能的关系

填料用量/%	拉伸强度/MPa	伸长率/%	弹性模量/MPa
0	15.2	18.3	297
10	19.1	13.5	476
20	20.5	11	554
30	20.7	6.9	582
40	17.3	5.4	315

由图 3-6 可知:

(1) 拉伸强度和弹性模量随着石英砂填料用量的增加先上升后下降。当填料用量从 0% 到 10% 时,拉伸强度增长幅度为 26%,弹性模量增长 179MPa;当填料用量从 10% 到 20% 时,拉伸强度增长幅度仅为 7.3%,弹性模量增长了 78MPa;当填料用量为 30% 时,固化物的力学强度达到最大,拉伸强度为 20.7MPa,弹性模量为 582MPa。

(2) 伸长率随填料掺量的增加而大幅减小,几乎是呈线性下降。这是由于石英砂是无机填料,热膨胀系数和收缩率较低导致的。断裂前的屈服阶段表明了填料与环氧基体形成了均匀流体,说明环氧结合料具有一定的韧性。

(3) 石英砂填料密度大，减小了环氧结合料的收缩率，减少了应力开裂。加入填料使得环氧结合料具有更好的力学性能，填料在一定用量范围内对裂纹的扩展起到限制作用。当填充量比例增长到超过总量的30%时，环氧基体不足以填补填料之间存在的所有空隙，填料分散性变差，结合料的孔隙率开始增加，容易形成应力集中，再增加填料用量就会破坏主体结构，降低复合材料的拉伸性能。

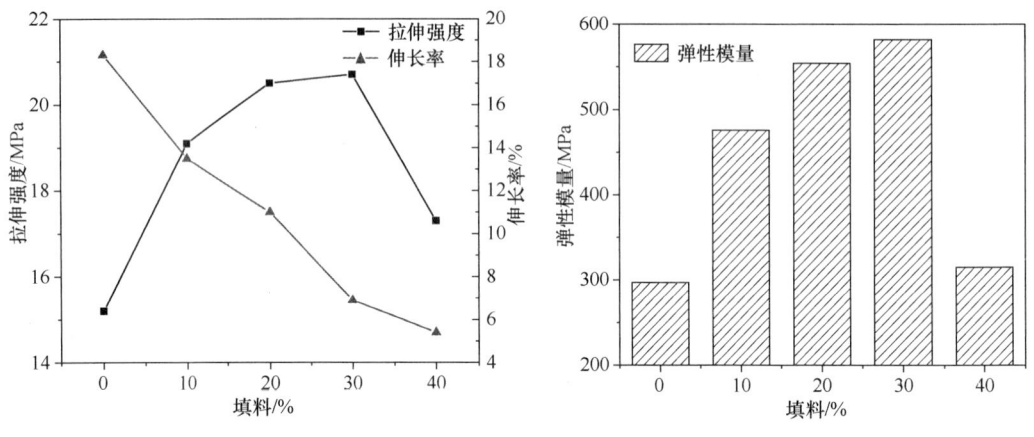

图 3-6 填料用量对 EP 拉伸性能的影响

3.1.5.2 石英砂/环氧基复合材料流变性能分析

由于加入石英砂会改变环氧胶的流变性能，本节主要研究石英砂不同用量对环氧基复合材料流变特性的影响并建立了相关性分析。动态剪切流变试验（DSR）条件为：制备厚度2mm、直径25mm的试样，剪切速率范围为0.1~10(1/s)，按对数规律变化，取点时间按线性规律变化，共用时300s（适用于环氧基复合材料流动曲线线性剪切速率扫描试验）。

由图 3-7 可知，石英砂填料/环氧基复合材料的剪切速率和剪切应力之间呈线性关系，相关系数为0.9929，说明两者相关性极好。根据流体类型的定义可推断出石英砂填料/环氧树脂复合材料为牛顿流体，因此添加石英砂不会影响环氧基复合材料的流体类型。温度是影响胶结料黏度的重要因素，为了测量合适的操作温度并找到在该温度下的最佳掺量，测量了不同填料用量的环氧基复合材料在不同温度下的黏度，见表 3-7。分析填料用量与黏度的相关性，图3-8 为石英砂用量与环氧基复合材料黏度之间的关系图。

表 3-7 石英砂填料/环氧基复合材料的 DSR 试验结果

样品	温度	石英砂/%			
		0%	5%	10%	15%
石英砂填料/环氧基复合材料/(Pa·s)	20℃	94.26	115.49	154.66	371.47
	30℃	27.53	35.31	48.7	111.33
	40℃	8.76	11.34	17.5	33.64
	50℃	2.85	4.04	6.92	11.32

从表 3-7 可以看出，复合材料的黏度随着温度的增加逐渐减小，且在大于30℃后黏度

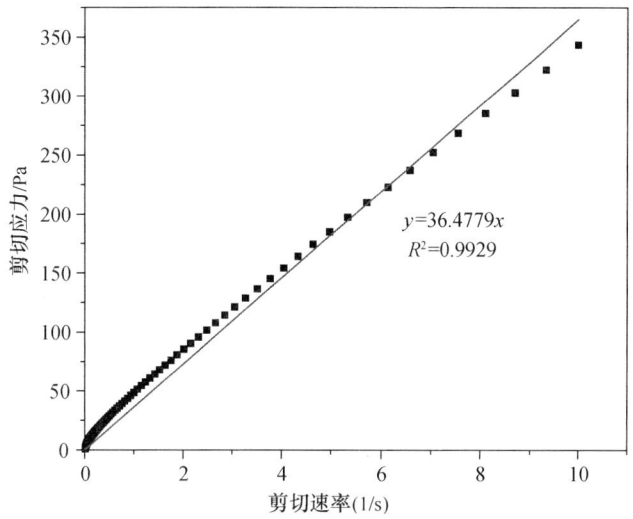

图 3-7 石英砂填料/环氧基复合材料的剪切应力随剪切速率变化的关系

衰减幅度明显减小。这是由于温度上升增加了环氧基团分子链的能量，分子间间距变大，减少了分子间的吸引力和摩擦力，导致复合材料的剪切力减小，黏度下降。并且在其他条件满足要求时，升温在30℃左右即可。环氧基复合材料在黏度小的情况下具有优良的路面空隙填充性能，而黏度过小，渗入空隙量增大，横向流动损失增大，造成材料浪费，因此不宜过小。

由图 3-8 得到，在30℃条件下石英砂填料/环氧基复合材料仍保持了牛顿流体特性，同时随着填料在复合材料中质量分数的增加，黏度增大。环氧基复合材料黏度与填料用量的非线性回归方程可由式（3.1）表示：

$$y = k \cdot x^n + b \tag{3.1}$$

式中　　y——黏度；

　　　　x——填料用量；

　　　　k、n——环氧基复合材料的非线性回归方程系数，与胶结料性质、温度等试验条件有关。

通过回归方程建立黏度和用量的相关性。复合材料黏度-石英砂用量的相关性幂函数曲线如图 3-9 所示，试验数据点均匀地分布在拟合曲线周围，并建立了填料用量-环氧树基复合材料黏度的回归方程：

$$y = 0.00552x^{3.5424} + 30.2468 \tag{3.2}$$

由图 3-9 可知，拟合曲线和试验数据的相关系数 $R^2=0.9954$，说明回归方程很好地反映了石英砂用量与环氧基复合材料黏度的流变特性关系。由拟合曲线可知，用量在10%～20%范围内时，增幅最为明显。因此，填料用量不应高于10%，否则会增大施工难度，在选择填料用量时，应根据复合材料对力学性能的要求和对其黏度造成的影响进行。

通过对环氧结合料的力学性能、流变性能、经济性指标和施工和易性等因素进行综合考虑，确定填料用量为总体质量的10%。

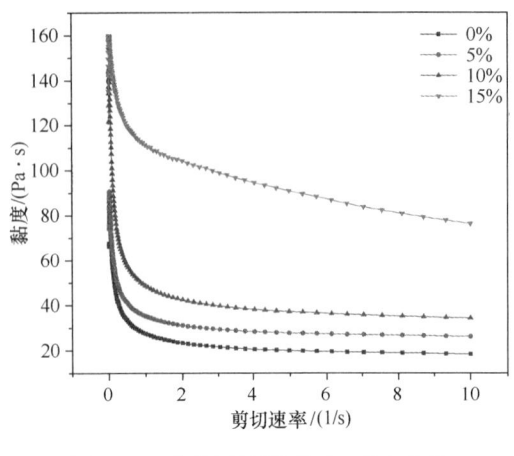

图 3-8 不同填料用量的 EP 黏度曲线

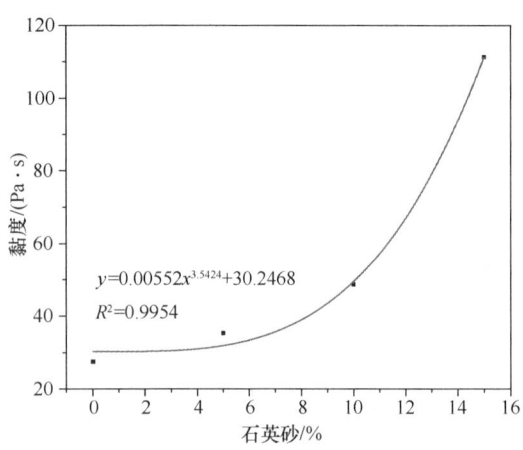

图 3-9 填料用量对 EP 黏度的影响

3.1.6 阻燃剂的用量

3.1.6.1 阻燃剂/环氧基复合材料力学性能分析

本试验根据前期研究经验将 DBDPE 与 AO 按照 3∶1 的比例进行复配并加入环氧结合料中，制备不同阻燃剂用量的拉伸试件，按照行业习惯选择%作为阻燃剂配比单位，使用 SUNS 万能材料试验机测量试样的拉伸性能，根据《塑料 拉伸性能的测定 第 1 部分：总则》(GB/T 1040.1—2018) 标准的规定，试验速度为 5mm/min。拉伸试验结果见表 3-8。

表 3-8 阻燃剂用量与拉伸性能的关系

阻燃剂用量/%	拉伸强度/MPa	伸长率/%	弹性模量/MPa
0	19.1	13.5	476
10	20.4	11.3	395
20	18.3	9.7	362
30	15.1	8.6	348
40	10.5	8.1	340

从图 3-10 中可以看出，环氧结合料在加入 DBDPE/AO 复合型阻燃剂之后的拉伸性

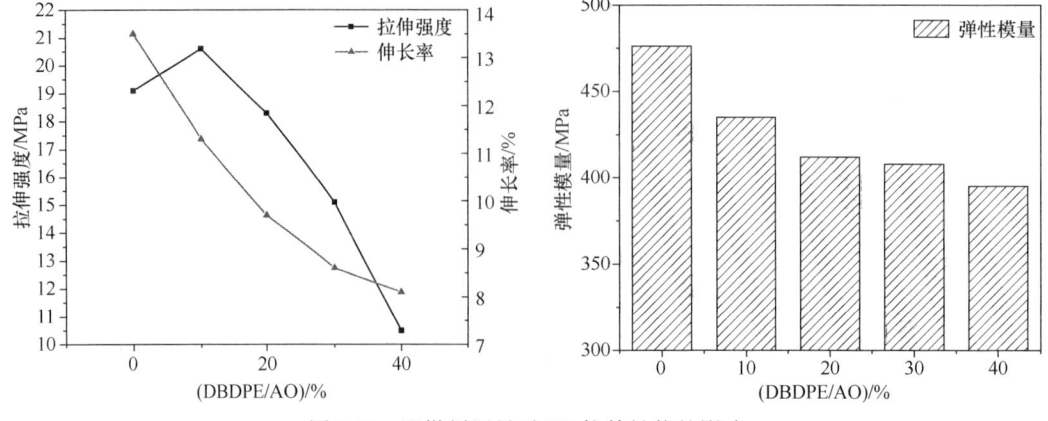

图 3-10 阻燃剂用量对 EP 拉伸性能的影响

能和弹性模量出现了明显的下降，拉伸强度随着阻燃剂用量的增加先增后降，说明阻燃剂用量较少时分散比较均匀，用量过多时会引起团聚现象，容易出现裂纹。掺阻燃剂的环氧结合料的伸长率和弹性模量明显要低于纯环氧结合料，这是由于 AO 属于无机填料，热膨胀系数较低，DBDPE/AO 复合型阻燃剂的加入会降低环氧结合料的韧性。在阻燃剂用量少于 20% 时，环氧结合料的伸长率满足使用要求，因此，加入定量的复合型阻燃剂不会对环氧结合料的力学性能造成很大影响，阻燃剂的最佳用量在 5%～15%。

3.1.6.2 阻燃剂/环氧基复合材料流变性能分析

本节主要研究阻燃剂不同用量对环氧基复合材料流变性能的影响，并建立了相关性分析。试验方法与填料流变试验相同。由图 3-11 可知，阻燃剂/环氧基复合材料的剪切速率和剪切应力之间呈线性关系，相关系数为 0.9928，说明两者具有极好的相关性，可推断出阻燃剂/环氧基复合材料为牛顿流体，因此添加阻燃剂不会影响环氧基复合材料的流体类型。

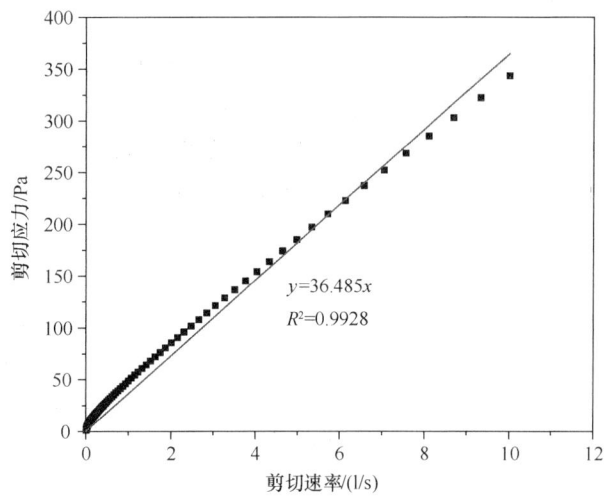

图 3-11　阻燃剂/环氧基复合材料的剪切应力随剪切速率变化的关系

为了探究不同阻燃剂用量的环氧基复合材料在不同温度下的黏度，将 4%、6%、9%、12%、16% 和 20% 的 DBDPE/AO 复合型阻燃剂分别加入环氧基复合材料进行 DSR 流变剪切试验，结果见表 3-9。同时研究阻燃剂用量与环氧基复合材料黏度的关系。取剪切速率为 1/s 的不同阻燃剂用量的环氧结合料的黏度，用上节中的非线性幂函数进行拟合分析阻燃剂用量与环氧结合料黏度的相关性。图 3-12 和图 3-13 为阻燃剂用量与环氧结合料黏度之间的关系图以及拟合曲线。

表 3-9　阻燃剂/环氧基复合材料的 DSR 试验结果

样品	温度	(DBDPE/AO)/%					
		4%	6%	9%	12%	16%	20%
阻燃剂/环氧基复合材料/(Pa·s)	20℃	164.25	169.1	184.66	218.82	223.84	313.83
	30℃	40.213	45.02	56.7	63.01	75.3	111.06
	40℃	14.04	15.28	17.5	19.84	21.99	28.77
	50℃	5.27	5.84	6.24	7.16	7.27	9.4

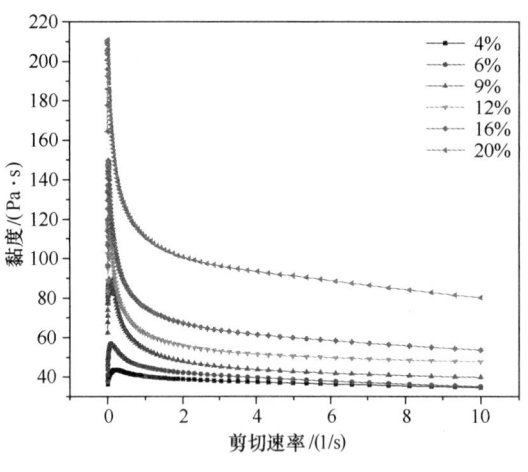

图 3-12　不同阻燃剂用量的 EP 黏度曲线

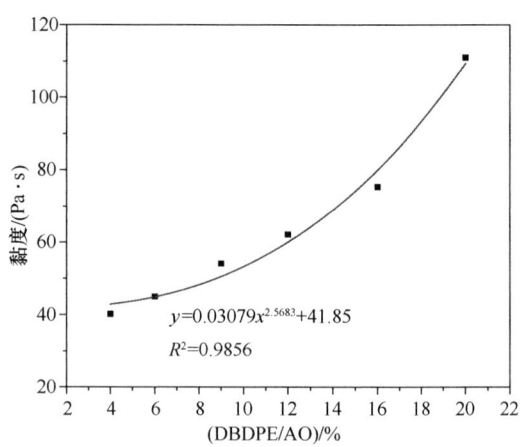

图 3-13　阻燃剂用量对 EP 黏度的影响

从表 3-9 可知，阻燃环氧结合料的黏度随着温度的增加逐渐减小，且在大于 30℃后黏度衰减幅度明显减小，因此控制试验温度为 30℃。由图 3-13 得到，剪切速率为 1/s 时的黏度点均匀地分布在拟合曲线周围，非线性回归方程见式（3.3），相关系数为 $R^2=0.9856$，验证了非线性拟合曲线能够很好地反映出阻燃剂对环氧结合料的影响。

$$y = 0.03079x^{2.5683} + 41.85 \tag{3.3}$$

分析拟合曲线可以发现，阻燃环氧结合料的黏度随着阻燃剂在环氧结合料中含量的增加而增大。由图 3-13 中可看出，4%～16%时增幅较小，当用量大于 16%时增幅明显升高。为了避免在施工工艺中因为黏度过大而影响施工效率或者导致出现摊铺不匀等缺陷，且阻燃环氧结合料具有良好的流动性，能够使其通过路面空隙浸渗到沥青混合料的结构内部，提升整体路面结构的阻燃效果，阻燃剂用量不宜过高，因此，从施工工艺角度来看最佳用量不宜超过 16%。

3.1.6.3　阻燃剂/环氧基复合材料阻燃性能分析

利用 HC-2C 极限氧指数测试仪（LOI）来对课题组自主开发的阻燃剂改性环氧结合料的燃烧性能进行研究。以极限氧指数作为评价环氧结合料阻燃性能的技术指标，通常认为氧指数≤21%时，该样品可在空气中燃烧；在 21%～27%时为可燃物；高于 27%时为难燃物。根据 ASTM D2863 规范，采用条状试样，尺寸为 80mm×10mm×4mm，添加不同用量 DBDPE/AO 的环氧结合料 LOI 结果如图 3-14 所示。

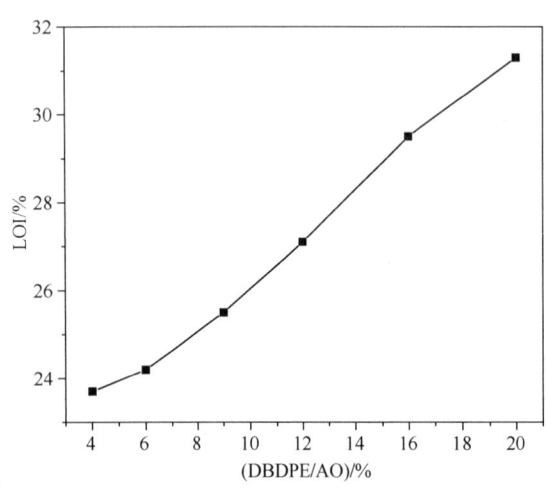

图 3-14　不同阻燃剂用量的 LOI 曲线

图 3-14 试验结果表明，极限氧指数 LOI 随 DBDPE/AO 含量的增加显著提高，很少的用量就能够有效提升环氧胶结料的阻燃性能。当 DBDPE/AO 含量

比例为12%时，LOI为27.2%，属于阻燃材料；当其含量比例大于16%时，LOI超过30%，属于B_1级难燃材料，阻燃效果显著。

经上述环氧树脂结合料配比组成优化设计，通过一系列试验对比，确定了EⅠ、EⅡ环氧树脂复配1∶1，固化剂30phr、增韧剂10phr、稀释剂5phr、填料10%、阻燃剂12%、吸光剂1%，由于颜料对环氧结合料性能影响较小，因此采用推荐值5%，按照制备工艺配合成新型环氧结合料，命名为Z型。

将Z型与上海某公司S1、S3型，天津某公司S2型进行试验对比。S1、S2和S3这三种材料由国内两个公司研发，同样用于彩色抗滑表层。将新型环氧结合料与这三种材料的力学性能进行对比（表3-10），能够较好地反映出Z型的性能优劣。

表3-10 不同环氧结合料与拉伸性能的关系

结合料种类	拉伸强度/MPa	伸长率/%
Z	20.1	11.5
S1	27.6	8.4
S2	25.2	9.6
S3	16.7	10.8

由表3-10可知，虽然Z型环氧结合料的韧性与国外很多国家的韧性指标有较大差距，但优于国内厂家制造的三种材料，达到了13.5%。而这三种材料成功实践且运用于抗滑表层后，环氧胶仍保持完好，取得良好的应用效果，说明新型环氧结合料的韧性要优于这三种结合料，在路面铺装中Z型环氧结合料的延伸率仍能满足韧性要求。而Z型环氧结合料的拉伸强度为20.1MPa，远高于10MPa的国内通用指标，因此强度和柔韧性都能较好地满足使用要求。

3.1.7 吸光剂的用量

选择环氧树脂领域广泛使用的某种紫外线吸光剂。为了确定吸光剂的不同用量对环氧结合料力学性能的影响，按照推荐指标控制在1%～2%，进行拉伸性能试验。测试结果见表3-11。

表3-11 紫外线吸光剂对环氧结合料力学性能的影响

环氧结合料类型	最大力/N	拉伸强度/MPa	伸长率/%
对照组	412.6	19.1	13.5
对照组（加速老化4.5d）	298.8	13.4	5.4
加入1%吸光剂（加速老化4.5d）	336	15.7	9.5
加入2%吸光剂（加速老化4.5d）	342	16.1	9.4

由表3-11可看出，固化物经模拟长期紫外线辐照后，化学键发生断裂，破坏了交联网状结构，其强度明显下降。加入1%的吸光剂，可较好地改善环氧结合料的拉伸强度，而加入2%的吸光剂，对结合料的力学性能没有明显作用，且成本较高，因此选用1%的吸光剂。

3.2 环氧结合料的性能

3.2.1 环氧结合料密度试验

密度是环氧结合料最基本也是最重要的物理指标,铺装层所确定的厚度控制等都将使用到这类参数。试验方法参照《公路工程沥青及沥青混合料试验规程》(JTG E20—2011)水中重法进行,依据公式(3.4)进行计算。结果见表 3-12。

$$\rho = \frac{m_{树脂}}{m_{树脂} - (m_{w总} - m_{w杯})} \tag{3.4}$$

式中 ρ ——在常温条件下结合料试样的密度,g/cm³;
  $m_{w杯}$ ——烧杯的水中质量,g;
  $m_{树脂}$ ——树脂的空中质量,g;
  $m_{w总}$ ——烧杯与树脂的水中总质量,g。

表 3-12 环氧结合料密度的测试结果

试验序号	$m_{w杯}$/g	$m_{树脂}$/g	$m_{w总}$/g	ρ/(g/m³)	均值/(g/m³)	试验方法
1	18.7	50.38	27.5	1.212		
2	19.2	50.28	27.7	1.203	1.208	T 0706
3	18.2	50.16	26.8	1.207		

3.2.2 环氧结合料吸水率试验

试件尺寸为 15mm×15mm×2mm,如图 3-15 所示。将试件置于 23℃环境下养护 1d。养护完成后,称量试件质量 m_1,再将试件浸入水中保持 24h,取出擦干称量试件质量 m_2。试验参考 ASTM D570 规范进行,吸水率按式(3.5)计算。试验结果见表 3-13。

图 3-15 环氧结合料试件

$$c = \frac{m_2 - m_1}{m_1} \tag{3.5}$$

式中 c ——环氧结合料的吸水率,%;
  m_1 ——环氧结合料浸水前质量,g;

m_2——环氧结合料浸水后质量，g。

表 3-13 环氧结合料吸水率测试结果

试验序号	m_1/g	m_2/g	c/%	均值/%	规范要求/%
1	50.12	50.53	0.81	0.81	
2	49.73	50.12	0.78	0.78	≤1
3	49.86	50.28	0.85	0.85	

3.2.3 环氧结合料可操作时间

环氧结合料是一种热固性材料，其黏度受固化时间与施工温度等工艺参数影响。研究等温条件下 Z 型环氧结合料的黏度曲线。由于它是一种常温固化剂，高速路面温度低于 20℃时不利于施工；在华北地区，夏季最高温度接近 40℃[47]，此时施工时间过短不利于施工，故测定其 20~40℃等温条件下的黏度。通常彩色路面铺装后，几天内就要开放交通，这需要结合料在短时间达到使用强度。

3.2.3.1 试验条件

本试验采用 Brookfield DV-Ⅱ+Pro 型旋转黏度计测定黏度，参考《多组分胶粘剂可操作时间的测定》（GB/T 7123.1—2015）进行，如图 3-16 所示。

在测试温度下按比例称取各组分液体共 20g 进行混合，搅拌均匀后，立刻将结合料放入旋转黏度计的恒温卡槽中，安放好旋转黏度计，开始对胶液进行黏度测试。定时观察有无异常现象出现。从混合搅拌起始到结合料黏度突增并出现拉丝即为可操作时间。

图 3-16 旋转黏度计

测定环氧固化体系在 20℃、30℃、40℃等温条件下的黏度随时间变化的趋势，转速和转子按所需黏度量程选取 29 号转子和 50r/min 转速。每分钟读取一次数据，当黏度超过 11000mPa·s 时停止试验。结果见表 3-14。

3.2.3.2 试验结果

表 3-14 不同温度下环氧结合料的黏度随时间变化趋势

操作时间/min	黏度/(mPa·s)		
	20℃	30℃	40℃
1	5485	4115	2498
2	5511	4152	2537
3	5589	4225	2552

续表

操作时间/min	黏度/(mPa·s)		
	20℃	30℃	40℃
4	5671	4295	2628
5	5705	4422	2700
6	5783	4517	2848
7	5833	4620	2954
8	5927	4731	3099
9	6073	4850	3203
10	6193	5078	3500
11	6377	5266	3866
12	6633	5463	4153
13	6793	5700	4454
14	6957	5987	5184
15	7184	6295	5643
16	7396	6655	6136
17	7570	7256	6662
18	7749	7669	7327
19	7932	7945	8232
20	8218	8334	9379
21	8749	8787	10572
22	8904	9254	11940
23	9118	9936	—
24	9307	10633	—
25	9616	11547	—
26	9929	—	—
27	10246	—	—
28	10569	—	—
29	10896	—	—
30	11429	—	—

由图3-17的非线性拟合曲线分析可得，结合料的黏度与反应时间呈指数关系，见式(3.6)。

$$y = a \cdot e^{bt} \tag{3.6}$$

式中　y——黏度值，mPa·s；

　　　t——反应时间，min；

　　　a——与胶的初始黏度值相关的常数；

　　　b——与黏度随时间变化快慢相关的常数。

常数a反映结合料的初始黏度大小，a值越大，初始黏度越大；常数b反映黏度随时间增大的快慢程度，b 值越大，黏度随时间增大越快。

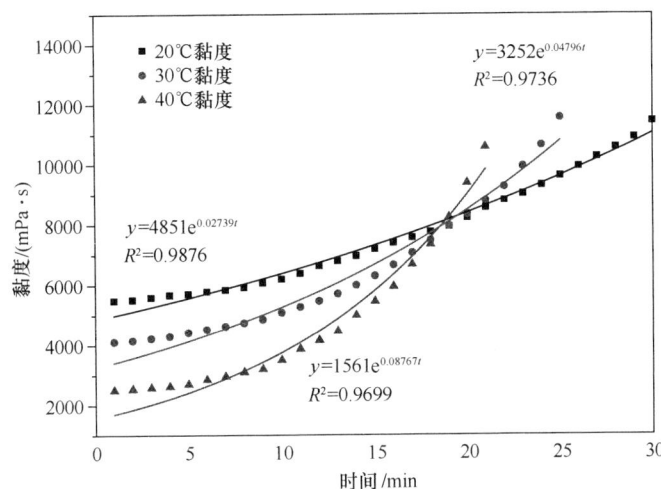

图 3-17 不同温度下的环氧结合料黏度曲线

由图 3-17 可知，在 20℃、30℃、40℃的温度环境下，环氧结合料的黏度与时间的相关系数分别为 0.9876、0.9736、0.9699，数据点离散程度很小，相关性极好。将反应时间与黏度的函数关系式进行整理，见表 3-15。

表 3-15 环氧结合料黏度与时间的函数关系式

温度/℃	常数		相关系数	关系式
	a	b		
20	4851	0.02739	0.9876	$y=4851e^{0.02739t}$
30	3252	0.04796	0.9736	$y=3252e^{0.04796t}$
40	1561	0.08767	0.9699	$y=1561e^{0.08767t}$

30℃的结合料在 23min 出现拉丝，对应黏度约 10000mPa·s，因此以 10000mPa·s 为控制指标，由表 3-15 可得到 20℃、30℃、40℃的施工可操作时间约为 27min、24min、22min。而通过水浴加热法实测的 20℃、40℃的施工可操作时间分别为 28min、21min。从而推荐 Z 型环氧结合料以 10000mPa·s 为施工技术指标。

3.2.4 环氧结合料养生时间

环氧抗滑表层铺装后，如果未等到环氧结合料完全固化就通车会破坏铺装层整体结构，并引起车辆粘轮。这主要是因为环氧抗滑表层铺装到形成强度需要充分的养生时间使得固化反应彻底完成，因此需要测定不同温度下环氧结合料抗拉强度的增长情况来确定养生时间，并分析抗拉强度与养生时间和温度的关系，这对于指导施工现场何时开放交通具有重要意义。施工温度对固化反应时间有重要影响，因此需要确定环氧结合料在不同温度条件下养生的固化时间。

3.2.4.1 试验条件

选择 100mm×100mm×100mm 的正方体水泥混凝土作为基层，将钢制拉头预先放置于基层上，摊铺环氧结合料成型拉拔试件，使得结合料将拉头四周完全包裹，静置 5min，将每组试件分别放入 30℃、40℃、50℃烘箱中养生，养生 2h 后立即使用拉力表开始测试，每隔 1h 测试试件的抗拉强度。拉力试验步骤如图 3-18 所示。

图 3-18 环氧结合料拉力试验步骤

(a) 制备环氧结合料拉力试样；(b) 烘箱养生；(c) 试样拉力测量；(d) 查看养生后拉力试验结果

3.2.4.2 试验结果

不同温度下环氧结合料养生时间试验结果见表 3-16。

表 3-16 不同温度下环氧结合料养生时间试验结果

养生时间/h	拉力强度/MPa			
	20℃	30℃	40℃	50℃
2	0.14	0.28	0.45	0.72
3	0.16	0.31	0.53	0.86
4	0.19	0.43	0.57	0.94
5	0.23	0.46	0.65	1.13
6	0.28	0.54	0.75	1.21
7	0.34	0.63	0.87	1.32

续表

养生时间/h	拉力强度/MPa			
	20℃	30℃	40℃	50℃
8	0.38	0.69	0.94	1.4
9	0.49	0.74	0.97	1.45
10	0.53	0.85	1.05	1.57
11	0.6	0.9	1.13	1.65
12	0.65	0.99	1.23	1.78
15	0.83	1.21	1.48	1.95
18	0.94	1.49	1.72	2.26
21	1.12	1.67	1.95	2.34
24	1.26	1.9	2.25	2.48
27	1.41	1.99	2.34	2.57
30	1.65	2.13	2.45	2.65
33	1.78	2.24	2.52	
36	1.92	2.47	2.57	
40	2.04	2.53	2.63	
44	2.25	2.57		
48	2.36	2.59		
56	2.49	2.62		
64	2.55			
72	2.6			

通过图 3-19 的曲线分析可知,在不同温度环境的固化过程中 Z 型环氧结合料的抗拉强度与固化反应时间呈二次函数的关系,表达式见式(3.7)。

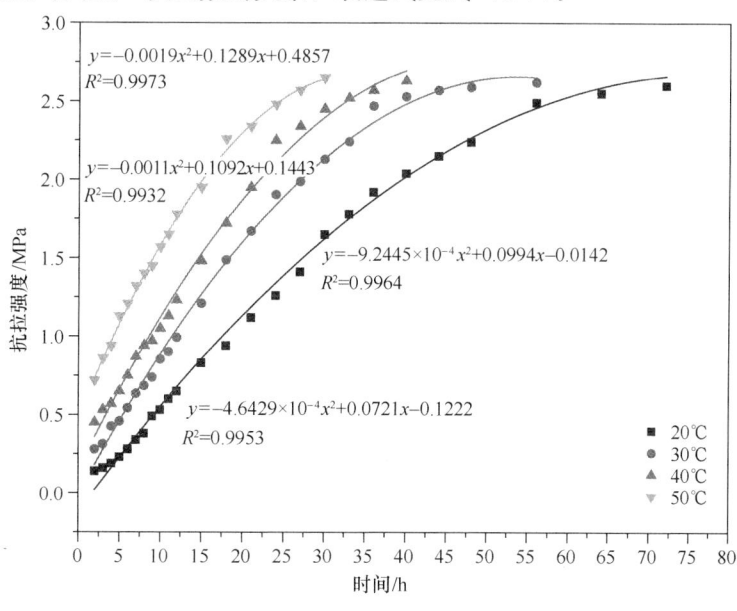

图 3-19 不同温度下环氧结合料抗拉强度与养生时间的关系

$$y = ax^2 + bx + c \tag{3.7}$$

式中：y 为抗拉强度，MPa，通过曲线拟合可以得到 20℃、30℃、40℃、50℃抗拉强度与时间的拟合曲线相关系数分别为 0.9953、0.9964、0.9932、0.9973，说明彩色环氧结合料的抗拉强度与时间的相关性较好。

将反应时间与抗拉强度的函数关系式进行整理，见表 3-17。

表 3-17　环氧结合料的抗拉强度与时间的函数关系式

温度/℃	常数			相关系数	关系式
	a	b	c		
20	-4.6429×10^{-4}	0.0721	-0.1222	0.9953	$y=-4.6429\times10^{-4}x^2+0.0721x-0.1222$
30	-9.2445×10^{-4}	0.0994	-0.0142	0.9964	$y=-9.2445\times10^{-4}x^2+0.0994x-0.0142$
40	-0.0011	0.1092	0.1443	0.9932	$y=-0.0011x^2+0.1092x+0.1443$
50	-0.0019	0.1289	0.4857	0.9973	$y=-0.0019x^2+0.1289x+0.4857$

由试验结果可知，抗拉强度的大小和增幅随初始温度的提高而增大。在 30h 时，30℃养护下的环氧结合料拉力强度为 2.13MPa，比 20℃的拉力强度高 29%；在 30℃下养护 36h 后拉力强度的增幅明显减小，说明固化反应基本完成。温度越高，到达最大预定强度所需的养生时间就越短，结合实际抗滑层铺装的外界环境，Z 型环氧结合料的养生时间建议为：20℃为 3d，30℃为 2d，40℃为 1.6d，50℃为 1.3d。

3.2.5　环氧结合料粘结性能

3.2.5.1　环氧彩氧抗滑路面表层材料结构与作用机理

1. 粘结机理

含有多种活性基团的环氧树脂与沥青混合料所包含表面活性高的基团结合成很高的粘结强度。固化反应中环氧结合料的体积收缩率和结合料固态的膨胀系数很小，固化后具有良好的力学性能和稳定性，如图 3-20 所示。

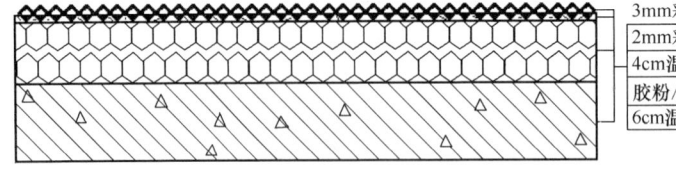

图 3-20　环氧彩色抗滑路面表层铺装结构

2. 渗透机理

环氧彩色抗滑路面表层铺装沥青路面的粘结强度较好，比雾封层具有更强的渗透性。这是由于环氧基体的分子结构中含有酯基、羟基和环氧基等活性基团，与骨料表面的基团相容，因此具有较好的稳定性和相容性，增加了环氧结合料对沥青混合料的渗透性和粘结性。如图 3-21 所示。

本试验采用傅里叶红外光谱测试仪 FTIR 进行微观机理研究。FTIR 图中常用透光率表示吸收强度，以波长代表吸收峰的位置。在受到红外光谱照射后，不同物质由于拥有不同的官能团，因此得到各自不同的特征吸收峰，使得对物质的定性分析更加容易。红外特

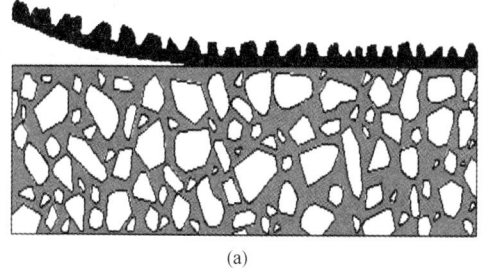 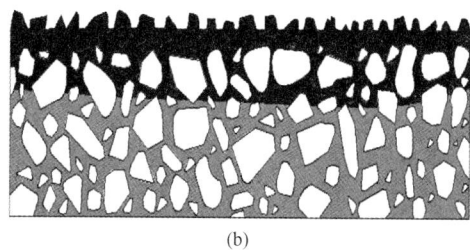

图 3-21 传统路面处治层和环氧彩色铺装层的粘结效果示意图
(a) 传统路面处治层;(b) 环氧彩色铺装层

征峰的强度与样品的浓度具有良好的线性关系,因此可以测量出特征峰的强度,完成对物质的定量分析。环氧结合料具有很多的原子基团,而这些原子基团在红外光谱照射下产生特定的振动,从而出现特征峰,因此可以通过研究环氧基复合材料的 FTIR 图完成对其各组分的定性与定量分析。

3.2.5.2 FTIR 试验

环氧结合料固化前不同于其他液体或粉末状固体,在常温下为黏弹性胶体,需要将环氧胶体材料 A、B 组分分别预备好,现场配制后,立即滴至于溴化钾薄片上,再用模具盖住方可测试。环氧结合料不属于粉末状,需要人为将其磨碎,并用溴化钾稀释,其红外光谱的测试按照常用的压片法制作即可。其具体流程如图 3-22 所示。

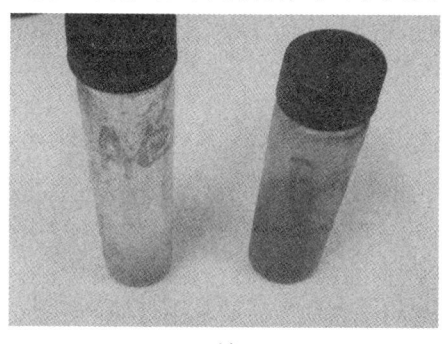 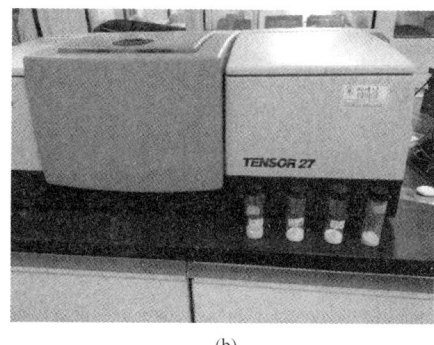

图 3-22 环氧结合料的 FTIR 测试流程
(a) 制备环氧基复合材料胶体;(b) 制备环氧结合料固态粉末;
(c) 将环氧结合料放置 KBr 窗片中;(d) FTIR 的测试

德国 BRUKER 公司生产的 TENSOR 27 型傅里叶红外光谱测试仪,分辨率 $4cm^{-1}$,扫描 16 次[48],测试范围 $300\sim4000cm^{-1}$。

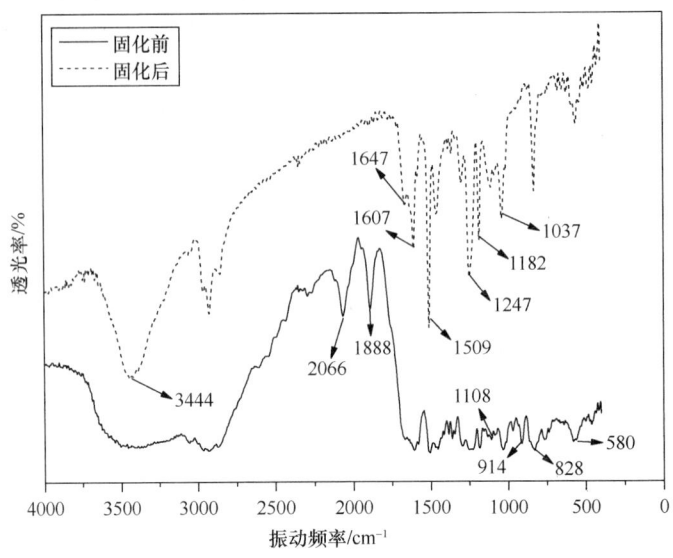

图 3-23　环氧结合料固化前后的 FTIR 测试结果

由 Z 型环氧结合料固化前后的红外光谱图可知:$580cm^{-1}$ 处的特征吸收峰是由 EP 中的氯离子振动所致,$828cm^{-1}$ 处的强吸收峰是由环氧骨架的反对称伸缩振动所致。$914cm^{-1}$ 处的弱吸收峰是由环氧基团振动所致,固化后的环氧基团基本消失,因此完全固化后的红外光谱没有 $913\sim916cm^{-1}$ 范围内的环氧基团特征吸收峰,说明结合料固化反应已经完成。$1108cm^{-1}$ 处吸收峰是由 C—N 键伸缩振动所致,$1298cm^{-1}$ 处为 C—N 伸缩振动吸收峰,说明有胺基存在。$1509cm^{-1}$ 和 $1607cm^{-1}$ 处吸收峰是由苯环骨架的特征伸缩振动引起的。$1647cm^{-1}$ 处为酰胺基弯向面内或二苯基酮的振动吸收峰。$2066cm^{-1}$ 处为碳碳三键振动引起的特征吸收峰。$3444cm^{-1}$ 处的宽而强的吸收峰是由羟基和带氢键的胺基叠加振动引起的,这是由于在固化过程中,环氧基团慢慢开环分解生成羟基,形成了性能稳定的环氧结合料。

3.2.5.3　拉拔试验

环氧结合料需要与原沥青混合料之间具有很强的粘结性能,以确保路面结构在外界荷载作用下不会因为粘结强度过低导致环氧抗滑表层与原路面发生开裂、脱层等病害。拉拔试验可以很好地表征出环氧结合料从沥青混合料基层剥离时垂直方向上粘结力的大小。试验原理如图 3-24 所示。

由拉拔试验对环氧结合料与沥青混合料之间的粘结性能进行检验,采用美国 PosiTestAT-A 全自动数显拉拔式附着力测定仪,试验方法按照规范 ASTM D4541—2009 进行,锭子尺寸为 20mm,拉速为 1MPa/s。

在对环氧铺装层进行拉拔试验时,由于路面结构各处受力不同,导致可能从不同位置处发生粘结破坏,而得到的粘结强度与发生结构破坏的位置具有很大关系。其中,常见的有四种破坏形式:①在沥青混合料内部发生结构破坏。沥青混合料的粘结强度一般远大于环氧涂层和沥青面层之间的界面粘结强度,因此该破坏形式出现较少。②在环氧涂层和沥

3 环氧彩色抗滑路面表层材料配比及性能

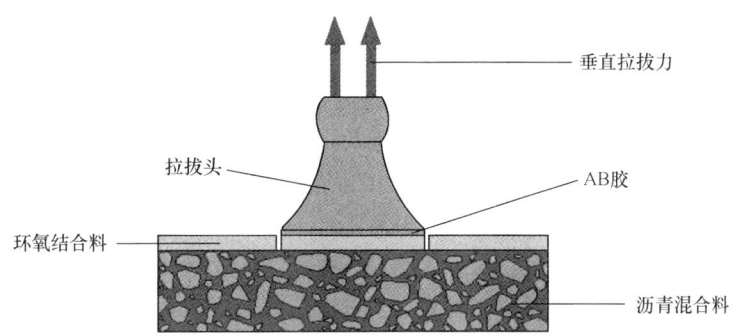

图 3-24 拉拔试验原理图

青面层之间发生粘附破坏。该类破坏形式反映了环氧结合料与沥青混合料的粘结性能,这是由于两者存在性质差异,使得界面处存在内应力。这是大多数环氧抗滑层比较常见的粘结破坏类型,在实际现场中一般表现为环氧抗滑层与原沥青路面发生界面开裂、脱离等病害。因此,该类破坏形式的拉拔强度数据具有重要的参考意义。③在环氧涂层内部发生内聚破坏。常见于现场施工工期紧张,提前通车,导致环氧结合料的固化反应尚未结束,未达到环氧抗滑层设计规定的粘结强度,可能会伴随环氧抗滑表层的粘轮现象,该类破坏一般发生在环氧铺装层的养生期,因此测试环氧结合料的养生时间可有效预防这种破坏形式的发生。④在 AB 胶与环氧涂层之间发生破坏。这说明 AB 胶不符合使用要求,需选择合适类型的 AB 胶或延长 AB 胶的固化时间并重复试验。

1. 试验条件

以成型沥青混合料车辙板标准试件作为试验底板。为减少环氧结合料与沥青混合料底板之间的粘结强度误差,车辙板表面采用磨砂轮或者粗砂纸进行打磨处理,并用酒精擦洗,将制备好的环氧结合料摊铺于清理干净的沥青混合料上,在结合料彻底固化后,将不同直径的锻模拉头用 AB 胶粘接在环氧铺装层上,沿拉头底部边缘将环氧涂层分割,给仪器施加拉力将试锻模从涂层上拔起来,采用附着力测试仪进行环氧铺装层与沥青面层之间粘结强度的测定,在一定试验温度条件下测试涂层在沥青混合料基体发生破坏所用其拉拔强度,如图 3-25 所示,试验结果如表 3-18 所示。步骤如下:

(1) 制备沥青混合料车辙板标准试件,分别将环氧结合料以不同摊铺量即 $1kg/m^2$、$1.5kg/m^2$、$2kg/m^2$、$2.5kg/m^2$、$3kg/m^2$ 铺装于车辙板上。

图 3-25 环氧结合料拉拔试验

(2) 取少量的 AB 胶混合后涂于环氧涂层待测区域及拉头底部,随后立即将拉头垂直放置于抹胶的待测区域,轻轻压住使拉头底部与涂层贴合,确保 AB 胶能完全覆盖待测界面,并用刮刀清理四周的多余 AB 胶,常温静置 24h。

(3) 使用圆形割刀沿着拉拔头周围进行切割,使得待测区域的环氧涂层与四周涂层分离,防止对所测环氧涂层与沥青混合料基层的粘结强度造成干扰,否则所测强度读数会偏大。

(4) 用拉拔机身的套筒夹住拉拔头,并旋转固定以确保拉拔机身水平,点击附着仪触摸屏试验启动开关,仪器自动对拉拔头施加拉速为 1MPa/s 的均匀垂直向上的拉力,直至拉拔头脱离涂层表面,环氧涂层被破坏,记录数据。

2. 试验结果

表 3-18 不同摊铺量的环氧结合料拉拔试验结果

摊铺量/(kg/m²)	拉拔强度/MPa	破坏形式	设计要求/MPa
1	1.72	黏附破坏	
1.5	2.05	黏附破坏	
2	2.62	黏附破坏	≥2
2.5	2.89	黏附破坏	
3	3.04	黏附破坏	

由图 3-26 可知环氧涂层的拉拔强度随环氧结合料摊铺量的增加而增大,在环氧结合料用量为 2kg/m² 时,涂层的粘结强度平均值为 2.62MPa,增幅明显上升,用量大于 2kg/m² 时,粘结强度增长逐渐变缓,说明提高环氧结合料的摊铺量可以明显提高环氧抗滑表层的粘结性能;环氧铺装层拉拔试验发生的破坏均为黏附破坏,对于分析环氧抗滑表层的粘结性能具有很好的参考价值。结合环氧涂层材料成本初步选择摊铺量 2kg/m²。

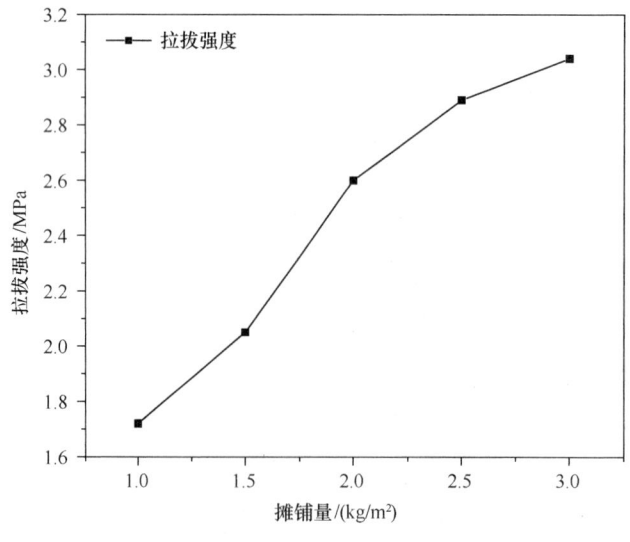

图 3-26 环氧结合料摊铺量与拉拔强度关系

3.2.5.4 拉伸剪切试验

在车辆荷载以及外界环境作用下,环氧结合料与沥青混合料之间会出现层间剪应力。在华北夏季气温较高的地区,地表温度可以达到60℃以上。以河北衡水为例,夏季中午地表温度高达68.3℃,京津地区的地表最高温度也达到66℃。当地表温度过高时,会降低铺装层材料的粘结强度,如果粘结强度下降至使用要求以下,可能会使得环氧抗滑表层与沥青混合料层的界面处发生相对滑移,导致出现脱层病害。因此,本试验测试不同温度下的环氧抗滑路面层间剪应力,分析粘结强度的变化情况。

1. 试验条件

采用《双搭接粘接接头拉伸剪切强度测试方法》(ASTM D3528),使试件受力均衡,减小了单搭接试验中的剥离应力与垂直拉应力的干扰,降低了对水平剪应力测试造成的误差。采用旋转压实仪制备圆柱体混合料试件,并按照环氧结合料制备方法在试件表面按照 $2kg/m^2$ 均匀摊铺环氧结合料,固化完成后,用AB胶将直径50mm的拉头粘结于对称试件表层中心处,并置于固定模具上固定24h,如图3-27所示,待粘结牢固后,将试件分别放置于烘箱中恒温养护不小于5h,烘箱温度分别设定为0℃、15℃、30℃、45℃、60℃,随后立即采用UTM-30多功能沥青混合料测试仪进行测试,加载速率设定为5mm/min。试验结果见表3-19。

图 3-27 环氧结合料拉伸剪切试验步骤

(a) 制备环氧结合料拉伸剪切试样;(b) 拉头粘结固定;
(c) 试样拉伸剪切;(d) 拉伸剪切试验效果

2. 试验结果

由图 3-28 可看出 Z 型环氧结合力的粘结性能随着温度的升高逐渐降低，表现出明显的感温性，在低温下环氧结合料与沥青混合料的粘结性明显优于高温条件下的粘结性。在 0~15℃时，试件的抗剪强度相对较高，这是由于在低温状态下环氧结合料的刚度变大，但易发生脆性破坏；在 15~30℃时，抗剪强度随温度变化不大，在界面处发生破坏，这是由于常温下不会影响环氧结合料及沥青混合料的强度；在 60℃时，试件的抗剪强度降至 1.13MPa，其残留抗剪强度比仅为 30℃的 36.8%。高温下的层间抗剪强度相比常温有大幅衰减，说明在高温情况下，沥青混合料界面处容易出现泛油，导致试件整体结构失稳，同时环氧结合料趋于塑性，使得粘结强度出现大幅度下降，而沥青混合料的粘结强度下降更快，导致沥青混合料发生破坏，但其粘结性能仍能满足相关设计要求。

表 3-19 不同养护温度下环氧结合料的拉剪试验结果

试件养护温度	剪切面积/mm²	破坏荷载/kN	抗剪强度/MPa	破坏面类型
0℃	$25^2\pi$	7.29	3.713	黏附破坏
15℃	$25^2\pi$	6.698	3.411	黏附破坏
30℃	$25^2\pi$	6.028	3.07	黏附破坏
45℃	$25^2\pi$	4.34	2.21	黏附破坏
60℃	$25^2\pi$	2.218	1.13	混合料破坏

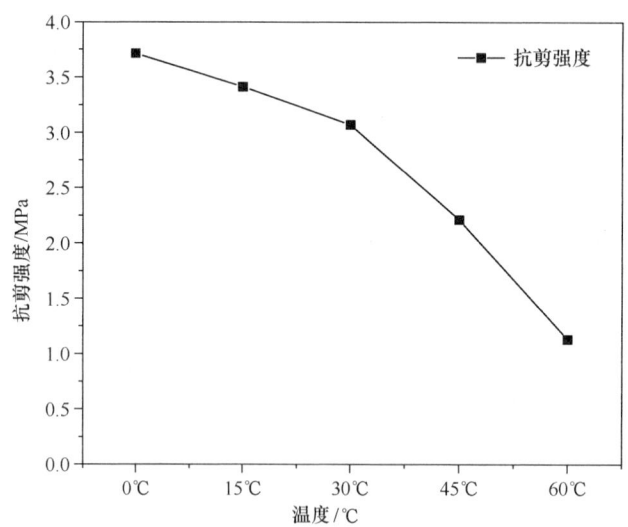

图 3-28 环氧结合料的抗剪强度与温度关系

3.2.6 动态流变性能分析

环氧基复合材料反应初始阶段的流变性能对其自身流动情况具有重要作用。为了更好地研究环氧基复合材料固化体系的流变性和黏弹性，对该复合材料在不同温度、剪切速率、时间等广义外荷载作用下的流变特性进行研究，并通过前文所示添加多种填料来实现复合材料固化强度和阻燃性能的提升，通过改变填料用量来调节性能以达到应用要求。

根据流动变形形式，可分为牛顿流体和非牛顿流体。牛顿流体遵循牛顿流动法则，被

测溶液的剪切应力 τ 与剪切速率成正比。[49]牛顿黏性定律公式见式（3.8）。

$$T = \eta \cdot F/A = \eta \times \dot{\gamma} \tag{3.8}$$

式中　τ——环氧基复合材料的剪切应力，Pa；

η——试样黏性的物理常数，Pa·s；

F——A 面积上施加的压力，N；

$\dot{\gamma}$——剪切速率，1/s。

通过前文对填料和阻燃剂不同用量的环氧基复合材料流变特性分析得到该材料为牛顿流体。而大多数液体不符合牛顿定律，被称为非牛顿流体。不同类型的流体剪切速率与剪切应力关系如图 3-29 所示。

本试验研究环氧基复合材料对凝胶时间依赖性的黏弹行为以及温度对流变性能的影响，以凝胶时间表征固化速度，考察了凝胶时间与固化温度的关系。根据反应动力学原理，应变、频率、温度恒定，采用振荡模式测量环氧基复合材料随时间变化发生的凝胶化反应。通过损耗模量与储能模量的比值大

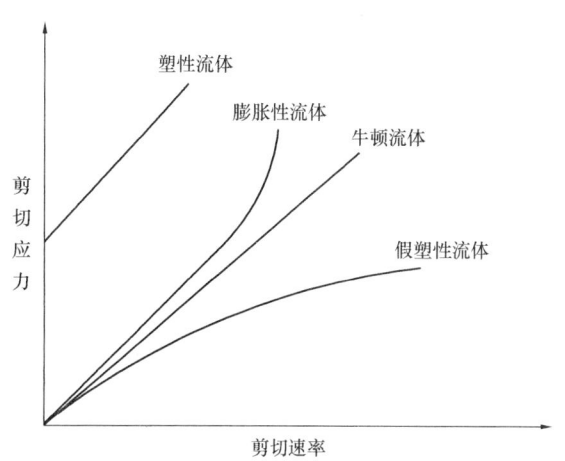

图 3-29　不同类型的流体剪切应力与剪切速率关系示意图

小描述试样的变化过程，计算公式见式（3.9）。这种方法弥补了剪切模式的缺陷，可测试从反应初始的黏性液体到反应结束的三维网状结构固化物的整个胶体结构变化过程，并且小角度振荡不会影响样品的反应过程。

$$\tan\delta = \frac{G''}{G'} \tag{3.9}$$

式中　$\tan\delta$——损耗因子；

G'、G''——分别表示储能模量、损耗模量，对应黏性部分、弹性部分，MPa。

时间依赖性流动曲线规律如图 3.30 所示。当 $\tan\delta > 1$ 时，$G'' > G'$，表现为黏性流体，随着测试的进行，凝胶过程开始发生，G''、G' 都随着时间的增加而迅速变大；当 $\tan\delta = 1$ 时，$G'' = G'$，此刻为溶胶凝胶转变点；当 $\tan\delta < 1$ 时，$G'' < G'$，表现为弹性凝胶体；G''、G' 都趋近于恒定的值，凝胶过程基本完成。

本试验通过环氧基复合材料损耗因子和复合黏度与凝胶时间的关系，分析不同温度条件下环氧基复合材料流变特性随时间的变化规律，为后续

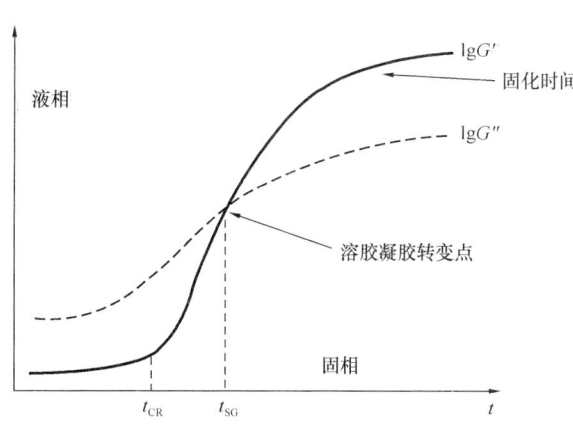

图 3-30　时间依赖性流动曲线示意图

研究提供基础。

3.2.6.1 试验条件

借鉴 Superpave 沥青结合料规范[50]，将动态剪切流变试验（DSR）作为评价环氧基复合材料流变性的方法，采用时间扫描进行测试热固性环氧聚合物的凝胶反应过程。以损耗因子 tanδ、复合黏度 η 作为评价指标，反映不同温度下环氧基复合材料随时间变化的流变性能。选择安东帕 MCR-102 型动态剪切流变仪。试验条件为：采用应变控制模式进行时间扫描，成型厚度 1mm、直径 25mm 的试件，应变值 1％，频率 1Hz，每 10s 取一点，取 1000 次。试验步骤如图 3-31 所示。

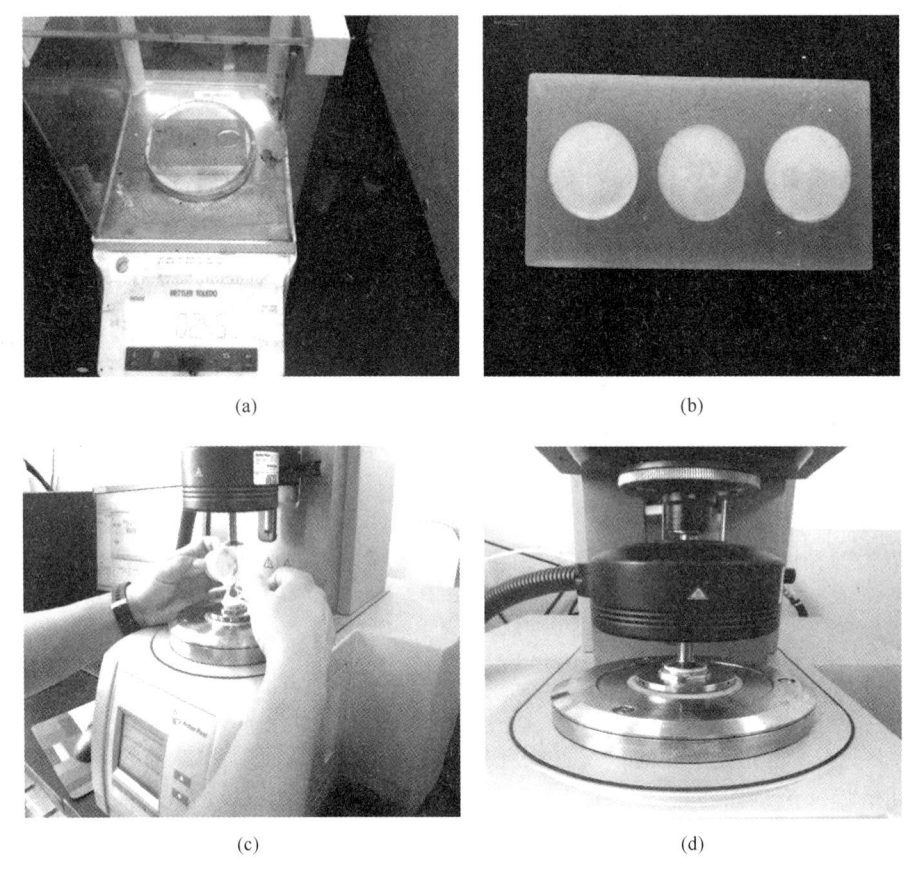

图 3-31 DSR 试验步骤
(a) DSR 试样称量；(b) DSR 用试样模具；(c) 试件安装；(d) DSR 测试

3.2.6.2 试验结果

由图 3-32 可知，温度越高，达到溶胶凝胶转变点以及完成凝胶所用时间越短，不同温度下，达到溶胶凝胶转变点所用时间分别为 7.17min、53.5min、251min，证明了凝胶时间与固化速度成反比，温度升高加快了分子运动速率，加速了凝胶反应的进行，使环氧基复合材料更快达到溶胶凝胶转变点。在凝胶过程中，虽然材料的 G' 和 G'' 都出现急剧上升的趋势，但 G' 的增幅明显高于 G'' 的增幅，最终 G' 与 G'' 值皆趋向平稳，说明样品已经变成固态，样品的弹性远大于黏性。由图 3-33 和图 3-34 可看出随着温度升高，复合黏度随时间的增长速率逐渐增大，黏度增长曲线变得越来越陡，凝胶时间缩短，储能模量、损耗

3 环氧彩色抗滑路面表层材料配比及性能

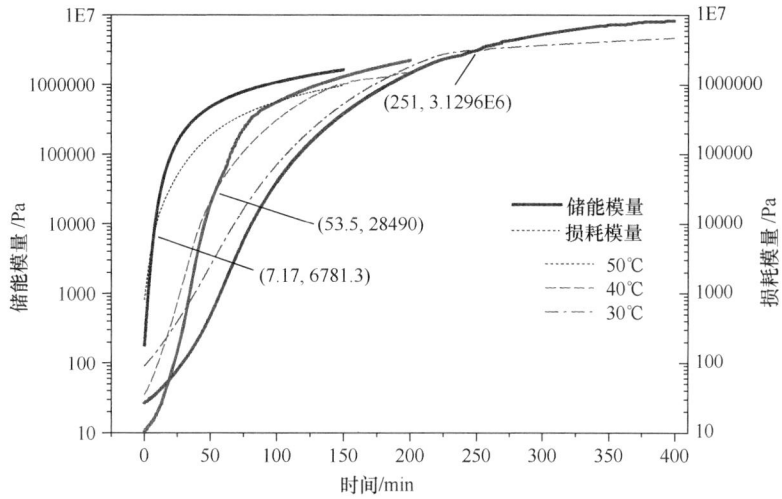

图 3-32 复合材料的储能模量和损耗模量变化曲线

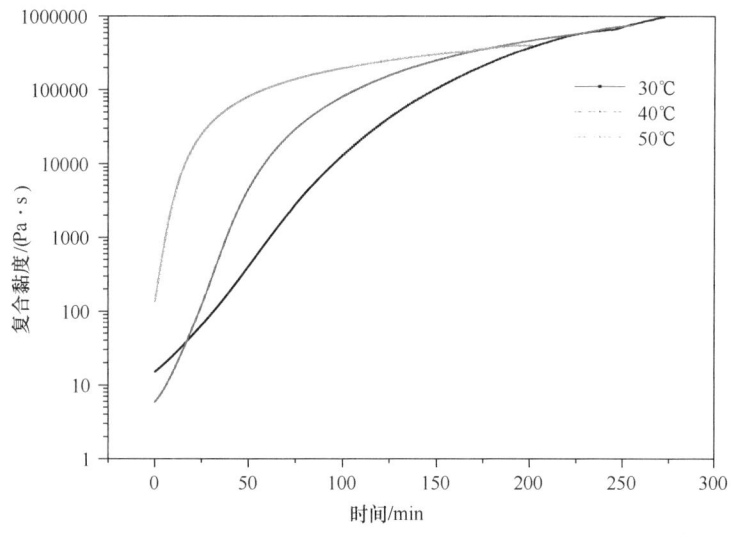

图 3-33 复合黏度变化曲线

模量和复合黏度的最大值均有所下降，损耗因子的最小值随温度上升而减小，表明了升高温度可以显著缩短凝胶反应过程，且凝胶后弹性性能更强。而损耗因子先减少后趋于平稳，说明凝胶反应已结束，环氧基复合材料初步形成三维交联网状结构，继续进行固化反应，直至反应结束。

3.2.7 紫外老化机理分析

根据当地辐射量为 $65.2kWh/m^2$，试验按照《塑料 实验室光源暴露试验方法 第3部分：荧光等外灯》（GB/T 16422.3—2014）进行，在紫外老化试验箱内模拟户外日照老化试验，如图 3-35 所示。试验条件为：功率 40W，辐射强度 $300W/(m^2 \cdot s)$，室内模拟户外紫外线连续照射 4.5 天（相当于户外自然老化 1 年），辐照完成后取出添加紫外线吸

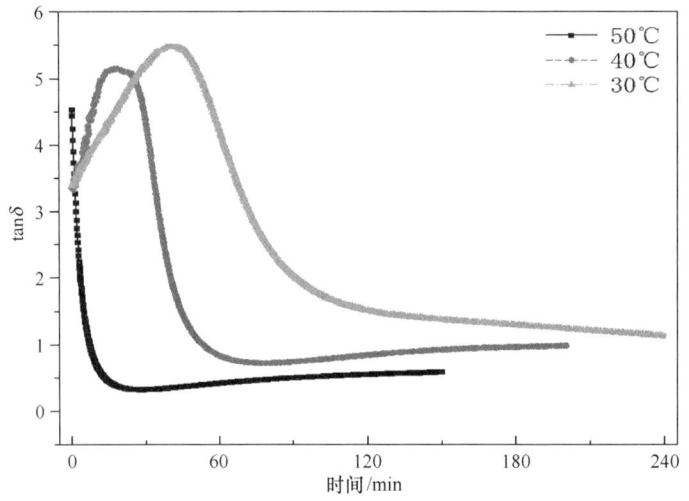

图 3-34 损耗因子曲线

 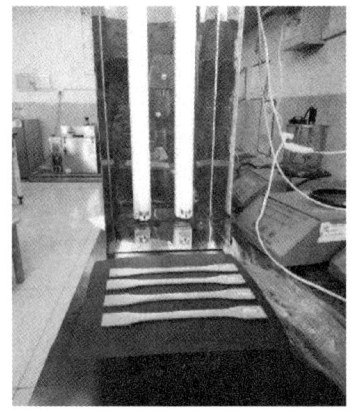

(a) (b)

图 3-35 紫外灯老化试验
(a) 测试装置外观；(b) 装置内部及灯管

光剂的老化试样与未添加紫外线吸光剂的老化试样进行扫描电镜（SEM）检测。

直接从视觉角度观察图 3-36，老化之后的环氧基复合材料颜色变黄，改变了材料的外观，除 300~3500cm^{-1} 处的吸收峰分解成双峰，在红外光谱中未观察到其他明显变化，复合材料在 300~3500cm^{-1} 处的酰胺基团（RCONH—）形成 NH_2 基团，老化反应使得一个分子变为两个分子，同时树脂中分子链长度变小，这表明紫外线长期照射会破坏环氧树脂的分子结构以及某些化学键，导致复合材料老化和降解。因此，在长期紫外线照射后，对环氧基复合材料的内部分子结构造成影响。

环氧结合料吸收紫外线之后，分子链断裂产生羰基并生成发色团，使得固化物颜色变深。由于环氧结合料具有良好的耐磨性和热稳定性，很多国家用环氧抗滑表层直接承受交通荷载，因此该层直接接受紫外线辐照，也对抗紫外老化性能提出较高要求，因此添加总量 1% 的吸光剂对环氧树脂进行改性。本节通过预先对 Z 型环氧树脂结合料表面以及断裂

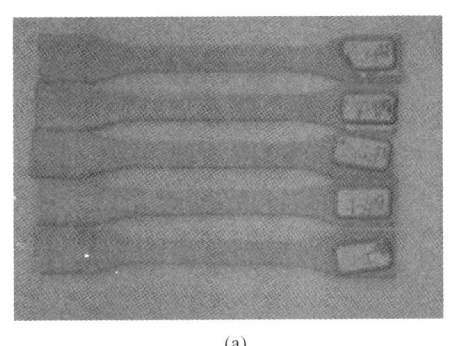 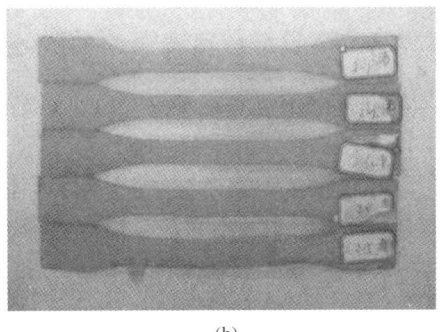

(a) (b)

图 3-36 Z 型环氧结合料紫外老化前后的拉伸试样
(a) 老化前；(b) 老化后

面进行喷金处理，再由扫描电镜（SEM）清晰地观察放大不同倍率下的紫外老化前后的微观形貌，分析了添加吸光剂前后的 Z 型结合料表面的微观结构和老化程度。试件受拉伸断裂后，断裂面形貌能展现其力学性能，通过 SEM 可以分析其微观特征。从微观层面解释了复合材料力学性能衰减的原因，通过断裂下的表面形貌来评价环氧结合料的固化效果和相分离的程度。试验流程如图 3-37 所示。

 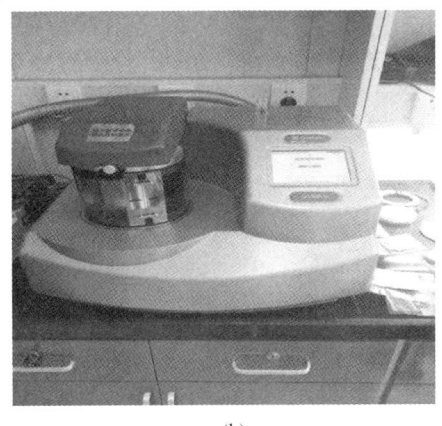

(a) (b)

 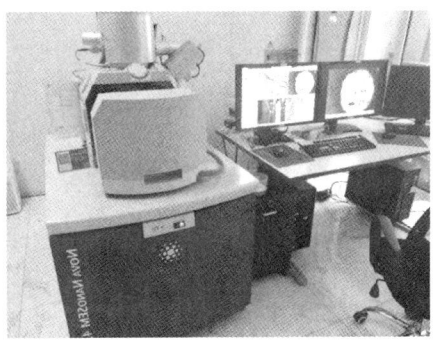

(c) (d)

图 3-37 环氧结合料 SEM 试验流程
(a) 对试样进行喷金处理；(b) 喷金后将试样粘结在试验板上；
(c) 将粘结好的试样放入仪器中；(d) 进行 SEM 试验

3.2.7.1 环氧结合料表面的 SEM 分析

通过对未老化样图 3-38(a)、(b) 分别在放大 8K 倍和 4K 倍条件下进行观察可知 Z 型环氧结合料已经出现了相对微小的空洞,说明树脂材料已在固化剂的作用下形成空间网络结构,呈凝胶状态。固化前环氧结合料各组分呈多相结构,相与相之间分界明显。固化后,材料单独的相结构被打破,相与相互相融合,形成统一的相结构,表面平整度良好,光泽度较好,形态均一,没有明显的裂纹出现。

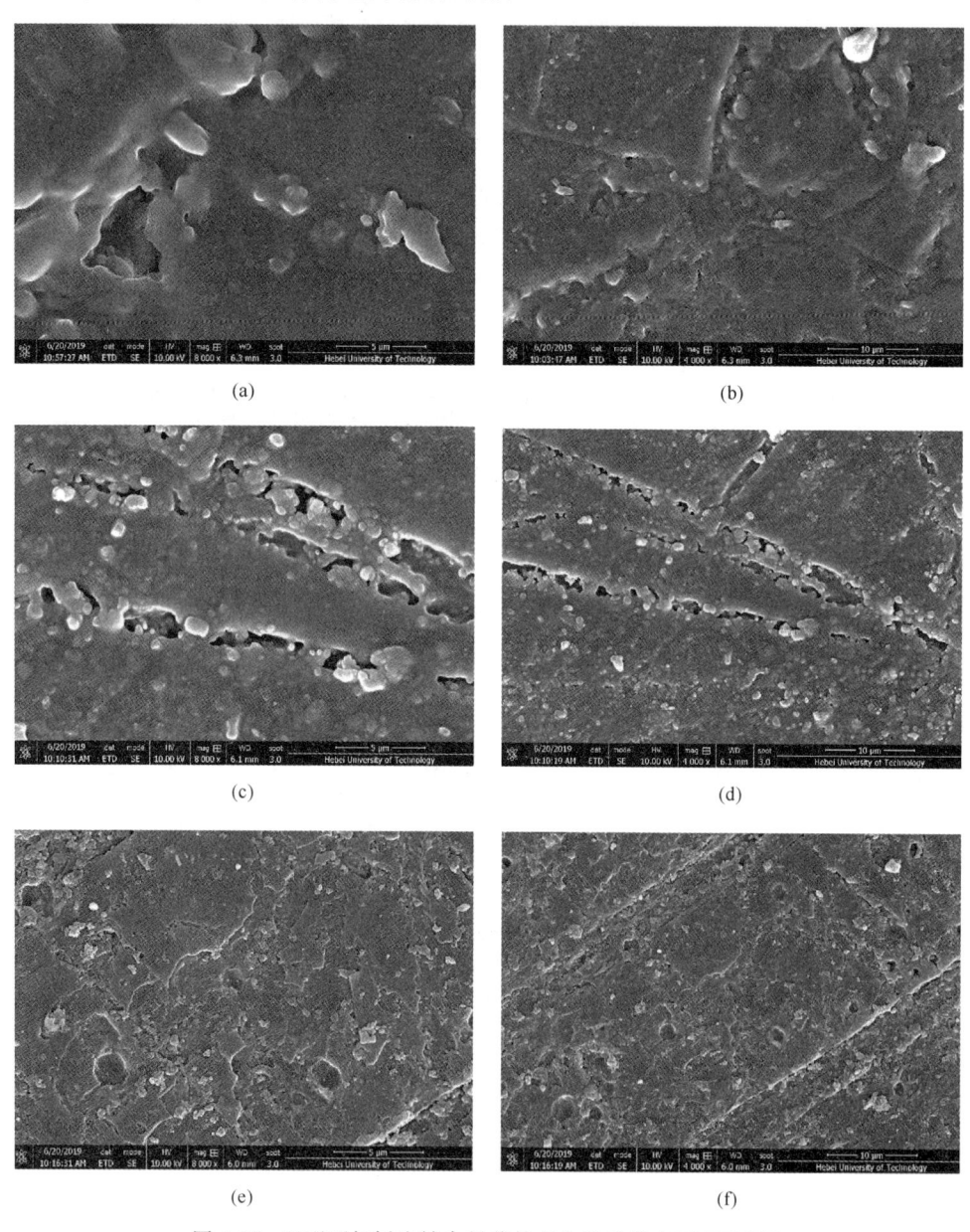

图 3-38　Z 型环氧树脂结合料紫外老化前后的表面 SEM 图
(a) 老化前放大 8K 倍;(b) 老化前放大 4K 倍;(c) 老化后放大 8K 倍;(d) 老化后放大 4K 倍;
(e) 添加吸光剂老化后放大 8K 倍;(f) 添加吸光剂老化后放大 4K 倍

图 3-38(c)、(d) 展示了未添加吸光剂试样紫外老化一年后的表面情况，可观察到固化物在紫外辐照老化一年后，Z 型试样表层被破坏，部分视野的试样表面变得粗糙不平并出现脱落现象，表面缺陷严重，孔洞明显增大、增多，孔洞之间互相连接且出现大量裂缝。材料脆性显著升高，由于脱水引起的收缩造成表面粗糙度明显增高，出现了很多颗粒状杂质并带有大块的团聚现象，但尚未出现整体破坏，基本能保证材料的整体性。这是由于在紫外光照射下，结合料化学键断裂，破坏了结合料内部的交联网状结构，大分子降解成小分子。

由图 3-38(e)、(f) 可知在添加吸光剂进行紫外老化后，Z 型环氧结合料产生的裂缝细密、微小且曲折，并未出现明显的大孔隙裂缝，很好地保持了表面的基本形态，是理想的抗紫外老化材料，证明添加吸光剂的结合料能保证在一年的等效老化期内的正常使用。

3.2.7.2　环氧结合料断裂面的 SEM 分析

图 3-39(a) 及 (b) 是 Z 型环氧结合料紫外老化前的断面 SEM 图。将结合料断面分别放大 0.5K 倍和 1K 倍后，表面较为粗糙，与已进行紫外光照的老化试样相比可清晰地观察到其断面出现了钝化，断裂面有较多银纹和微裂纹，该断裂具有典型的韧性断裂特征，具有良好的机械性能表现。

图 3-39(c) 及 (d) 是未添加吸光剂的 Z 型环氧树脂结合料紫外老化后的断面 SEM 图。其断面与图 (a) 及 (b) 老化前的试样相比较为圆滑，为棱形花样，说明该环氧结合

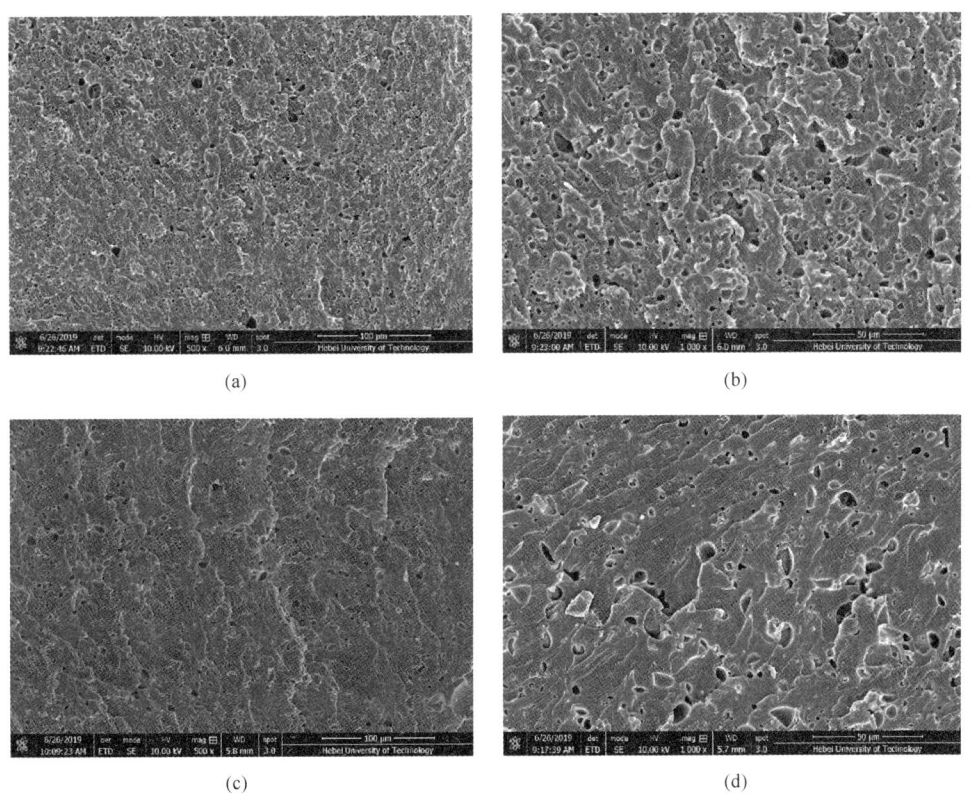

图 3-39　Z 型环氧粘结料紫外老化前后的断面 SEM 图（一）
(a) 老化前放大 0.5K 倍；(b) 老化前放大 1K 倍；(c) 老化后放大 0.5K 倍；(d) 老化后放大 1K 倍

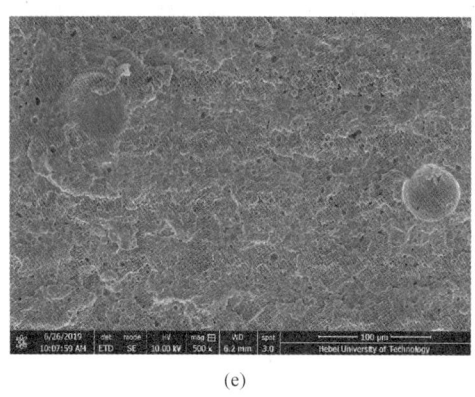 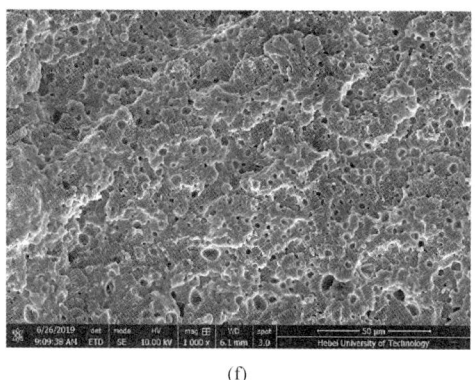

(e) (f)

图 3-39 Z 型环氧粘结料紫外老化前后的断面 SEM 图（二）

(e) 添加吸光剂老化后放大 0.5K 倍；(f) 添加吸光剂老化后放大 1K 倍

料为典型脆性断裂，其力学性能较低。

图 3-39(e) 及 (f) 是添加吸光剂的 Z 型环氧结合料紫外老化后的断面 SEM 图。由图可知，添加吸光剂老化后的环氧结合料的断面粗糙度明显增加，出现贝壳纹理，且断裂条纹趋于分散，呈根须状。这是由于添加吸光剂后，老化后的结合料的韧性衰减幅度较小，断面依然出现了钝化，说明力学性能保持较好。

通过 SEM 发现在老化降解过程中环氧抗滑表层表面由于受到环境因素的作用会出现裂缝、聚团以及脱落等现象，甚至出现孔洞，而添加吸光剂后，减少了这些现象的出现，保持了较好的微观形貌，说明了吸光剂对于环氧基复合材料抗紫外老化性能具有重要影响。

3.3 本章小结

开展关键组分的配比与基础性能试验研究，通过气候性能要求及关系趋势确定了各组分的合理掺量，提出了关键组分组成设计，并对 Z 型环氧结合料进行了各项性能评价，得出以下结论：

（1）优化并分析环氧基复合材料配方组成，确定了固化剂、增韧剂、稀释剂、填料、阻燃剂等各组分的配比，配比范围为 EⅠ、EⅡ环氧树脂复配 1∶1，固化剂 30phr，增韧剂 10phr，稀释剂 5phr，填料 10%，阻燃剂 12%，吸光剂 1% 以及颜料 5%，配制出新型环氧基复合材料，命名为 Z 型环氧结合料，并通过 FTIR 分析了固化反应前后的分子结构及其反应机理。

（2）研究了 Z 型环氧结合料的性能，对其密度、吸水率、可操作时间、养生时间、粘结性能、流变性能以及耐紫外线老化性等分别进行了试验。该环氧结合料在低温和常温条件下具有较好的粘结性能，随着温度升高，粘结强度逐渐下降，但在 60℃ 高温仍具有足够的拉剪强度，说明环氧结合料具有良好的粘结性能和耐热性；通过 SEM 图观察对比分析，环氧结合料在长时间的紫外光照射下老化程度严重，在环氧基复合材料添加 1% 的吸光剂后，明显改善了环氧结合料的耐老化性，对于延长使用寿命具有重要意义。

4 环氧彩色抗滑路面表层复合结构路用性能的影响

由前两章研究结果可知环氧基复合材料和彩色抗滑骨料的性能优异。由于彩色抗滑表层铺装于沥青路面之上，暴露在外部自然环境下，直接承受昼夜温差变化、长期雨雪的侵蚀和交通荷载多重作用，其表层材料的性质可能会发生变化，因此要求表层材料具有很好的耐久性及高低温稳定性。本章将对抗滑功能型的环氧彩色抗滑路面表层＋沥青混合料复合结构铺装进行路用性能研究，分析其对沥青混合料路用性能的影响。本章采用小梁弯曲试验评价低温抗裂性；以马歇尔稳定度和动稳定度来评价高温稳定性；利用冻融劈裂试验来评价水稳定性；通过汉堡车辙试验测试耐湿热耦合作用下结构性能；以间接拉伸劈裂试验评估疲劳性能，通过路用性能试验研究，对环氧抗滑表层进行综合评价。

4.1 沥青混凝土（环氧表层下卧层）配比及性能

4.1.1 配合比设计

环氧表层下卧层沥青混凝土材料选择取自蓟县的石灰岩骨料以及SBS（I-D）改性沥青，采用AC-13C型级配对沥青混合料进行配合比设计，依据《公路沥青路面施工技术规范》（JTG F40—2004）[51]，确定级配组成。配合比设计见表4-1。矿料级配曲线如图4-1所示。

表4-1 矿料筛分及混合料级配组成设计

骨料类型	用量/%	通过率/%									
		16	13.2	9.5	4.75	2.36	1.18	0.6	0.3	0.15	0.075
10～15mm	30	100	92.4	24.1	0.3	0.3	0.3	0.3	0.3	0.3	0.3
5～10mm	25	100	100	98.7	13.4	1.8	1.4	1.4	1.3	1.3	0.1
机制砂	40	100	100	100	100	79.8	46.7	28.6	9	5.1	3.3
矿粉	5	100	100	100	100	100	100	100	100	99.2	98.4
设计级配	—	100	97.7	76.9	48.5	37.5	24.4	16.8	8.9	7.4	6.5
级配要求	—	100	90～100	68～85	38～68	24～50	15～38	10～28	7～20	5～15	4～8

4.1.2 最佳油石比

沥青混合料配合比设计选择油石比4.2%、4.5%、4.8%、5.1%、5.4%，成型马歇尔试件，马歇尔试验依据《公路工程沥青及沥青混合料试验规程》（JTG E20—2011）进行。结果见表4-2。

根据配合比设计确定最佳油石比为5.0%，沥青混合料（下卧层）的配合比设计结果见表4-3。

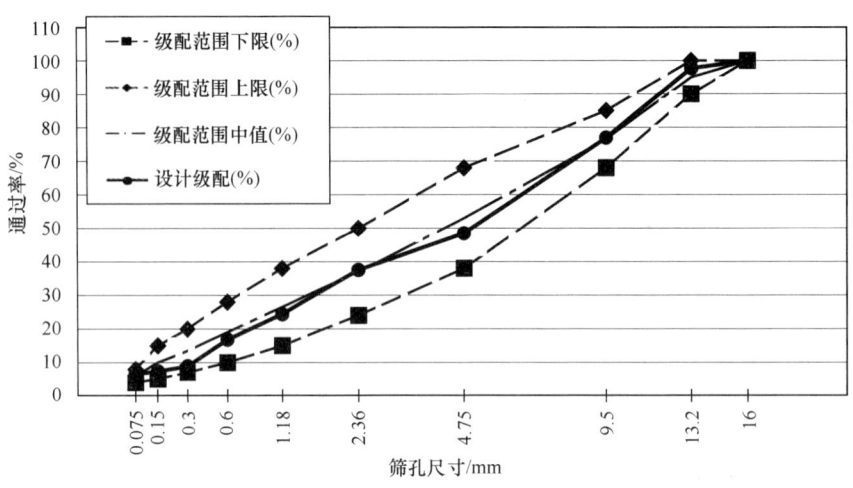

图 4-1 矿料级配曲线

表 4-2 马歇尔试件体积参数试验结果

油石比/%	毛体积相对密度	理论最大密度	空隙率 VV/%	矿料间隙率 VMA/%	沥青饱和度 VFA/%	稳定度/kN	流值 /0.1mm
4.2	2.439	2.61	6.6	14.8	54.5	11.9	18.16
4.5	2.445	2.59	6.0	14.9	60.2	12.9	20.99
4.8	2.454	2.58	5.2	14.8	65.1	15.1	27.85
5.1	2.469	2.57	4.2	14.5	70.5	15.0	32.89
5.4	2.461	2.56	4.1	15.1	71.3	14.2	41.26
规范要求	—	—	3～6	≥14	65～75	≥8	15～40

表 4-3 沥青混合料配合比设计结果

材料	石灰岩 10～15mm	石灰岩 5～10mm	机制砂 0～5mm	矿粉	最佳油石比
比例/%	30	25	40	5	5.0

采用最佳油石比对沥青混合料进行路用性能试验,结果见表 4-4。

表 4-4 路用性能试验结果

路用性能	试验项目	试验结果	技术指标
高温稳定性	动稳定度/(次/mm)	7119	＞6000
	马歇尔稳定度/kN	15.23	≥8
低温抗裂性	抗弯拉强度/MPa	9.97	—
	最大弯曲破坏应变/με	3045.55	＞2500
水稳定性	冻融劈裂强度比 TSR/%	87.3	≥75

4.2 路用性能影响分析

4.2.1 低温抗裂性

作为彩色路面铺装材料，要求 Z 型环氧结合料必须兼具良好的低温与高温性能，因此低温性能对铺装材料有重要影响。沥青面层在低温下会产生温度应力来限制混合料发生收缩变形，使得路面依然有良好的使用性。当温度持续下降时，沥青混合料产生的内部应力累计到超过其所能承受的抗拉强度最大值，沥青混合料就会发生收缩开裂以释放应力，这是发生路面破坏的主要形式之一[52]。因此，本试验依靠沥青混合料弯曲试验的原理来评价不同用量环氧结合料的 Z 型环氧彩色抗滑路面表层复合结构的低温性能。

1. 试验方法

用切割机将沥青混合料车辙板切成棱柱体，试件尺寸为 250mm×30mm×35mm，分别采用 1.0kg/m²、1.5kg/m²、2kg/m² 和 2.5kg/m² 的环氧结合料用量，并依据施工经验撒布 4kg/m² 彩色陶瓷骨料铺装环氧抗滑表层，置于常温下固化 24h，构件尺寸符合《公路工程沥青及沥青混合料试验规程》(JTG E20—2011) 规范要求[53]。采用多功能沥青混合料测试系统进行试验，将试件放置于 -10℃ 的冰箱内，直到试件完全达到试验温度为止。安置试件的梁式支座，保证两测支点跨径为 (200±0.5)mm，取出试件后，安装在试验支座上，以 50mm/min 速率施加荷载，直至试件破坏，并按照式 (4.1) 至式 (4.3) 计算小梁试件破坏时的最大弯拉强度 R_B，最大弯拉应变 ε_B 和劲度模量 S_B (图 4-2)。

图 4-2 低温抗裂性试验

$$R_B = \frac{3LP_B}{2bh^2} \tag{4.1}$$

$$\varepsilon_B = \frac{6hd}{L^2} \tag{4.2}$$

$$S_B = \frac{R_B}{\varepsilon_B} \tag{4.3}$$

式中 b——跨中断面试件的宽度，mm；
　　　h——跨中断面试件的高度，mm；
　　　L——试件的跨径，mm；

P_B——试件破坏时的最大荷载,N;

d——试件破坏时的跨中挠度,mm。

2. 试验结果

由表 4-5 和图 4-3 可知,环氧彩色抗滑路面表层复合结构的最大弯拉应力、最大弯拉应变和劲度模量均大于普通沥青面层,表明环氧彩色抗滑路面表层复合结构的低温性能优于普通沥青面层。这是因为环氧涂层是黏弹性材料,温度对其性能影响较大,结合料固化体系内部分子链段在低温环境下受到交联制约,分子链段自由变形受限,因此环氧结合料变硬变脆,变形能力出现下降,但不会影响沥青混合料的性能,还能起到填充作用,提高了弯曲应变。随着环氧结合

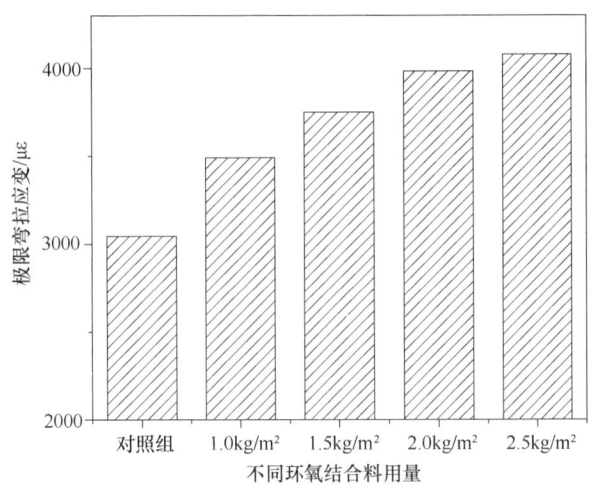

图 4-3 低温弯曲试验结果

料用量的增加,最大抗弯拉强度和极限弯拉应变明显增大,用量为 2.0kg/m² 时的最大弯拉应变增长幅度达到 30.8%,显著提高了在低温条件下路面整体的抗裂性能,在结合料用量为 2.5kg/m² 时,极限弯拉应变的增幅明显减小,相比用量为 2.0kg/m²

表 4-5 小梁弯曲试验结果

用量	挠度/mm	抗弯拉应力/MPa		抗弯拉应变/με		标准偏差	变异系数(%)	弯曲劲度模量/MPa	
		单项值	平均值	单项值	平均值			单项值	平均值
对照组	0.536	10.64	9.97	2996.31	3045.55	61.22	2.01	3551.03	3277
	0.54	10.21		3026.24				3373.82	
	0.557	9.05		3114.09				2906.15	
1.0kg/m²	0.608	12.92	12.49	3420.68	3490.03	70.65	2.02	3777.03	3581.18
	0.623	12.38		3487.5				3549.82	
	0.637	12.17		3561.92				3416.7	
1.5kg/m²	0.655	14.51	13.95	3682.25	3751.3	74.66	1.99	3948.73	3724.66
	0.665	14.08		3741.13				3763.57	
	0.681	13.26		3830.53				3461.69	
2.0kg/m²	0.694	15.26	14.84	3902.38	3983.85	91.95	2.31	3910.43	3729.22
	0.709	15.03		3965.63				3790.07	
	0.73	14.24		4083.55				3487.16	
2.5kg/m²	0.728	15.25	15.16	4060.95	4078.7	112.25	2.75	3755.28	3719.7
	0.711	15.5		3976.38				3898.02	
	0.746	14.72		4198.77				3505.79	
技术指标	—	—		>2500			<20		

时仅增长了 2.4%，这可能是受到环氧结合料自身性质的影响造成的，因此从低温性能角度考虑环氧结合料的用量采用 2.0kg/m² 为宜。

4.2.2 高温稳定性

环氧彩色抗滑路面表层＋沥青混凝土复合结构受外界温度和交通荷载影响较大，承受汽车轮胎的碾压作用，因此良好的高温稳定性是环氧彩色抗滑路面表层复合结构的重要评价指标，并以此满足面层使用要求。采用马歇尔稳定度试验和车辙试验表征环氧彩色抗滑路面表层复合结构的高温稳定性。

4.2.2.1 马歇尔稳定度试验

马歇尔稳定度反映了沥青混合料受压破坏时的抗压强度，是混合料的重要技术参数。根据《公路工程沥青及沥青混合料试验规程》(JTG E20—2011)中的试验方法，对不同环氧结合料用量的环氧彩色抗滑路面表层复合结构进行马歇尔稳定度试验，依据施工经验撒布 4kg/m² 彩色陶瓷骨料铺装环氧抗滑表层，试件尺寸符合规范要求，如图 4-4 所示。试验结果见表 4-6。

图 4-4　马歇尔试验

表 4-6　马歇尔试验结果

用量	空隙率/%	稳定度/kN	流值/0.1mm
对照组	4.638	15.23	30.6
1.0kg/m²	4.162	15.80	38.4
1.5kg/m²	4.154	16.54	42.3
2.0kg/m²	4.191	16.82	41.6
2.5kg/m²	4.016	17.05	41.2
技术指标	—	≥8	15～40

4.2.2.2 车辙试验

夏季高温条件下经常发生的车辙和推移等变形使得轮迹处的沥青面层厚度减小，雨季路面积水增多，导致路面结构强度和平整度显著下降，抗滑能力下降，造成行车安全隐患。车辙变形严重影响了沥青路面的使用寿命。车辙试验是模拟车辆在道路上持续施加荷载而导致车辙形成，以动稳定度来评价路面变形情况。因此，采用车辙试验得到的动稳定度评价在高温环境下不同环氧结合料用量的环氧彩色抗滑路面表层复合结构抵抗塑性变形的能力，通过试验轮对试件的反复累计作用，产生流动、压密和剪切等形变，从而出现车辙病害，充分模拟出在高温条件下交通荷载在路面形成车辙过程的实际情况。试验设备采用车辙仪进行，试验结果直观且与路面车辙的相关性较好。

1. 试验方法

本试验利用动稳定度来作为评价高温条件下环氧彩色抗滑路面表层抗车辙能力的技术指标。动稳定度计算公式见式（4.4）：

$$DS = \frac{(t_2 - t_1) \times N}{d_2 - d_1} \times C_1 \times C_2 \tag{4.4}$$

式中　DS ——沥青混合料的动稳定度，次/mm；

d_1、d_2——$t_1=45\text{min}$、$t_2=60\text{min}$ 的变形量，mm；

C_1——试验机类型修正系数，取 1.0；

C_2——试件系数，取 1.0；

N——工作速率，42 次/min。

采用轮碾成型方法制备车辙板试件，尺寸大小为 300mm×300mm×50mm，依据施工经验撒布 4kg/m² 彩色陶瓷骨料铺装环氧彩色抗滑路面表层，试件尺寸符合规范要求。试验条件为：试验温度为 60℃；轮压 0.7MPa；轮进速度 42 次/min。

2. 试验结果

试验结果见表 4-7。

表 4-7　车辙试验结果

用量	动稳定度/（次/mm）	标准偏差	变异系数 C_V/%	平均动稳定度/（次/mm）
对照组	6562 7975 6820	751.46	10.56	7119
1.0kg/m²	18223 19012 19671	724.97	3.82	18969.67
1.5kg/m²	20123 19541 21048	759.98	3.76	20237.33
2.0kg/m²	20857 21104 22151	686.98	3.21	21370.67
2.5kg/m²	22691 21085 21810	804.26	3.68	21862

由图 4-5 可知，在 60℃条件下，环氧彩色抗滑路面表层复合结构的马歇尔稳定度和动稳定度较普通热拌沥青混合料均有一定提升，其中动稳定度近似于普通沥青混合料的 3 倍，表现出了优异的高温稳定性，说明环氧彩色抗滑路面表层材料能够明显提升普通沥青路面的高温性能。该原因主要有两方面：一方面是环氧结合料中含有大量填料，具有较大的比表面积，同时结合料的流动性较好，渗入沥青混合料结构内部，起到了显著增加沥青与矿料间的黏稠度和黏聚力的作用，防止沥青混合料发生变形；另一方面是环氧结合料固

化后形成三维空间网状体系,该结构本身具有较高的力学强度,并且反应过程不可逆。因此,隧道路面铺装中应用高温稳定性优良的环氧结合料能够很好地解决高温病害问题,提高道路铺装质量,有效降低沥青面层车辙病害的发生概率,提高隧道行车舒适性和安全性。环氧结合料单位面积用量对环氧彩色抗滑路面表层复合结构的动稳定度影响很小,增加用量没有明显提高其高温抗变形能力的作用。

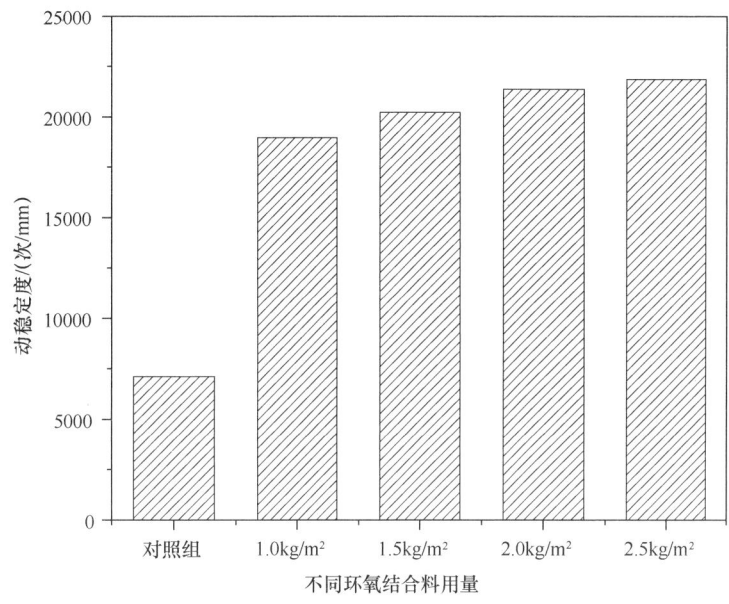

图 4-5　不同环氧结合料用量的高温车辙试验结果

4.2.3　抗滑性能

道路抗滑性能是指汽车轮胎沿路面滚动时受到摩擦阻力的大小,反映紧急刹车距离及抵抗侧滑能力,是评价公路行驶安全性能最重要的性能指标[54]。理想的抗滑性能可以提供给车辆足够强的附着力,提升交通安全性。环氧彩色抗滑路面表层作为沥青路面的铺装材料,必须具备足够的抗滑性能和耐磨耗性。

1. 试验方法

评价环氧彩色抗滑路面表层复合结构抗滑性能的主要方法是对其抗滑系数以及构造深度进行检测[55]。通常采用摆式仪测量抗滑系数,采用人工铺砂法测试构造深度。测量时先将标准砂向外均匀摊铺在所测路面,使其填充表层空隙,不得在路面留有余砂。通过摊铺面积计算道路表层的构造深度,其值越大,说明抗滑能力越强。

环氧彩色抗滑路面表层复合结构在使用初始阶段具有较大的抗滑系数和构造深度,抗滑能力强,但随车轮碾压次数的增多,表层的抗滑性能会逐渐降低,因此对环氧彩色抗滑路面表层复合结构抗滑能力的衰减规律进行研究具有重要意义。由于环氧彩色抗滑路面表层复合结构自身具有较高的力学强度,车辙深度很小,因此通过车辙仪模拟实际车轮在路面上反复施加荷载,得出环氧彩色抗滑路面表层复合结构摩擦系数的衰减规律,与之前的普通沥青路面作对比,分析彩色路面长期的抗滑性能。

2. 试验条件

采用车辙仪(图 4-6)和摆式仪(图 4-7)进行试验。首先成型标准沥青混合料车辙板，制备环氧彩色抗滑路面表层铺装试件，试件尺寸符合规范要求，通过改变车辙仪的轮压来调整试件所受到的摩擦力，而摩擦力随轮碾次数的持续增加直接会影响环氧彩色抗滑路面表层复合结构抗滑能力的变化情况，并分析随轮碾时间的推移不同环氧结合料的用量、不同轮压与抗滑性能的关系。先测试初始阶段不同环氧结合料用量的抗滑性能，彩色骨料采用经验值 $4kg/m^2$，试件尺寸符合规范要求。试验温度为（20±2）℃；试验轮轮压为 0.7MPa；试验轮行进速度设定为 42 次/min，按照《公路路基路面现场测试规程》（JTG E60）的规范要求测定摆值和构造深度，摆值除以 100，即为路面的摩擦系数。每碾压 10h 测试一次试件的抗滑性能。试验结果如图 4-8 所示。

图 4-6　车辙仪轮碾过程

图 4-7　摩擦系数测试

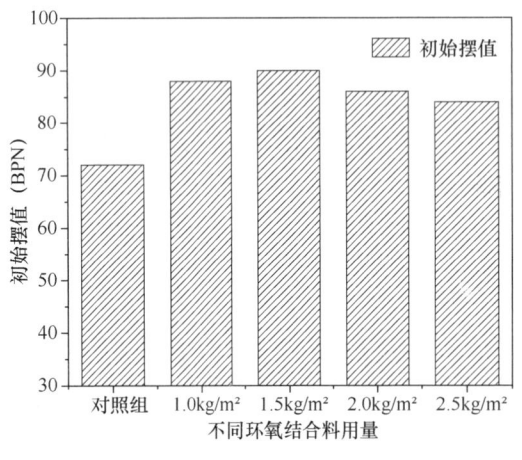

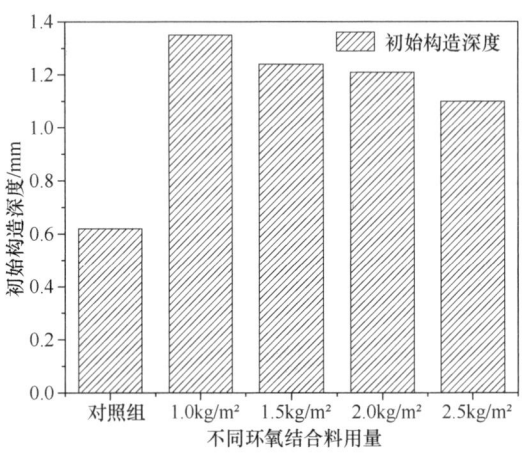

图 4-8　不同环氧结合料用量的初始抗滑试验结果

由图 4-8 显示，随着环氧结合料用量的增加，初始阶段环氧彩色抗滑路面表层复合结构的摩擦系数和构造深度并没有发生太大变化，并根据计算得出环氧彩色抗滑路面表层复合结构的构造深度最高为 1.35mm，说明其初始抗滑性能远高于普通沥青面层，具有优异的抗滑性能。这是因为石英砂填料和环氧基复合材料凝聚在一起形成稳定的三维空间网状结构，将彩色抗滑骨料牢固地黏附在沥青混合料表面，而彩色陶瓷颗粒具有很大的压碎值和磨光值。为了模拟长期实际交通荷载对路面的作用，采用车辙仪对环氧彩色抗滑路面表层进行磨耗试验，通过检测摆值分析其在不同环氧结合料用量下的抗滑性能衰变情况。试验结果如图 4-9 所示。

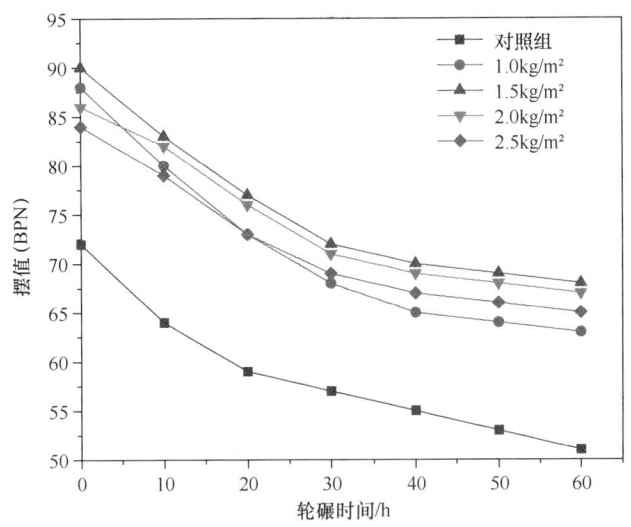

图 4-9　不同环氧结合料用量的抗滑性能衰减曲线

由图 4-9 可知，当环氧结合料用量一定时，路面摩擦系数随着磨耗时间的增加而减小；随磨耗时间的增加，试件的摩擦系数随环氧结合料用量的增加呈现先升高后下降的趋势，主要原因在于加大环氧结合料的用量，提高了环氧彩色抗滑路面表层与沥青混合料之间的粘结强度，但用量超过一定范围后，多余的环氧结合料会对彩色陶瓷骨料形成包裹，降低了骨料的抗滑性能。$1.0 \sim 2.5 kg/m^2$ 的环氧结合料用量下的初始 BPN 分别为 88、90、86 和 84，经过 60h 的轮碾作用，分别衰减了 28.4%、24.5%、22.1% 和 22.6%，磨耗试验后抗滑性能测试结果仍符合沥青路面的表面摩擦系数设计标准。因此，由彩色路面的摩擦系数衰变规律可知，当环氧结合料控制用量在 $1.7 \sim 2.1 kg/m^2$ 时，环氧彩色抗滑路面表层的抗滑性能较好。

为研究不同车轮压力对环氧彩色抗滑路面表层抗滑性能衰变规律的影响，本试验采用 0.5MPa、0.7MPa 和 1.0MPa 的轮压，环氧结合料用量为 $2.0 kg/m^2$，进行抗滑磨耗试验。试验结果如图 4-10 所示。

通过图 4-10 可知，随着车轮碾压次数的增大，彩色路面摩擦系数随轮压的增大而减小，0.5MPa 轮压下的摩擦系数衰减了 22.7%，标准轴载 0.7MPa 轮压下的摩擦系数衰减了 22.1%，1.0MPa 轮压下的摩擦系数衰减了 21.9%，表明轮压是影响环氧彩色抗滑路面表层抗滑性能的主要因素，高压下的抗滑性能衰减率大于低压条件。

4.2.4　水稳定性能

水损害是沥青路面常见的病害，且随着时间推移路面损害增大。主要原因在于水会影响沥青黏聚力，降低了沥青混合料的粘附性，出现骨料松散、剥落、唧泥等病害[56]，严重影响了服役质量及寿命，增加了维修成本。长期暴露于外界环境下的路面会由于空气湿度与温度的变化或发生降雨使路面结构与水长时间接触并进行冻融循环。因为沥青混合料存在大量空隙，在交通动态荷载与动水压力、真空负压共同作用下，使得自由水渗入路面

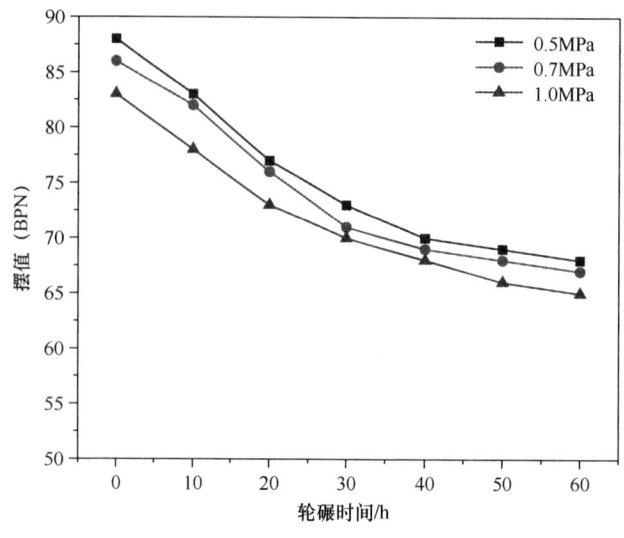

图 4-10 不同轮压的抗滑性能衰减曲线

结构内部,导致沥青混合料的粘结强度下降,并发生骨料剥落。因此,提高沥青混合料的水稳定性尤其重要,不仅能够提高路面结构的可靠性,还能延长路面的使用年限,节省维修成本。

国内外各研究单位及高校对环氧彩色抗滑路面表层复合结构的水稳定性研究很少,而水稳定性又是决定我国沥青路面路用性能的最重要指标之一,因此对环氧彩色抗滑路面表层铺装沥青混合料的水稳定性进行研究具有重大意义。环氧结合料固化前具有良好的流动性,摊铺后则会进入沥青混合料内部,其对混合料性能会产生重要影响,因此,采用常见的冻融劈裂试验来评价不同环氧结合料用量的彩色路面的水稳定性能。以冻融劈裂强度比(TSR)作为性能指标评价水稳定性,结果见表 4-8。

1. 试验方法

该试验采用击实法成型圆柱体试件,试件为直径 100mm,高 50mm 的 AC-13 型沥青混合料,冷却后铺装环氧彩色抗滑路面表层,试件尺寸符合规范要求,然后对试件进行冻融循环。采用多功能沥青混合料测试设备进行试验,以 50mm/min 速率施加荷载,试验流程如图 4-11 所示。

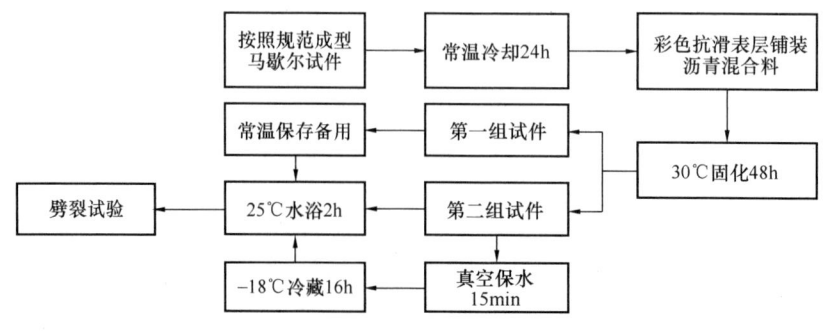

图 4-11 冻融劈裂试验流程

4 环氧彩色抗滑路面表层复合结构路用性能的影响

TSR 作为试验指标可以很好地反映经过充分的冻融循环后水对环氧彩色抗滑路面表层的损害情况,依据计算式(4.5)至式(4.7)计算冻融前后的劈裂强度 R_{T1}、R_{T2} 以及 TSR。

$$R_{T1} = 0.006287 P_{T1}/h_1 \quad (4.5)$$

$$R_{T2} = 0.006287 P_{T2}/h_2 \quad (4.6)$$

$$TSR = \frac{R_{T2}}{R_{T1}} \times 100\% \quad (4.7)$$

式中 P_{T1}、P_{T2}——未冻融和冻融试件的最大荷载,N;

R_{T1}——未进行冻融的试件的劈裂强度,MPa;

R_{T2}——经受冻融循环的试件的劈裂强度,MPa;

h_1、h_2——未冻融和冻融试件的高度,mm。

该试验经过真空饱水、冻融和高温水浴三个阶段,空隙中水的体积在变化的温度环境下会出现一定的动水压力,使得水迅速流进混合料空隙中,使其黏聚力下降。因此,该试验方法很好地模拟出了实际路面情况(图4-12、图4-13)。

图4-12 冻融试件　　　　图4-13 劈裂试验

2. 试验结果

冻融劈裂试验结果见表4-8。

表4-8 冻融劈裂试验结果

对照组	1.18	1.03	0.051	5.0	87.3
1.0kg/m²彩色路面	1.26	1.14	0.17	14.9	90.5
1.5kg/m²彩色路面	1.33	1.21	0.16	13.2	91.0
2.0kg/m²彩色路面	1.38	1.28	019	14.8	92.8
2.5kg/m²彩色路面	1.42	1.34	0.17	12.7	94.4

如图4-14可知,彩色路面的冻融劈裂强度比远优于沥青混合料,明显改善了沥青路面的抗水损性能。由图中还可看出冻融劈裂强度比随着环氧结合料用量的提高不断增大的变化规律,但变化幅度不大。因此,结合环氧结合料用量对劈裂强度的影响结果,可知提高用量不会显著提高环氧彩色抗滑路面表层复合结构的水稳定性。环氧彩色抗滑路面表层材料改善水稳定性的原因主要有三方面:①渗入混合料空隙中的环氧结合料提高了混合料之间的黏聚力,使得沥青与骨料的黏附性增强;②由于环氧结合料属于三维空间网状结构,可以在混合料表面形成致密的油膜,有效起到防渗水的作用,在很大程度上减小了水

对沥青混合料产生的腐蚀作用；③环氧彩色抗滑路面表层具有良好的力学性能，且直接与车轮接触，承担了车轮荷载大部分作用力，减轻了对沥青路面造成的损害。

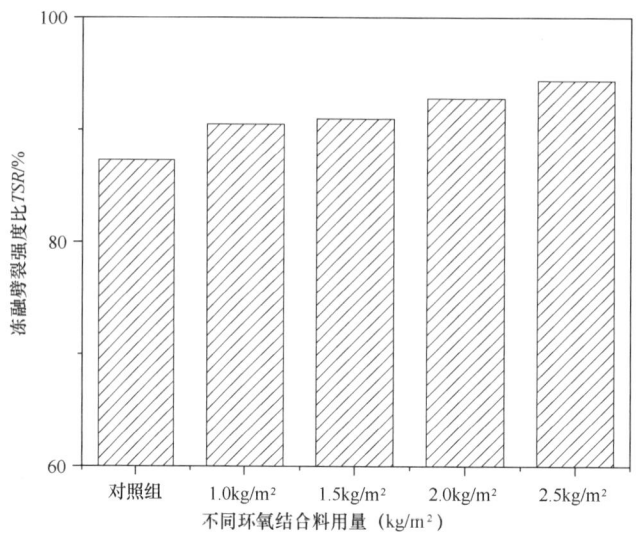

图 4-14　不同环氧结合料用量的冻融劈裂试验结果

4.2.5　耐湿热性能

国外常用的汉堡车辙试验是评价沥青路面材料在高温环境下抗水损害能力的重要方法。汉堡车辙的荷载应力会引起高速水流，从而产生动水压力，破坏了沥青膜[57]，降低了沥青混合料的黏附性，破坏了路面内部结构，使得各项性能指标均出现下降，较为真实地模拟了实际交通荷载下沥青路面的抗湿热老化能力。因此，为了模拟出在实际车辆荷载作用下彩色路面的耐湿热性能，采用汉堡车辙试验得到的车辙深度等性能指标来评估环氧彩色抗滑路面表层铺装沥青混合料的高温稳定性和抗剥落性能。经上述常规路用性能试验对环氧彩色抗滑路面表层＋沥青混合料复合结构的研究分析，为简化试验，突出试验目的，本试验选择环氧结合料用量为 2.0kg/m² 的环氧彩色抗滑路面表层和沥青混合料对照组进行试验。

1. 试验方法

本试验采用由德国 Helmut-Wind Incorporated of Hamburg 研发、意大利生产的 77-PV33B05 型汉堡车辙仪，如图 4-15 所示。

本试验使用旋转压实仪制备直径 100mm、高 62mm 的 AC-13 型沥青混合料圆柱体试件，采用 2kg/m² 的环氧结合料用量铺装环氧彩色抗滑路面表层，试件尺寸符合规范要求，并将两个高度一致的试件切割成规定弓形后，置于模具内，如图 4-16 所示。汉堡车辙试验温度选择 50℃，47mm 宽的钢轮往返速度设定以 52 次/min 施加荷载

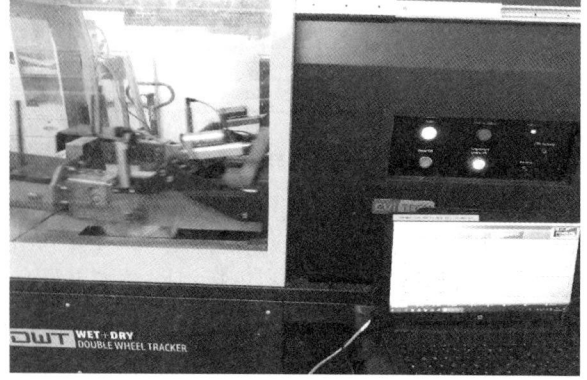

图 4-15　汉堡车辙仪

705N，直到钢轮轮碾次数达到 20000 次或试件变形达到 20mm 时，试验停止并记录数据。

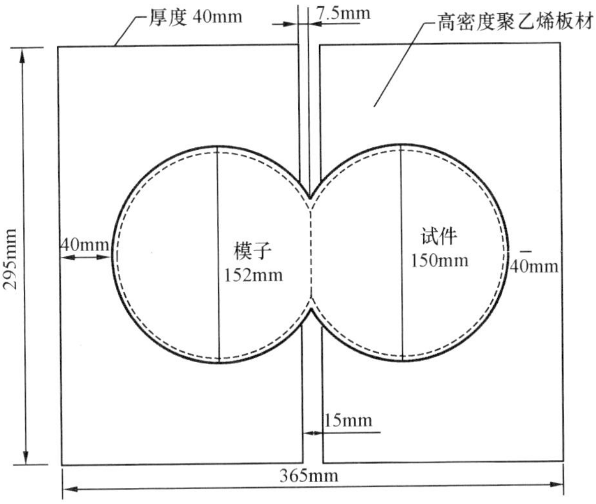

图 4-16 汉堡车辙试件模具示意图

试验操作步骤为：

（1）通过旋转压实成型圆柱体沥青混合料试件，常温 24h 后，铺装环氧彩色抗滑路面表层，30℃下固化 48h。

（2）按照 AASHTO T324—2011 规范的要求对圆柱体试件进行切割，并装入试验模具中，然后将装有试件的模具放入汉堡车辙试验水浴箱内。

（3）向水浴箱注水使其达到规定标高，通过计算机将水温设定为 50℃下保温半小时。

（4）在达到规定温度并保温半小时后进行试验，当碾压次数达到 20000 次时，试验设备自动停止试验，并记录数据。汉堡车辙试验操作过程持续 6~7h。

本试验应对试验过程各个阶段分别进行研究，不同加载次数下的车辙深度曲线如图 4-17 所示。该试验进程可大致分成三个阶段：首先是压实阶段，在开始轮碾的短期内，试件产生了较大的车辙深度变化率，这主要是因为在车轮荷载作用下对试件有补充压实作

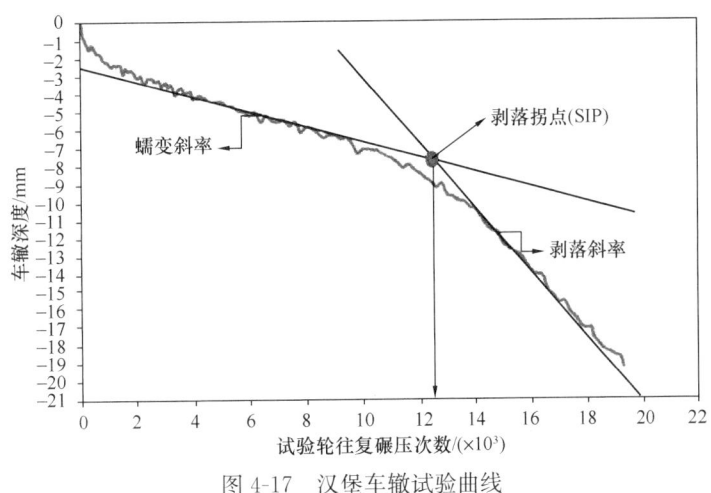

图 4-17 汉堡车辙试验曲线

用，当压实稳定后，车辙深度变化趋势逐渐平稳；其次是蠕变阶段，当混合料压实稳定后，不会出现屈服变形，以蠕变斜率（rut slope）来评价，蠕变斜率越高，试件抗车辙性能越好，此为试件性能最佳时段；最后是剥落阶段，经过一段时间的轮碾后，混合料性能受水的影响更严重，曲线也迅速下降，车辙深度增幅越来越大，使得试件发生屈服变形，该区间以剥落斜率（stripping slope）来评价，剥落斜率越大，试件的抗剥落性能越强。

在50℃下分别对环氧彩色抗滑路面表层复合结构和沥青混合料进行汉堡车辙试验，每组设定两次平行试验，碾压到指定次数，分别记录5000次、10000次、15000次和20000次的车辙深度，并计算最终相对变形率，结果见表4-9。试验后两组试件效果如图4-18所示。

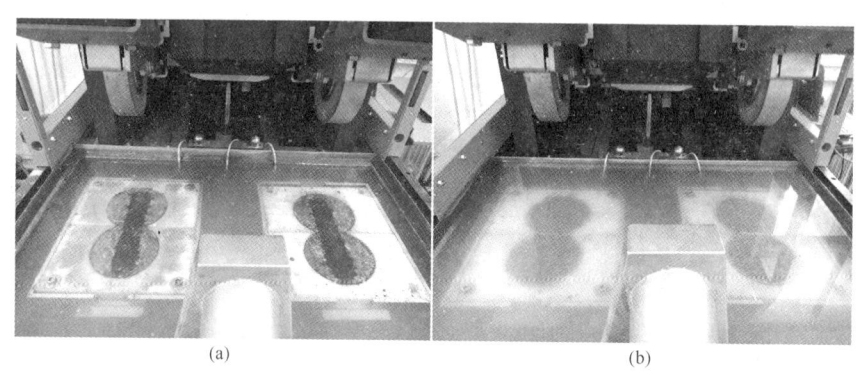

图4-18 铺装前后两组试件水稳定性试验对照图
（a）沥青路面试验后；（b）环氧彩色抗滑路面表层复合结构试验后

2. 试验结果

表4-9 汉堡车辙试验结果

混合料类型		对照组	彩色路面
空隙率		4.48	4.25
相对变形率/%		10.8	3.05
不同轮碾次数下的车辙深度/mm	5000	1.21	1.56
	10000	2.33	1.83
	15000	4.19	1.95
	20000	6.72	1.96
剥落点		6902	—
蠕变斜率		-1.35×10^{-4}	-5.01×10^{-5}
剥落斜率		-4.83×10^{-4}	-5.01×10^{-5}

不同碾压次数下的环氧彩色抗滑路面表层复合结构与沥青路面的车辙深度变化曲线如图4-19所示。

由图4-19可知，在压实阶段，铺装环氧彩色抗滑路面表层的沥青混合料的车辙深度呈抛物线形增大，且其产生的车辙深度明显高于普通沥青混合料，这主要是由环氧彩色抗滑路面表层表层未粘结牢固的抗滑骨料在荷载作用下发生脱落现象造成的，并不会对环氧彩色抗滑路面表层整体结构造成影响。从蠕变阶段开始，环氧彩色抗滑路面表层复合结构车辙深度的增幅随着轮碾次数的增加，呈现逐渐减小并趋于平稳的状态，蠕变斜率明显高于普通沥青混合料，说明环氧彩色抗滑路面表层复合结构材料具有良好的高温性能和抗变形能力，原因在于环氧结合料中存在大量比表面积较大的阻燃剂和石英砂填料，其增加了

4 环氧彩色抗滑路面表层复合结构路用性能的影响

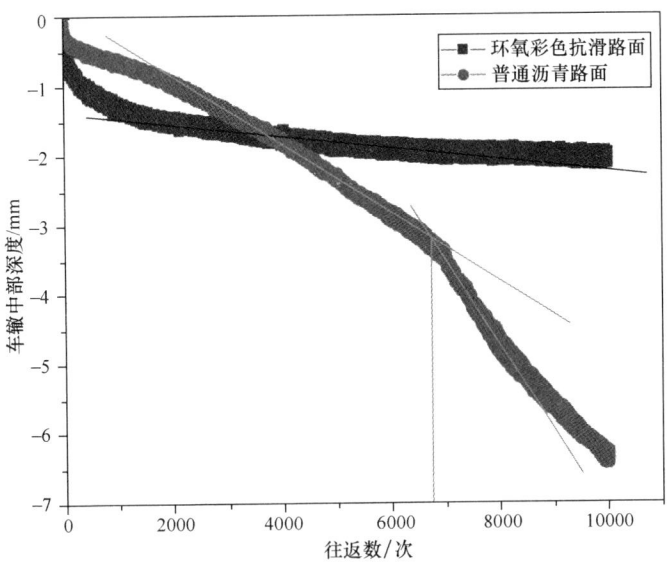

图 4-19 汉堡车辙试验曲线

对沥青混合料的吸附作用,同时降低了温度敏感性;环氧彩色抗滑路面表层铺装试件始终没有出现剥落点,而沥青混合料在 6932 次发生剥落,因此表明环氧彩色抗滑路面表层复合结构的抗剥落性能极好。

表 4-9 的汉堡车辙试验结果说明环氧彩色抗滑路面表层复合结构的汉堡车辙相对变形率明显优于普通沥青混合料,极大改善了沥青路面的抗变形性能,同时验证了环氧彩色抗滑路面表层铺装材料能够显著提升沥青路面在高温水浴条件下的抗车辙性和抗剥落性,具有较好的耐湿热性能。

4.2.6 耐疲劳性能

疲劳特性是指在外界环境和车辆荷载长期重复作用下的路面材料性能衰减的过程,它对路面材料的耐久性有重大影响。随着我国高速公路交通量与日俱增,对路面的质量要求越来越高。沥青路面在不同气温和交通荷载重复作用下,其内部所受应力长期发生不断变化,导致路面结构强度出现持续下降的趋势,当路面所受应力超过疲劳极限时,沥青路面无法继续抵抗交通荷载而发生疲劳破坏[58]。环氧彩色抗滑路面表层+沥青混合料复合结构也会产生同样的疲劳破坏。本试验目的是测试不同温度下环氧彩色抗滑路面表层复合结构的耐疲劳性能。从路面全寿命周期角度来分析,在避免了早期发生车辙、开裂等变形后,改善路面的耐久性是行业当下亟须解决的问题。

1. 试验方法

室内疲劳试验、小型加速加载和试验路测试是路面材料疲劳性能的几种主要检测方式,前两种属于实测方法,周期长、成本高。因此,采用业内广泛使用的室内疲劳试验,其中间接拉伸劈裂试验是 SHRP 研究中推荐的疲劳试验方法之一,其具有应用广泛、操作性强、可估算出实际路面疲劳寿命的优点。采用间接拉伸劈裂试验方法对环氧彩色抗滑路面表层+沥青混合料复合结构的疲劳性能进行研究。

2. 试验条件

本试验采用 AC-13 型 SBS 改性沥青制备标准马歇尔试件。经常规路用性能试验结果研究，选择环氧结合料用量 2.0kg/m²，在试件表面铺装彩色抗滑表层，构件尺寸符合规范要求（图 4-20）。使用 UTM-30 多功能沥青材料试验机进行试验，根据不同温度下的劈裂试验结果，从泊松比 0.3~0.7 之间选取 5 种不同应力水平作为加载强度，加载频率按照下式计算：

$$t = \frac{1}{2}\pi f \tag{4.8}$$

由上式得到：频率选择 10Hz 时，相当于 60km/h 左右的车速，并选择比较接近实际路面所承受应力的半正弦波形，负载时间 100ms。试验温度分别设为 10℃、30℃ 和 50℃，加载速率为 50mm/min，在不同应力和温度条件下分别进行 4 次平行试验。试验前，将试件保温不少于 3h。该试验需选择合适的泊松比，如果施加的应力过大，在短期内试件就会发生劈裂破坏，导致测得试件的疲劳寿命偏短；如应力选择太小，则会使得测得的耐疲劳性能偏高，试验结果偏差过大，缺乏实际意义。

图 4-20　环氧彩色抗滑路面表层复合结构的疲劳试验

3. 试验结果（表 4-10～表 4-12）

表 4-10　10℃下环氧彩色抗滑路面表层复合结构的疲劳试验结果

混合料类型	10℃		
	应力比	加载应力/MPa	疲劳寿命/次
对照组	0.3	0.561	13531
	0.4	0.695	12063
	0.5	0.87	9277
	0.6	1.043	5690
	0.7	1.218	2060
彩色路面	0.3	0.701	38701
	0.4	0.935	32655
	0.5	1.168	24943
	0.6	1.4	16755
	0.7	1.633	10931

4 环氧彩色抗滑路面表层复合结构路用性能的影响

表 4-11 30℃下环氧彩色抗滑路面表层复合结构的疲劳试验结果

混合料类型	30℃		
	应力比	加载应力/MPa	疲劳寿命/次
对照组	0.3	0.412	9172
	0.4	0.549	8795
	0.5	0.687	5238
	0.6	0.824	3611
	0.7	0.961	943
彩色路面	0.3	0.575	29794
	0.4	0.766	22021
	0.5	0.957	13715
	0.6	1.158	9619
	0.7	1.341	4817

表 4-12 50℃下环氧彩色抗滑路面表层复合结构的疲劳试验结果

混合料类型	50℃		
	应力比	加载应力/MPa	疲劳寿命/次
对照组	0.3	0.195	5136
	0.4	0.261	4339
	0.5	0.325	2857
	0.6	0.392	961
	0.7	0.455	215
彩色路面	0.3	0.362	23810
	0.4	0.483	15021
	0.5	0.603	8712
	0.6	0.724	3619
	0.7	0.845	2217

控制应力模式下的沥青混合料疲劳特征可由式（4.9）和式（4.10）表示：

$$N_\mathrm{f} = K \left(\frac{1}{\sigma}\right)^n \tag{4.9}$$

$$\log N_\mathrm{f} = \log K - n\log\sigma \tag{4.10}$$

式中 N_f——疲劳寿命，次数；

σ——施加应力，MPa；

K、n——疲劳方程系数，分别代表回归方程的大小和斜率陡缓程度，与路面材料性质、温度等相关。

由上式可知 $\log N_\mathrm{f}$ 与 $\log\sigma$ 呈线性关系，疲劳性能可由线性回归方程中的 n 和 K 2 个参数来反映。K 值越大，则路面材料的疲劳性能越好；n 越大，疲劳寿命对应力水平的变化越敏感，性能越差。根据试验结果绘制不同温度条件下的环氧彩色抗滑路面表层复合结构的疲劳曲线，如图 4-21～图 4-23 所示。

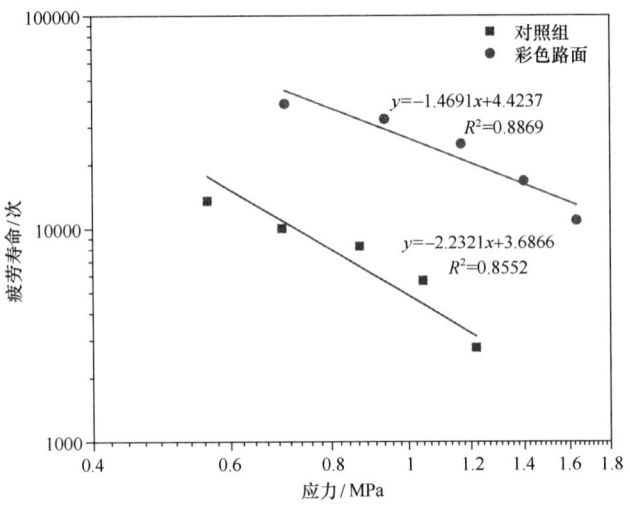

图 4-21　10℃条件下的疲劳曲线

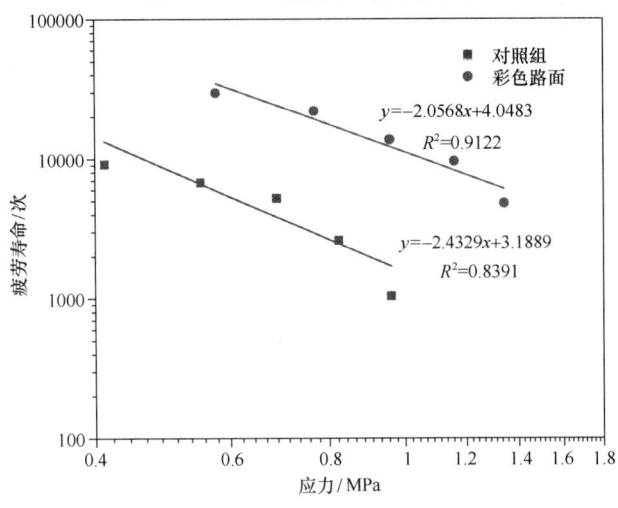

图 4-22　30℃条件下的疲劳曲线

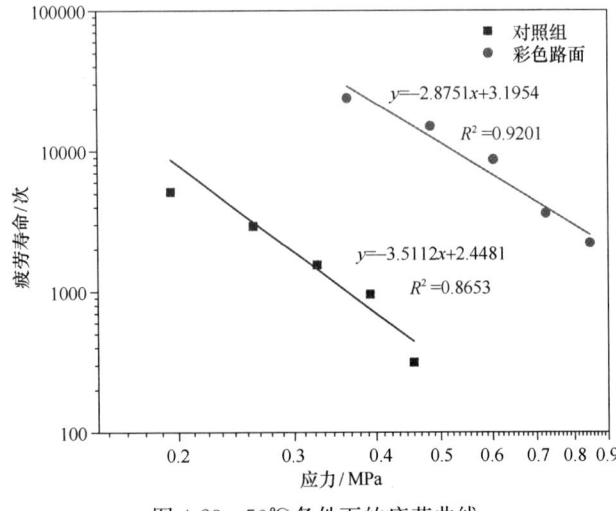

图 4-23　50℃条件下的疲劳曲线

由上图可知不同温度下环氧彩色抗滑路面表层复合结构的疲劳方程及回归系数,见表4-13。

表4-13 疲劳方程及回归系数

混合料类型	温度/℃	疲劳方程	R^2	回归系数 K	回归系数 n
对照组	10	$N_f = 3.6866\left(\dfrac{1}{\sigma}\right)^{2.2321}$	0.8552	3.6866	2.2321
对照组	30	$N_f = 3.1889\left(\dfrac{1}{\sigma}\right)^{2.4329}$	0.8391	3.1889	2.4329
对照组	50	$N_f = 2.4481\left(\dfrac{1}{\sigma}\right)^{3.5112}$	0.8653	2.4481	3.5112
彩色路面	10	$N_f = 4.4237\left(\dfrac{1}{\sigma}\right)^{1.4691}$	0.8869	4.4237	1.4691
彩色路面	30	$N_f = 4.0483\left(\dfrac{1}{\sigma}\right)^{2.0568}$	0.9122	4.0483	2.0568
彩色路面	50	$N_f = 3.1954\left(\dfrac{1}{\sigma}\right)^{2.8751}$	0.9201	3.1954	2.8751

由试验结果可知,施加相同应力情况下,疲劳寿命随温度的升高而减少,K减小,n变大,疲劳寿命越短。这是由于在应力控制方式下,路面材料的劲度随温度的递增而下降,环氧彩色抗滑路面表层复合结构在承受超过一定应力作用下就会产生形变,使得疲劳寿命减少。在应力比为0.3时,30℃和50℃条件下的沥青混合料的疲劳寿命分别为10℃条件下的67.8%和37.9%,30℃和50℃条件下的环氧彩色抗滑路面表层复合结构的疲劳寿命分别为10℃条件下的76.9%和61.5%,疲劳寿命的衰减率远小于沥青混合料。因此,温度对环氧彩色抗滑路面表层复合结构的疲劳寿命有较大的影响,但仍然满足使用要求。

以应力比0.3为例,环氧彩色抗滑路面表层复合结构疲劳极限加载次数较大,在20000～40000次,而沥青路面的疲劳极限加载次数在5000～15000次,只有环氧彩色抗滑路面表层复合结构相应疲劳极限次数的约1/3。且在相同温度条件下,环氧彩色抗滑路面表层复合结构的疲劳寿命远大于沥青混合料,说明环氧彩色抗滑路面表层复合结构极大地提高了路面的耐疲劳性能。

4.3 本章小结

本章对环氧彩色抗滑路面表层+沥青混凝土复合结构的实际使用状态进行了研究和评价,以普通沥青路面材料为参照,对比研究了环氧彩色抗滑路面表层复合结构的低温抗裂性、高温稳定性、抗滑耐久性、水稳定性和耐疲劳性,分析了添加1.0～2.5kg/m²环氧结合料的不同用量对环氧彩色抗滑路面的影响,为选择合适的环氧彩色抗滑路面表层施工工艺提供了重要参考。由试验结果得到以下几方面认识:

(1)低温抗裂性方面:通过小梁弯曲试验结果可知,随着环氧结合料的用量增加,环氧彩色抗滑路面表层+沥青混凝土复合结构的低温性能有明显提高,表明在一定限度内提高结合料的用量可以起到增强面层强度和韧性的作用,但在用量超过2.0kg/m²后,最大弯拉应变的增幅迅速减小，因此，根据低温试验结果，环氧结合料的用量宜采用 2.0kg/m²；环氧彩色抗滑路面表层复合结构的最大抗弯拉强度和最大弯拉应烃与普通沥青混合料相比均有显著的提高，说明了环氧彩色抗滑路面表层不仅具有较高的力学强度，同时还具有良好的变形能力。

（2）高温稳定性方面：环氧彩色抗滑路面表层＋沥青混凝土复合结构材料的马歇尔稳定度和动稳定度相对沥青混合料均较大，不同环氧结合料用量的高温性能均优于普通沥青混合料，动稳定度约为沥青混合料的 3 倍，表现出了优异的高温稳定性，说明环氧彩色抗滑路面表层＋沥青混凝土复合结构材料能够明显提升普通沥青路面的高温性能。

（3）抗滑耐久性方面：环氧彩色抗滑路面表层＋沥青混凝土复合结构的构造深度最高为 1.35mm，说明其初始抗滑性能远高于普通沥青面层，具有优异的抗滑性能；随磨耗时间的增加，试件的摩擦系数随环氧结合料用量的增加呈现先升高后下降的趋势，由不同环氧结合料用量下的摩擦系数衰变规律可知，当环氧结合料控制用量在 1.7～2.1kg/m² 时，环氧彩色抗滑路面表层复合结构的抗滑性能较好。

（4）水稳定性方面：通过冻融劈裂试验分析环氧彩色抗滑路面表层的水稳定性，并采用汉堡车辙仪检测其动态的抗水损害能力。试验结果表明，环氧彩色抗滑路面表层复合结构的冻融劈裂强度比和汉堡车辙相对变形率均远优于普通沥青混合料，且蠕变斜率远高于普通沥青混合料，明显改善了沥青路面的抗水损性能，说明了环氧彩色抗滑路面表层＋沥青混凝土复合结构材料具有良好的高温性能和抗变形能力。环氧彩色抗滑路面表层复合结构始终没有出现剥落点，而普通沥青混合料在 6932 次发生剥落，表明环氧彩色抗滑路面表层复合结构的抗剥落性能极好。

（5）耐疲劳性方面：在相同施加应力情况下，随温度的升高，疲劳寿命次数逐渐减少。在应力比为 0.3 时，30℃和 50℃条件下的沥青混合料的疲劳寿命分别为 10℃条件下的 67.8％和 37.9％，30℃和 50℃条件下的环氧彩色抗滑路面表层＋沥青混凝土复合结构疲劳寿命分别为 10℃条件下的 76.9％和 61.5％，疲劳寿命的衰减率远小于沥青混合料。因此，温度对环氧彩色抗滑路面表层复合结构疲劳寿命有较大的影响，但仍然满足使用要求。以应力比 0.3 为例，环氧彩色抗滑路面疲劳极限加载次数较大，在 20000～40000 次，而普通沥青路面的疲劳极限加载次数在 5000～15000 次，环氧彩色抗滑路面表层复合结构的疲劳极限加载次数是普通沥青混合料的 3 倍以上，具有理想的耐疲劳性能。

5 环氧彩色抗滑路面表层的抗滑性能研究

当车辆在路面上行驶时，轮胎与路面间的接触与作用，会导致轮胎与路面的双向磨损，车辆轮胎磨损问题易处理，而路面磨耗问题处理难度大、耗时耗费、影响交通。相对而言，为保证车辆的安全行驶，在路面平整的前提下，适当加强路面的抗滑性，使其具有满足行车安全的抗滑性能是非常重要的，这对道路交通的安全与顺畅起到促进作用。而随着我国公路里程的增加与技术的进步，各式各样的路面被应用，不同形式的路面抗滑性能差异很大。

考虑到彩色抗滑表层是一种较好的减速措施，将其应用于桥梁、隧道等特殊路段，可起到良好的安全警示作用。作为一种将整个桥梁或隧道内外路面环境统一在一起的罩面层，足够的抗滑性能是彩色抗滑薄层最重要的特性之一，对其抗滑性能进行深入的研究是有必要的，也是具有重大意义的。

影响路面抗滑性能的因素有很多，包括路面微观与宏观构造、路面洁净程度、路表水膜。2005年Wilson[59]等人对路面抗滑性能的影响因素进行研究，提出影响因素主要分为路面、车辆、环境以及其他。2015年Antonio Ramírez等人[60]开发新型加速加载试验仪，采用BPN作为评价指标，室内研究沥青混合料抗滑性能。

本书以路面宏观构造为核心，旨在研究彩色抗滑薄层的抗滑性能，探究普通沥青路面与加铺抗滑层后路面的差异，设计了以加速加载装置为核心仪器的道路抗滑性能试验，对加速加载试验仪器、试验流程以及试件的制作进行详细介绍，并对试验结果进行分析，检验环氧彩色抗滑路面表层的抗滑性能。根据我国现行规范《公路路基路面现场测试规程》[61]将抗滑性能检测的试验方法主要分为路面摩擦系数检测和路面构造深度检测两大类。以这两类检测方法为基础，从不同角度共同探讨彩色抗滑薄层的抗滑性能。

5.1 试验设备介绍

磨光试验采用加速磨光试验机和摆式摩擦系数测定仪。磨耗试验采用南非研制的MMLS 1/3小型加速加载系统（model mobile load simulator at 1/3rd scale）进行加速加载试验，并采用摆式摩擦系数测定仪与构造深度测定仪测定其摩擦系数与构造深度。

5.1.1 小型加速加载设备

随着道路交通量的增加，道路路面承受的车辆荷载越来越大，且路面的设计、养护、修复等相关工作需要达到更高的标准。较多的情况下，科研工作者们往往不能在道路实际使用情况下快速完成试验、取得成果。这就需要一种接近于实践、试验周期较短的模拟试验来满足研究者们的需要，因此，加速加载试验应运而生，受到国内外研究学者们的推崇。

加速加载试验通过模拟实际车辆在实际路面结构上行驶，将轮载控制在规范要求的极限标准内,研究加速加载情况下的路面累计变形量对路面使用性能以及路面响应的影响,既可以对不同路面类型、不同路面材料、不同荷载类型进行经验性比较,也能够验证路面响应以及材料状况的理论模型[62-63]。

采用新型的加速加载设备,其大小为足尺寸加速加载设备的1/3,如图5-1所示。其具有体积小、重量轻、运输方便的优点,室内外测试皆宜,且室外测试路面的厚度可达125mm。可通过改变荷载次数、调整温度与湿度、改变路面结构承载力以及缩短设计寿命等因素使路面加速破坏,从而模拟实际的使用情况。小型加速加载系统包括:荷载模拟器、剖面仪、制冷制热温控设备、试件槽及框架。相关设备参数见表5-1。

为了研究轮胎在实际道路路面行驶而造成的摩擦系数的一系列变化,从而反映出普通路面与彩色抗滑薄层的对比,突出彩色抗滑薄层的抗滑性能,选用MMLS 1/3加速加载设备,试验轮单向运行,轮迹可以遍布试件全范围。根据我国《公路沥青路面设计规范》[64]的规定,标准轴载为轴重100kN的单轴双轮组,则每个车轮承受25kN的荷载,根据压缩常数$CP=1/9$换算为2.7kN,满足试验要求。

图5-1 小型加速加载设备

表5-1 小型加速加载设备参数

项目	参数	项目	参数
行车加载长度	1m	单轮荷载	0~2.7kN
轮胎加载宽度	90mm	轮胎特征	空气胎
车轮速度	0~7200次/h	车轮数量	4个
室内条件	干燥	滚轮构造	弹力悬浮
荷载驱动	电力	加载方式	机械加载

5.1.2 摆式摩擦系数测定仪

摆式摩擦系数测定仪(简称摆式仪)作为一种能够测定路面、机场跑道、标线等摩擦系数的仪器,已被广泛应用。其由底座、立柱、悬臂与释放开关、摆动轴心、计数系统以及摆头与橡胶片六部分组成。它是根据"摆的位能损失等于安装于摆臂末端橡胶片滑过路面时,克服路面等摩擦所做的功"这一基本原理研制而成。

采用 BM-Ⅲ型摆式摩擦系数测定仪进行试验。其测试方法简便、测试结果稳定,不受地点限制。测量得到的摆式摩擦系数 BPN 值,与抗滑性能呈正相关;测量数据越大,则表明路面抗滑性能越高。根据我国《公路路基路面现场测试规程》[65]有关要求,将摆式仪固定在待测试件表面,调平、调零。试验过程中要不断在试件表面洒水,保持路面的湿润。每个试件应测试 5 次,取平均值作为该试件的摩擦系数,且需按照式(5.1)与表 5.2 进行温度修正。

$$BPN_{20} = BPN_t + \Delta BPN \tag{5.1}$$

式中 BPN_{20}——路面温度 20℃时的摆值;

BPN_t——路面温度 t 时的摆值;

ΔBPN——温度修正值(表 5-2)。

表 5-2 温度修正值

温度/℃	0	5	10	15	20	25	30	35	40
温度修正值/ΔBPN	−6	−4	−3	−1	0	2	3	5	7

5.1.3 路面构造深度测定仪

构造深度与摩擦系数相同,也是表征路面抗滑性能的一个指标,构造深度 TD(mm)值越大,说明道路表面越粗糙,抗滑性能就越高。采用手工铺砂法测试路面构造深度,属于体积法,易于测定路面平均构造深度。这种方法适用于测定沥青路面及水泥混凝土路面表面构造深度,涉及的仪器操作方便、步骤简单,且能较好地观测沥青路面的表面粗糙程度,从而评价其抗滑水平。仪器设备包括:由量砂筒、推平板、刮平板组成的人工铺砂仪,以及量砂筒、钢板尺、毛刷和挡风板等。

根据我国《公路工程沥青及沥青混合料试验规程》[66]有关要求,表面构造深度试验的操作方法如下所示。

(1)准备量砂:取足量的标准砂,干燥过筛,取粒径 0.15~3mm 的砂置于干燥的容器中备用,每次操作所用的量砂单次使用,不可重复。

(2)将量砂缓缓装入量砂筒中,然后在试验台上轻轻地振动 3 次,以保证量砂筒内量砂的密实,随后将量砂筒填满,表面刮平。

(3)将量砂筒内的砂缓缓倒在所测试件上,用底面粘有橡胶片的推平板由里向外慢慢旋转摊铺,使砂填入凹凸不平的试件表面的空隙中,直至表面上无浮动余砂。注意此过程不可使用大力而是采用微力。

(4)将砂摊铺成圆形,并用钢板尺测量所构成的圆的两个垂直方向的直径,取其平均值,准确值 5mm。

(5)计算公式如式(5.2)(精确至 0.01mm)所示:

$$TD = \frac{100 \times V}{\pi \times D^2 / 4} = \frac{31831}{D^2} \tag{5.2}$$

式中 TD——沥青混合料表面构造深度,mm;

V——砂的体积,25cm³;

D——摊平砂的平均直径,mm。

5.2 试验方案

5.2.1 加载试验试件制备

采用产自意大利的 CONTROLS ICT 旋转压实仪,室内成型直径 150cm、高度 170mm 的旋转压实试件,并采用 AUTO SAW Ⅱ 沥青混合料切割机按加速加载设备试件槽的尺寸要求切割,切割尺寸与实际切割件如图 5-2 所示。由于 9 个切割试件为 1 组,切割厚度 40mm,则每个旋转压实试件可切割 3 个,3 个旋转压实试件为 1 组,设计试验 3 组,共需成型 9 个旋转压实。待切割完毕后,将切割好的试件依次编号摆入试槽中,用螺丝固定。安装好的试件如图 5-3 所示。

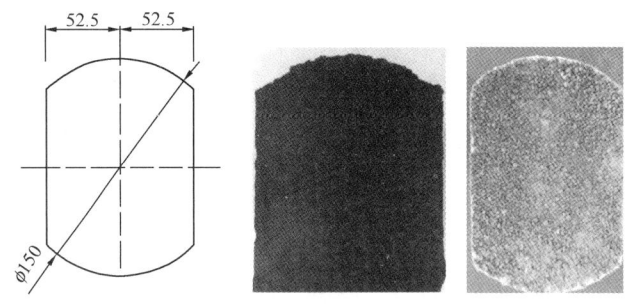

图 5-2 小型加速加载试件
(左:尺寸要求;中:普通切割件;右:抗滑切割件。单位:mm)

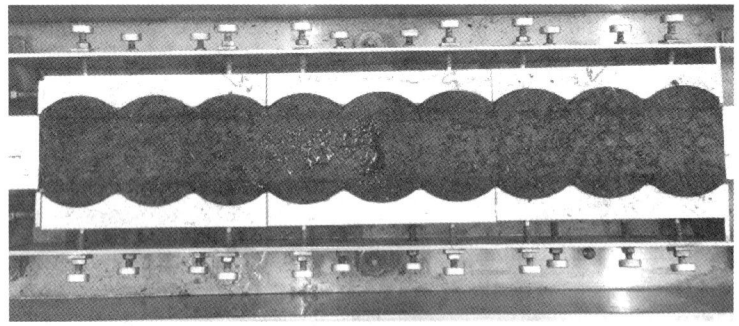

图 5-3 小型加速加载试件安装

5.2.2 确定加载试验参数

首先,考虑最不利荷载下的使用情况,设定加载荷载和速度,设定最大荷载 2.7kN、最大加载速度 6000 次/h 进行模拟加载。本试验采用在室温环境下对两种不同罩面进行加载磨耗试验,观测摩擦系数与构造深度的变化,探究抗滑性能衰变。以加载 32 万次为设计期限,分别对加载 0 万次、1 万次、3 万次、7 万次、12 万次、17 万次、22 万次、27 万次、32 万次时进行观测、记录。试验具体设置参数见表 5-3。

5 环氧彩色抗滑路面表层的抗滑性能研究

表 5-3 加速加载参数设置

项目	设置值
单轮荷载	2.7kN
轮胎压力	640kPa
控制温度	室温条件
环境	干燥
横向移动加载	无
加载次数	6000 次/h
试验总次数	32 万次

轮迹横向分布系数是路面一定宽度范围内所受到的车辆作用次数同通过该路面横断面总作用次数的比值。车辆行驶在道路上，具有不均匀的轮迹系数。小型加速加载试验往复作用于同一位置，所显示的是累计加载次数，而累计加载次数仅为累计轴载作用次数的一部分，不等同于路面累计轴载作用次数，两者之间为包含关系。

基于此，得出小型加速加载试验累计加载次数与实际路面累计轴载作用次数之关系：

$$x = N_e \times \eta \times \varphi \tag{5.3}$$

式中 x——小型加速加载试验累计加载次数，万次；

N_e——实际路面累计轴载作用次数，万次/车道；

η——车道系数，取值见表 5-4；

φ——轮迹分布频率系数，取值 0.30[67]。

根据我国现行《公路沥青路面设计规范》，车道系数推荐值见表 5-4，结合课题所涉及的高速公路实际情况为单向双车道，选取车道系数 $\eta=0.75$。

表 5-4 车道系数值

单向车道数	1	2	3	≥4
高速公路	—	0.70~0.85	0.45~0.60	0.40~0.50
其他等级公路	1.00	0.50~0.75	0.50~0.75	—

由式（5.3）推导变换，可得：

$$N_e = \frac{x}{0.2235} \tag{5.4}$$

综上所述，将试验次数代入式（5.4），可将小型加速加载试验加载次数折合为实际路面累计加载次数，见表 5-5。并且可直观看出，折合实际试验次数具有可观性，充分满足试验所需试验量。

表 5-5 折合实际路面加载次数

加载试验次数/万次	折合实际路面加载次数/万次
1	4.47
3	13.42
7	31.32
12	53.69

续表

加载试验次数/万次	折合实际路面加载次数/万次
17	79.06
22	98.43
27	120.81
32	143.18

5.2.3 磨光值试验试件制备

分别取旋转压实所使用的石灰岩粗骨料（剔除针片状，且过筛后粒径9.5~13.2mm的骨料颗粒）、彩色抗滑薄层上铺撒的彩色陶瓷骨粒、粒径小于0.3mm的细砂，洗净后置于温度为（105±5）℃的烘箱中烘干。

拼装试模并涂脱模剂后烘干，经排料、吹砂等环节，将固化剂、环氧树脂与烘干后的细砂按照一定的比例配制成环氧树脂砂浆，并填充至试模中。在40℃烘箱中养护3h，再自然冷却9h，使试件达到足够强度后拆模。制模、试件如图5-4、图5-5所示。

图5-4 制模

图5-5 试件

5.3 磨光值试验

磨光值（polished stone value，PSV），是反映石料抵抗轮胎磨光作用能力的指标。骨料磨光值是决定某种骨料能否用于沥青路面抗滑磨耗层的关键性指标。选用高磨光值的石料铺筑道路路面表层，可以提高路表的抗滑水平，保障车辆安全行驶。

按照《公路工程集料试验规程》[68]的要求，本试验应在室温（20±5）℃的条件下进行。首先，按照5.2.3节的方法制备加速磨光试验试件，每组制备试验骨料12块、标准骨料2块。标准骨料采用产自沧州某料场的优质安山岩骨料。标准试件如图5-6所示。将14块加速磨光试样按指定顺序安装到加速磨光机轮轴上，分别采用30号粗金刚砂和280号细金刚砂各磨光3h。最后，用摆式摩擦系数测定仪测定试件的磨光值。每块试件重复测试5次，最值之差不超过3，取5次读数平均值作为被测试件的磨光值读数PSV_r。标准试件的磨光值读数用PSV_{br}表示。

5 环氧彩色抗滑路面表层的抗滑性能研究

图 5-6 标准件

按式（5.5）计算磨光值。

$$PSV = PSV_{ra} + 49 - PSV_{bra} \tag{5.5}$$

式中 PSV——骨料的磨光值；

PSV_{ra}——试验试件磨光值读数平均值；

PSV_{bra}——标准件磨光值读数平均值。

以石灰岩骨料为对照组，彩色骨料磨光为试验组，所得试验结果见表 5-6。编号 1～6 号试件为彩色骨料，记为 CA-1～CA-6；编号 7～12 号为对照组石灰岩材料，记为 LS-7～LS-12。

由表 5-6 中数据可以看出，所用对照组标准件和试验组石灰岩与彩色骨料试件在进行磨光试验后，磨光值 PSV 均大于 40BPN，均满足沥青路面施工技术规范中对沥青混合料粗骨料磨光值的要求。整体而言，彩色骨料的磨光值比石灰岩高 4% 左右，从试验磨光值差距最大试件看，CA-1 试件磨光值比 LS-9 试件高出 11%，表明彩色骨料抗磨光能力优于石灰岩，说明彩色骨料硬度高，更耐磨。

表 5-6 磨光值试验测定结果

试件编号	PSV_{ra}	PSV_{bra}	PSV	平均 PSV	技术指标
CA-1	31.1		43.2		
CA-2	30.6		42.7		
CA-3	30.8	36.9	42.9	42.8	
CA-4	30.8		42.9		
CA-5	30.3		42.4		
CA-6	30.7		42.8		≥40
LS-7	28.6		40.7		
LS-8	29.5		41.6		
LS-9	28.1	36.9	40.2	41.0	
LS-10	28.7		40.8		
LS-11	28.8		40.9		
LS-12	29.6		41.7		

5.4 小型加速加载下的抗滑性能试验

本次试验的环境温度为室温条件,先将一组(9个)切割好的试件拼装在设备上,设置试验组为两组铺筑不同厚度的环氧彩色抗滑路面表层的旋转压实切割件,对照组为未铺筑此材料的普通沥青层的旋转压实切割件。图5-7、图5-8为加载试验完毕后试件正面、侧面对比。环氧抗滑层1为较厚的试验组,环氧抗滑层2为稍薄的试验组。

5.4.1 摩擦系数

通过摆式摩擦系数测定仪对荷载作用后的路面轮迹处进行测试,如图5-9所示。分别测试加载设备加载1万次、3万次、12万次、17万次、22万次、27万次、32万次(折合实际交通量如表5-5所示)时路面的摩擦系数,绘制变化曲线,观察变化趋势。经过温度修正,变化曲线如图5-10所示。试验前测得不同试件摆式摩擦系数如表5-7所示。

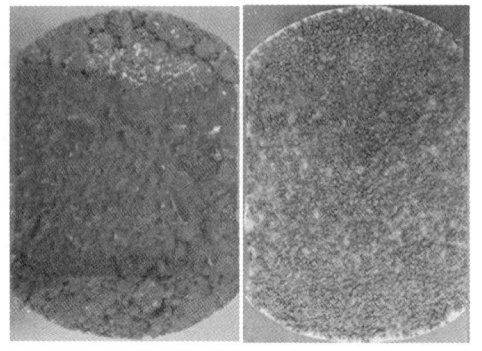

图5-7 试验后试件正面对比

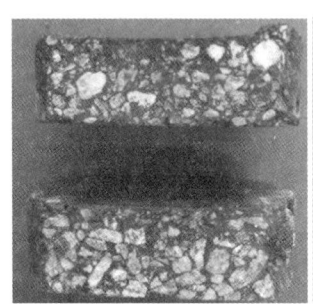

图5-8 试验后试件侧面对比　　　　图5-9 摆式摩擦系数测定仪

表5-7 不同类型试件加载前后摆式摩擦系数比较

试件类型	空白组	环氧抗滑层1	环氧抗滑层2	规范要求
加载前/BPN	72	82	81	≥40
加载后/BPN	54.5	71	70	

由表5-7中数据可以看出,所用空白组试件与试验组试件在进行加速加载试验前后,摩擦系数均大于40BPN,能达到我国规范中道路使用的要求,且两组环氧抗滑层摩擦系数均高于空白组,表明彩色抗滑薄层具备良好的抗滑性能。

图5-10为加速加载过程中试件摩擦系数变化曲线。由图5-10可知:在试验开始至加载13.42万次阶段,环氧抗滑层1、环氧抗滑层2与空白组试件摩擦系数降幅分别为7%、8%、10%。该阶段摩擦系数降幅均较高。对于空白组试件而言,这是由于加载初始阶段对试件有补充压实作用,表面骨料由于嵌挤作用导致试件表面粗糙度降低;对于环氧抗滑

层试件而言，这是由于试件表面经过磨耗后，浮于表面的硬质骨粒松动脱落导致试件表面粗糙度降低。在试验加载 13.42 万次直至试验结束，总计加载 129.76 万次的条件下，环氧抗滑层 1 与环氧抗滑层 2 摩擦系数降幅分别为 7% 和 6%，而空白组试件降幅高达 16%。这是由于环氧抗滑层上松动并脱落的骨料被车轮带走，余下已嵌入环氧树脂与其紧密结合成为新的粗糙面，故在此阶段环氧抗滑层试件摩擦系数降幅趋于平稳，而空白组试件无新的粗糙面形成，降幅相对较大。

在加载试验阶段全过程中，环氧抗滑层 1、环氧抗滑层 2 与空白组试件摩擦系数总体降幅分别为 13%、14%、24%。结果表明：环氧抗滑层抗滑性能优异，并且在长期使用的情形下，抗滑性能衰减缓慢，稳定性能高。

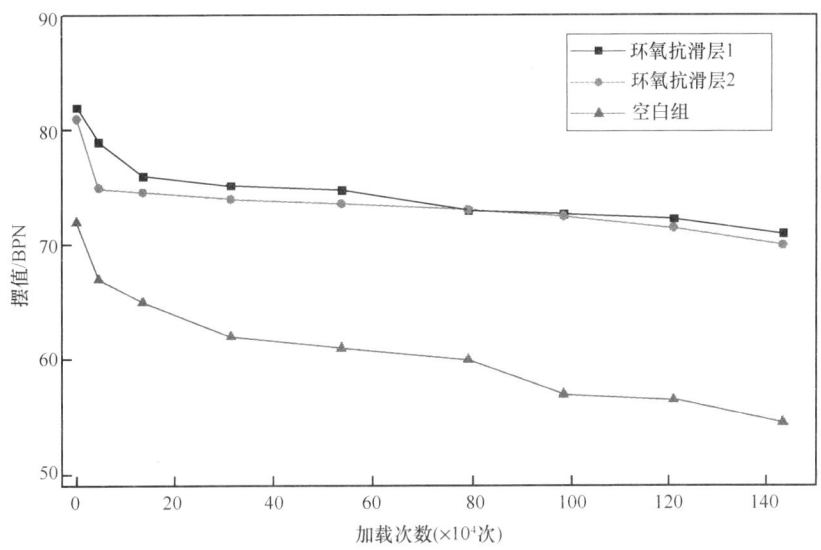

图 5-10　加速加载试件摩擦系数变化曲线

5.4.2　构造深度

采用构造深度测定仪对轮胎摩擦而产生的路面轮迹处进行测试，如图 5-11 所示。按照 5.1.3 节所述的试验步骤，分别测试加载设备加载 1 万次、3 万次、12 万次、17 万次、

图 5-11　加载加速抗滑试件构造深度检测

22万次、27万次、32万次（折合实际交通量见表5-5）时路面的构造深度，绘制变化曲线，观察变化趋势。变化曲线如图5-12所示。

试验前测得不同试件构造深度见表5-8。

由表5-8中数据可以看出，所用试验组试件在进行后，构造深度均大于0.55mm，能达到我国规范中道路使用的要求；空白组试件在加速加载试验前，构造深度大于0.55mm，能达到规范要求，加速加载试验后，构造深度小于0.55mm，降至规范要求以下。总体而言，两组环氧抗滑层构造深度高于空白组，表明彩色抗滑薄层具备良好的抗滑性能。

表5-8 不同类型试件加载前后构造深度比较

试件类型	空白组	环氧抗滑层1	环氧抗滑层2	规范要求
加载前/mm	0.65	0.79	0.77	≥0.55
加载后/mm	0.49	0.63	0.62	

图5-12为加速加载过程中试件构造深度变化曲线。由图5-12可知，在试验开始至加载13.42万次阶段，环氧抗滑层1、环氧抗滑层2与空白组试件构造深度降幅分别为13％、13％、12％。该阶段构造深度降幅均较高。对于空白组试件而言，这是由于加载初始阶段对试件有补充压实作用，表面骨料由于嵌挤作用导致试件表面粗糙度降低；对于环氧抗滑层试件而言，是由于试件表面经过磨耗后，浮于表面的硬质骨粒松动脱落导致试件表面粗糙度降低。在试验加载13.42万次直至试验结束，环氧抗滑层1、环氧抗滑层2与空白组试件构造深度降幅分别为9％、7％、14％。该阶段环氧抗滑层构造深度降幅趋于平稳，这是由于松动的骨料被车轮带走，余下已嵌入环氧树脂与其紧密结合成为新的粗糙面，空白组试件构造深度降幅相对较大。

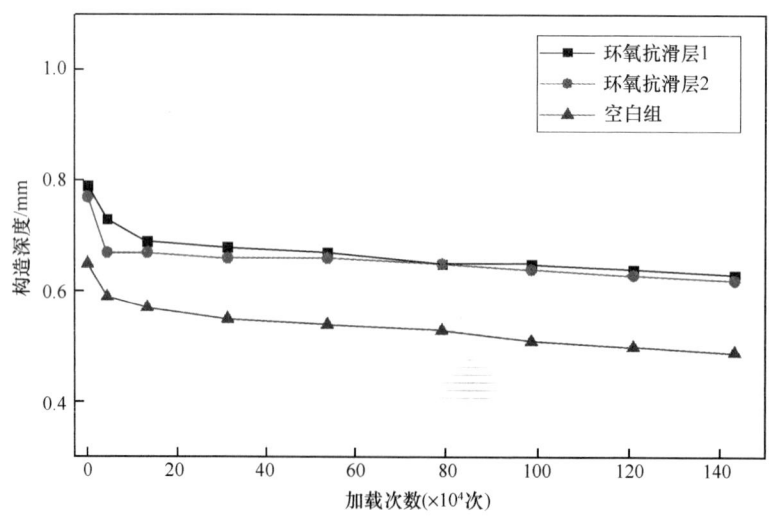

图5-12 加速加载试件构造深度变化曲线

在加载试验全阶段过程中，环氧抗滑层1、环氧抗滑层2与空白组试件构造深度总体降幅分别为20％、19％、25％。通过对比表明：环氧抗滑层抗滑性能优异，并且使用周期较长。

5.5 本章小结

本章主要基于小型加速加载设备开展大尺寸抗滑性能衰变规律试验研究，对铺设了彩色抗滑薄层的沥青混合料的抗滑性能进行评价分析，以摩擦系数与构造深度为切入点，归纳以下几个方面研究结果：

（1）随着试验次数的增加，摆式摩擦系数和构造深度均呈逐渐降低的趋势，与普通沥青混合料试件比较，加铺环氧彩色树脂抗滑表层后的试件，摩擦系数由72BPN提升至82BPN，构造深度由0.65mm提升至0.79mm，提高幅度分别为14%和22%，且加铺抗滑层后的试件得出的摆式摩擦系数变化曲线平缓、降低幅度较小，最终摩擦系数分别降至71BPN、55BPN，构造深度分别降至0.63mm、0.49mm，可看出加铺环氧彩色树脂抗滑表层后的试件在进行大量磨耗试验后仍具有较高的抗滑水平。

（2）随着试验次数的增加，在试验前期（考虑到轮迹横向分布系数、车道系数等，试验加载次数0万~3万次，折合实际路面车道加载次数0万~13.42万次），面层的抗滑性有明显的下降，而在试验后期（试验加载次数3万~32万次，折合实际路面车道加载次数13.42万~143.18万次），抗滑性能逐渐趋于稳定且保持在较高水平，其中摩擦系数与构造深度的拐点集中在试验次数3万次，折合实际路面次数13.42万次。这与彩色抗滑面层未粘结牢固的骨料逐渐被车轮带走有关，表明铺设彩色抗滑面层后路面的抗滑性能有一定的下降区，下降间期短且幅度可控，稳定期长，整体抗滑水平高。

（3）通过骨料的磨光值试验，验证了所采用的彩色抗滑表层表面的硬质骨料是一种硬度较大的耐磨材料，能够满足彩色抗滑薄层对材料的要求。

（4）试验后对两种不同表面的试件进行观察发现：未铺设环氧彩色抗滑路面表层的试件表面出现较深车辙，甚至试件损坏，而加铺环氧彩色抗滑路面表层的试件表面除出现骨粒脱落，并未有较大变形变化，体现环氧彩色抗滑路面表层具有一定的补强功能，分析认为环氧彩色抗滑路面表层在固化后，环氧树脂在路表纹理内部空间形成了三维网状结构，固化后树脂材料刚度硬度大，形成一层优质的面层保护膜。

下篇
环氧彩色抗滑路面表层在隧道工程中的应用

6 环氧彩色抗滑路面表层应用概要

6.1 环氧彩色抗滑路面表层在隧道进出口应用背景意义

我国是一个多山的国家，平原较少，国土面积中山岭重丘的占比高达60%～70%，因此公路的修建具有相当的困难[69]。早期，我国在资金短缺的情况下，大多选择通过开凿山岭来开路，但这种方法具有极大的弊端，山区地质环境复杂，修筑的公路大多线性不良，不同路段高程差异大，这给安全行车造成了巨大的威胁。公路隧道的建设运营，克服了山区公路在建设中存在的线性不良、高程不利等严峻问题，在一定程度上保障了行车安全。

隧道本身具有的诸多优点，为山区环境下的便利行车做出了卓越的贡献。在我国大力投资道路交通事业的同时，越来越多的隧道涌现。根据2020年交通运输行业发展统计公报，截至2020年年末，我国已建成公路隧道21316座，总长2199.93万米，较上一年增加2249处、202.27万米，年增长率高达11.8%、16.0%[70]。图6-1为2010—2020年我国公路隧道增长情况。

图 6-1 2010—2020 年我国公路隧道增长情况

在这样一个交通业快速蓬勃发展的情况下，公路隧道的长度、数量都将有增无减，而且规模越来越大，但事物的两面性决定了隧道具有诸多优点，也同样具有一定的缺点。众所周知，隧道是一种特殊的管状结构，空间狭小，具有半封闭性，且隧道内外环境差异很大，内受雨雪风霜、阳光辐射影响较小，外则常年暴露于外界环境中，受外界环境的影响较大[71]。可以说，隧道内外环境的显著性差异，使得车辆在驶入或驶出隧道时，给驾驶员带来许多特殊的不利影响。具体表现在以下几方面。

(1) 隧道内外光线与空间感存在差异。驾驶员驾车驶入或驶出隧道，会经历从空旷到狭窄或从狭窄到空旷，必定会产生心理和生理方面的影响。

(2) 隧道内外受自然环境影响程度存在差异，这直接导致隧道内外路面受侵害程度不同，造成内外行车环境的显著变化。

（3）隧道内外线形组合不同，对于不良线形组合来说，容易引起隧道进出口的频繁刹车制动，造成刹车效果短暂失灵。

（4）隧道内外设计车速不同，且专用车道划分不明确，导致隧道进出口的车速离散性较大、危险性上升[72]。

（5）隧道内外温度差异大，致使路面状况在极端的温差下差异很大，从而对行车造成一定的影响。

由以上几点可以看出，高速公路隧道进出口行驶条件具有复杂性、特殊性，而就交通安全事故的发生这一方面来看，隧道进出口的行车安全事故较隧道内部和隧道外部有着明显的高发生率。因此，将隧道进出口路段作为公路隧道交通事故频发的主要路段，应对其进行重点研究。

综上所述，公路隧道进出口路段的交通情况与其他隧道路段相比，更具有特殊性[73]。高速公路隧道进出口作为事故的频发段，其交通安全问题已得到人们的普遍关注。根据有关研究表明，中、长隧道进出口路段发生的交通事故比普通路段高出 2 倍多。以高速公路隧道进出口为主要研究对象，基于对隧道进出口行车安全的考虑，对隧道进出口路段的减速措施进行研究，在隧道进出口路段采取有效的防滑与控速措施，降低行车速度，改善路况，让车辆安全合理地运行。同时，通过一系列试验，对彩色抗滑路面进行眼动分析、抗滑性分析，这对于保障行车安全具有重要意义。

6.2 环氧彩色抗滑路面表层技术应用概况

彩色路面作为一项新型技术路面，能够有效地满足道路工程建设功能性与美观性的双重需求，逐渐得到了人们的广泛关注。当前，现有的彩色路面主要分为：彩色表处，是一种罩面层，主要原料为树脂与彩色碎石；彩色路面，主要在沥青上摊铺彩色骨料，在荷载磨损作用下显现表面彩色骨料的彩色沥青路面；彩色沥青混合料，是以彩色沥青代替普通沥青作为胶结料而形成的新型混合料；彩色半柔性路面，在开级配沥青路面的孔隙中灌入彩色水泥养护形成[74]。

路面抗滑能力是保证行车安全的重要指标，反映道路路面防止车轮滑溜的能力[75]。影响路面抗滑能力的有三大要素：微观构造、宏观构造以及表面滑溜性污染。所谓抗滑路面，是针对此三大要素所采取相应解决办法而铺筑的路面[76]。影响抗滑能力的三大要素汇总见表 6-1。

表 6-1 影响抗滑能力的三大要素

影响要素	定义	描述
微观构造	表层石料表面凹凸，水平方向 0～0.5mm，垂直方向 0～0.2mm 的微小构造，即表面纹理	与石料磨光值（PSV）有关，影响路面的附着力，影响车辆低速、高速行驶时的抗滑性能。PSV 越大，抗滑性越好
宏观构造	路面凹凸，为表面石料间的空隙构造，水平方向 0.5～50mm，垂直方向 0.2～100mm，即构造深度	与构造深度（TD）有关，影响车辆高速行驶时的抗滑性能。TD 越大，抗滑性越好
表面滑溜性污染	路面与轮胎间的污染物，如积水、冰雪、泥浆、油类、粉尘、沙粒等	与轮胎与路面的接触面积有关。存在的污染物会使轮胎与路面的接触面积减少甚至完全隔绝。车速越快，抗滑性越差

6.2.1 国外彩色抗滑薄层应用现状

随着世界经济的繁荣发展，道路交通量急剧增长。19世纪60年代，国外许多国家被交通阻塞与交通安全的问题困扰，彩色抗滑路面应运而生，有效地缓解了交通堵塞与交通事故频发等交通问题。

日本对彩色抗滑路面的应用相对较早，其中应用较为成熟的有热熔型防滑路面，并多将其应用于公路坡道、残疾人停车场、交通减速区、人行横道等交通事故多发区域，典型实例有渡口坡道[77-79]。

英国将彩色防滑路面多设置于道路交叉口、学校附近、公交专用车道、机场通往市区的道路等交通要道，并根据道路的不同功能分段、车流量大小、曲率半径等因素对路面颜色与抗滑标准作出了相关规定，其中著名的应用实例有伦敦机场通往市区的高速公交车道、曼彻斯特公交车道。

美国旧金山 Municipal Transportation Agency 在 2008—2010 年开展了一项自行车专用道的安全研究工作，将彩色抗滑薄层应用于试验路段，从色彩警示效果与保障自行车行车安全的角度对其进行评估[80]。

韩国的 In-Kyoon Yoo、Soo-Hyung Lee 等人在 2008 年对彩色路面的施工工艺进行了绩效评估[81]。通过研究检验了先进的超薄层彩色路面组合的生产和施工技术，并将硬骨料与橡胶型树脂掺入其中，增加路面的耐久性和抗滑性，最终对该研究中所建议的路面铺装技术进行评估。

近年来，意大利、新西兰等欧洲国家对薄层彩色抗滑路面的应用也呈现增长趋势，多在坡道、弯道、隧道进出口、十字路口等事故多发地段应用彩色抗滑薄层。

6.2.2 国内彩色抗滑薄层应用现状

我国经济的飞速发展推动了城市交通的迅猛增长，传统的道路交通已经不能满足社会需求，我国对彩色抗滑路面的应用始于20世纪80年代，开展该技术应用研究的时间较短，而发展速度很快，在国外研究成果的基础上，努力探索研发适用于我国城市道路与公路特点的彩色抗滑路面。

2003年，天津开发区管委会门前设置了彩色停车场、武汉沌阳开发区大道公交港湾引进了彩色路面；2006年，无锡在环太湖公路平交路口及下坡急拐等位置设置彩色防滑路面。2008年，昌九高速公路技术改造项目中针对弯道和加减速车道成功铺筑彩色防滑路面，同年原交通部宣布《路面防滑涂料》标准通过审查并于2008年10月1日起实施，标准号为 JT/T 712[82]。

苏彤毅等人[83]对彩色防滑路面的设计原理、方案、材料要求及施工工艺等内容加以研究并阐述，在福银高速公路（宁夏境）6座隧道入口路段加铺彩色防滑路面，对于采用路面新材料、新工艺来保障宁夏高速公路隧道入口路段交通安全起到一定程度的指导作用，具有探索意义。

范宏伟等人[84]在白鹤滩水电站大坝工程中，修建骨料运输专用公路，为进一步保证道路运输安全，增设彩色防滑路面用以加强路面防滑能力，对于大型水电项目、矿区公路等山区重载公路中使用路面新材料、新工艺以加强路面抗滑能力，提高公路运行安全具有一定的指导作用和探索意义。

王永维、李强等人[85]将彩色树脂抗滑薄层罩面技术应用于青海省，通过对传统环氧树脂进行复合改性处理，并以最优掺量为基础对其耐紫外光老化长期性能进行了室内加速模拟和试验路铺筑，探究了合适的铺装施工工艺。

余坪等人[86]就某一高速公路彩色防滑路面设计实例展开探讨分析，更进一步地印证了彩色防滑路面的实用性。

综合以上来看，随着交通道路的建设，彩色抗滑薄层应用越来越广泛，作为一种新型路面结构，在强度和路用性能等完全满足要求的同时，还具有传统路面所不具备的优点。但现今这种新型技术在隧道进出口路段等特殊环境中使用效果的长期观测结果与可以借鉴的实例还不多，仍需进行探索研究。XU Ming、PAN Xiaodong等人[87]对基于增加路面亮度的薄层防滑彩色路面应用于隧道的铺装方法做了相关研究。该研究从专业化的角度考虑了隧道内的驾驶环境并且综合分析了以下三个方面：亮度的特点，色彩对心理的影响，夜间对颜色的识别。选取黄色作为路面颜色，将玻璃珠掺入薄层提高其表面亮度，并由反射率试验测试玻璃珠的最优添加比例，用 DIALUX 软件评估该方法的效果。

6.3 环氧彩色抗滑路面表层应用技术内容及其逻辑关系

6.3.1 本篇技术内容

河北省太行山武安段是位于河北省西南的高速公路，全长 40 公里，起自矿山镇西北，途经 6 个乡镇、33 个村庄，是整个太行山高速公路的施工难点，桥隧比达到 40%。为了验证环氧彩色抗滑路面表层的设计方法和施工工艺的应用效果，2019 年对太行山高速公路武安段的岭底东坡隧道进行调研。东坡隧道是太行山高速最长隧道，属于分离式特长隧道，采用单向双车道高速公路设计标准。该地区地形起伏较大，明洞、黑洞现象明显，局部存在地表水渗透现象，预计通过采用环氧彩色抗滑路面表层铺装技术能明显改善隧道进出口的路用性能及视觉效果。为了有效指导环氧彩色抗滑路面表层在隧道特殊路段的应用，从隧道安全分析、特殊路段长度、控速措施以及视觉效果等角度开展分析论证。本篇所开展的工作内容主要有：

1. 隧道进出口交通事故原因研究与分析

基于隧道进出口行车安全的研究，首先对隧道进出口的交通事故原因进行分析。通过查阅大量有关于隧道进出口事故的资料，对隧道进出口处常常发生的侧翻、碰撞、追尾等交通事故进行汇总分析，得出隧道进出口交通事故发生的主要原因。

2. 隧道进出口过渡段及长度确定

通过对现有隧道进出口交通事故路段范围调查、洞口亮度变化、线形变化、车速变化、路面结构变化、交通标志设置位置等研究成果的综合分析，提出隧道进出口过渡段及长度范围，为基于行车安全的隧道进出口过渡段彩色抗滑薄层的设计研究奠定基础。

3. 隧道进出口过渡段减速措施设计研究

通过对隧道进出口过渡段及长度的确定，对隧道进出口过渡段处的几种典型的安全措施进行研究，并将几类安全措施的优点相互揉和，作为一种应对交通安全问题的新思路。

提出在光线变化较大、车辆制动频繁的、安全性相对较低的隧道进出口过渡段路面上铺筑基于安全考虑的具有增加警示安全、诱导驾驶员自主降速、提高道路亮度、增加抗滑性能等功能的路面交通措施，进一步加强隧道进出口过渡段路面的行车安全性。

4. 隧道进出口过渡段减速措施仿真研究

结合隧道进出口过渡段及周围环境特点，对隧道进出口过渡段进行彩色抗滑层设计，并提出不同设计方案，再通过具有良好可视化和模拟性的仿真模型进行建模，对彩色抗滑薄层的位置、标志标线等进行仿真模拟并评估，确定最佳方案，并对其优化之处加以证明。

5. 试验路部分内容

由上述内容3研究得到的结果总结出环氧彩色抗滑路面表层材料在不同温度下的施工可操作时间、养生时间以及流变性能的变化规律与现场施工工艺密切相关，对面层的施工容许时间与温度提出指导，通过试验段的铺设，明确了环氧彩色抗滑路面表层铺装的施工工艺，并在对环氧彩色铺装层施工工艺研究的理论与试验基础上，提出了标准的沥青路面环氧彩色抗滑路面表层施工流程。基于上篇技术方案提出环氧彩色抗滑路面表层材料在不同温度下的组成设计及施工工艺，并基于虚拟仿真及调研结果，提出试验段方案，完成试验段铺筑及性能检验。

6.3.2 技术内容逻辑结构

采取理论研究与试验研究相结合，通过实际工程验证并总结，具体技术路线如图6-2所示。

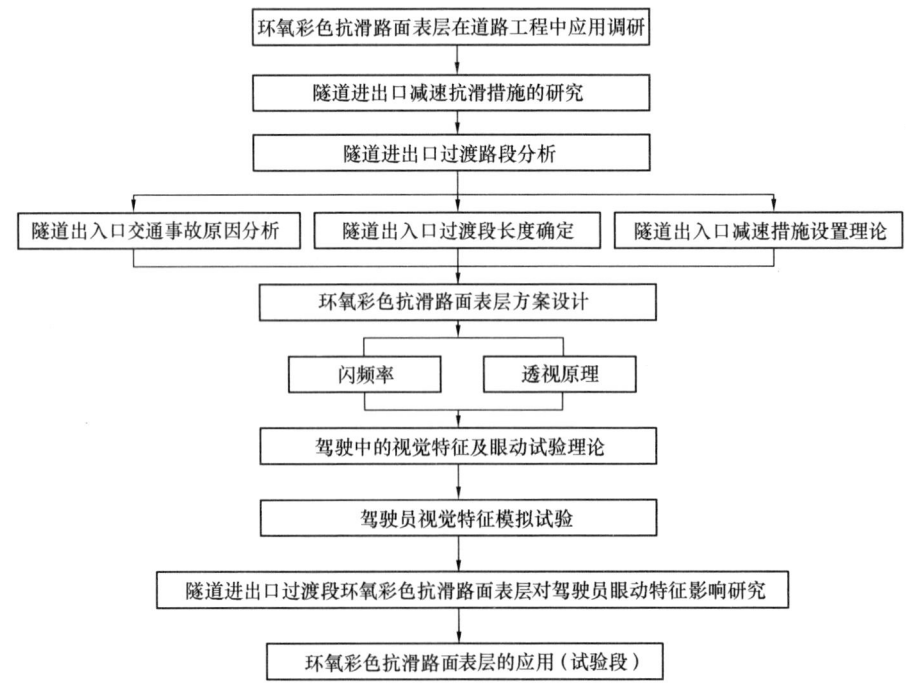

图6-2 环氧彩色抗滑路面表层应用研究内容逻辑图

7 隧道进出口过渡段交通减速措施研究

在交通事故的死亡致因中,车辆超速和速度不当约占整体的1/3,因此严格地将速度控制在一个合理的稳定区间是保障公路隧道进出口处行车安全的重要途径之一。本章对隧道进出口过渡段常用的交通减速措施进行系统研究,对两种典型的交通减速措施(车行道横向减速标线、彩色抗滑薄层)进行详细的介绍,指明二者特点、结构以及材料技术要求,通过对比二者优劣,研究视错觉减速机理,阐述设置的理论基础,为后续研究奠定基础。

7.1 减速措施类型及特点

7.1.1 车行道减速标线

车行道减速标线是一种常见的道路交通标线,多用于警告驾驶员控制车速,安全行车,是我国近年来新兴的道路交通安全措施。减速标线具有预防性与提示性,能够改善车流行驶条件、减少交通事故[88],应该得到有效的利用。而我国现有的规范中未颁布具体的规定与标准来对其进行说明,这导致我国现有的高速公路上采用着各式各样的减速标线[89]。

车行道减速标线主要分为横向减速标线与纵向减速标线两类。根据《道路交通标志和标线 第3部分:道路交通标线》GB 5768.3—2009,减速标线设置于弯路、坡路、隧道洞口前、长下坡路段及其他需要减速的路段前,可采用振动标线的形式。

(1)横向减速标线是垂直于车道中心线的白色标线,线宽45cm,标线间距45cm,尺寸如图7-1所示。其设置间隔原则为使车辆通过各标线间隔的时间大致相等,有利于行驶速度逐步降低,减速度一般设计为1.8m/s²,可按表7-1的规定设置[90]。

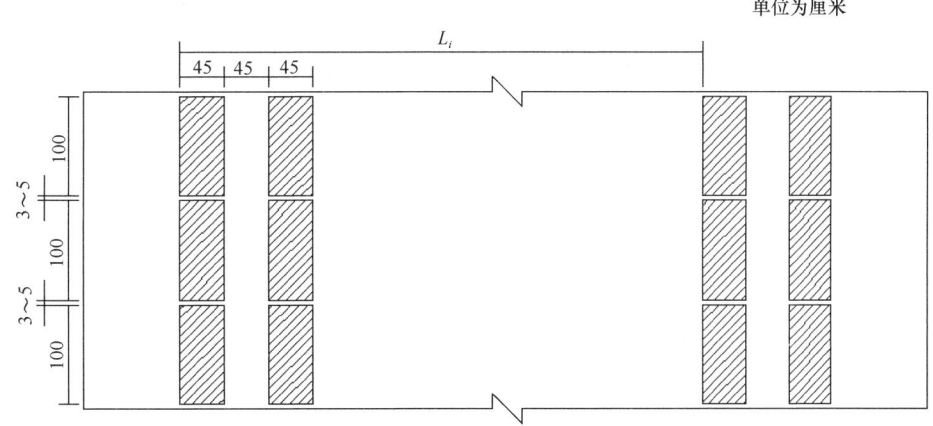

图7-1 横向减速标线示意图

表 7-1 车行道横向减速标线的设置参数

减速标线	第二道	第三道	第四道	第五道	第六道	第七道	第八道	第九道	第十道及以上
标线条数	2	2	2	2	2	3	3	3	3
间隔/m	$L_1=17$	$L_2=20$	$L_3=23$	$L_4=26$	$L_5=28$	$L_6=30$	$L_7=32$	$L_8=32$	$L_9=32$

（2）纵向减速标线是平行于车道分界线的菱形块虚线，尺寸如图 7-2 所示。根据规范示例设计，在车行道纵向减速标线的起始位置，设置 30m 的渐变段，菱形块虚线由窄变宽。

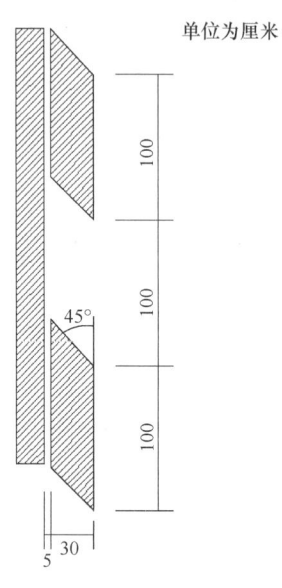

图 7-2 纵向减速标线示意图

由于路段的特殊性，具体对车行道横向减速标线进行设置。设置的标准应按照《道路交通标志和标线》和《公路交通标志和标线设置规范》执行。标线及标记均采用白色热熔反光标线涂料，并掺有玻璃珠，其材料性能及配比应符合《路面标线涂料》的规定。

根据《路面标线涂料》，路面标线涂料应满足表 7-2、表 7-3 中规定的理化性能[91]。

表 7-2 热熔型路面标线涂料的分类

型号	规格	玻璃珠含量和使用方法	状态
热熔型	普通型	涂料中不含玻璃珠，施工时也不撒布玻璃珠	固态
	反光型	涂料中含 18%～25% 的玻璃珠，施工时涂布涂层后立即将玻璃珠撒布在其表面	
	突起型	涂料中含 18%～25% 的玻璃珠，施工时涂布涂层后立即将玻璃珠撒布在其表面	

表 7-3 热熔型涂料的性能

项目	普通型	反光型	突起型
软化点/℃	90～125	90～125	≥100
抗压强度/MPa	≥12	≥12	(23 ± 1)℃时，≥12 (50 ± 1)℃时，≥2
耐磨性/mg （200 转/1000g 后减重）	≤80（JM-100 橡胶砂轮）	≤80（JM-100 橡胶砂轮）	—

续表

项目	普通型	反光型	突起型
流动度/s	35±10	35±10	—
玻璃珠含量/%	—	18~25	18~25
密度/(g/cm³)	1.8~2.3		
不黏胎干燥时间/min	≤3		
耐水性	在水中浸24h应无异常现象		
耐碱性	在氢氧化钙饱和溶液中浸24h无异常现象		
涂膜外观	干燥后，无皱纹、斑点、起泡、裂纹、脱落、黏胎现象，涂膜的颜色和外观应与标准板差别不大		
涂层低温抗裂性	−10℃保持4h，室温放置4h为一个循环，连续三个循环后应无裂纹		
加热稳定性	200~220℃搅拌状态下保持4h，无明显泛黄、焦化、结块等现象		
人工加速耐候性	加速耐候性试验后，涂层不产生龟裂、剥落；允许轻微粉化和变色		

7.1.2 彩色抗滑薄层

彩色抗滑薄层，就是在路面上铺设的一种薄层罩面，是由一种特殊的高分子黏合剂涂抹于路面，并撒布不同颜色的彩色耐磨骨料，以精确的数量铺设而成的。这种类型的罩面具有优良的路用性能和相当的强度，构成一种创新性的新型路面，即为薄层彩色抗滑路面，结构如图7-3所示。

图7-3 彩色抗滑薄层构造

道路在通车后随着路面使用年限的增加，路面的抗滑性能会逐年下降，而铺设彩色抗滑薄层的路面抗滑性能下降速率更慢、耐久性更高。因此，彩色防滑薄层以其优良的抗滑性、耐久性能、施工的便捷性能，被广泛应用于高速公路及桥梁隧道工程中。

所涉及彩色抗滑薄层的材料技术性能要求及配比应符合《路面防滑涂料》的规定。环氧抗滑表层作为彩色抗滑路面最重要的路面结构，其材料性能决定了彩色抗滑路面整体的路用性能，其中，环氧树脂作为路面防滑涂料须满足表7-4中规定的理化性能[92]。

耐磨的彩色骨料理化性能应满足表7-5的要求。

表 7-4 路用防滑涂料理化性能

项目	技术要求
基料状态	应无结块、结皮现象，易于搅匀
涂膜外观	干燥成型后，颜色、骨料颗粒分布应均匀，无裂纹、骨料颗粒脱落等现象
耐水性	在水中浸 24h 应无异常现象
耐碱性	在氢氧化钙饱和溶液中浸 24h 无异常现象
凝胶时间/h	≥10
基料附着性	≤3 级
涂层低温抗裂性	连续 3 个循环后无裂纹
不黏胎干燥时间/h	≤0.5
抗滑性（BPN）	普通防滑型 $45 \leqslant BPN < 55$　中防滑型 $55 \leqslant BPN < 70$　高防滑型 $BPN \geqslant 70$
人工加速耐候性	人工加速老化试验后，涂层不产生龟裂、剥落；允许轻微粉化和变色
粘结强度/MPa	≥2.5
伸长率/%	≥109

表 7-5 防滑路面骨料理化性能

项目	技术要求
莫氏硬度	≥6
骨料粒径	≤4

隧道进出口彩色路面薄层铺装应采用高强度、高韧性的材料，应具备良好的粘结强度和冲击韧性，使结构在不同温度环境下的应力与应变能够满足设计的要求，铺装薄层与沥青面层能够整体协同受力与变形，进而使抗滑薄层和沥青路面的组合结构体系安全、耐久，延长路面寿命[93]。因此，彩色抗滑薄层常常选用高强度、高韧性的环氧树脂涂料作为粘结剂，选用硬度较高的黄色防滑骨料。

高性能的环氧树脂涂料具备如下优点[94]：

（1）高性能的环氧树脂涂料具有较强的强度与优良的变形能力，从而使抗滑薄层能够与沥青面层协同受力、变形。

（2）高性能的环氧树脂涂料具有良好的抗冻融、抗腐蚀性能，能够有效抵抗有害物质（酸、碱、盐）的侵蚀，更兼具较强的抗氧化、抗紫外线以及耐候能力。

（3）高性能的环氧树脂涂料具有良好的力学性能，具有很强的内聚力，分子结构致密，可满足薄层铺装抗剪、抗拉等力学性能的要求。

（4）高性能的环氧树脂涂料固化收缩率较小，线胀系数也很小，如此可以保证环氧树脂薄层尺寸稳定，内应力小，不易开裂。

彩色抗滑表层中所选用的原材料主要包括彩色陶瓷骨粒、环氧树脂、固化剂、稀释剂、增韧剂、颜料以及填料。以环氧树脂涂料为主的粘结剂是由环氧树脂加入固化剂、增韧剂等添加剂复配而成，并经多次试验确定其最佳配比。

7.1.3 交通标志

交通标志，是以文字、符号来传递引导、限制、警告等指示信息的道路设施[95]，作为保证道路交通安全、顺畅的重要措施,在现代道路交通管理中发挥着关键作用。高速公路上的交通标志,不仅是保障行车安全的重要一环,也可作为高速公路道路景观的一部分。

驾驶员在进入隧道前,先通过交通标志牌面了解道路前方隧道的信息,所以交通标志牌的设置对车速的控制,以及驾驶员做好进入隧道的心理准备工作等具有重要的指示作用。因此公路隧道的交通标志、设施是否完善,设置是否合理对隧道的行车安全性具有重要影响。根据实际调查得知,许多隧道群交通标志不能得到有效利用的主要原因为[96]:

(1) 标志牌与背景区别不明显、道路线性影响驾驶员视线,导致驾驶员在驾驶过程中未注意到交通标志。

(2) 设置的交通标志与隧道进出口的距离太近,以致驾驶员的操作安全距离、反应时间不够。

(3) 交通标志系统的整体性不良,前后相邻的交通标志间距太小,导致驾驶员无法有效视认并及时处理标志信息。

(4) 标志信息含量低且杂,不仅造成版面空间浪费、缺乏重要的交通信息指示,而且不可利用信息较多,导致驾驶员不能得到有效的指示。

所布设的交通标志应严格按照我国《道路交通标志和标线》及相关规范,对驾驶员进行适时、准确的诱导。在公路交通标志的布设中,主要遵循以下几点原则:

(1) 公路交通标志的设置结合道路环境的特点及相关沿线设施系统考虑、整体分析、协同配合。

(2) 标志的版面设计以驾驶员在设计行车速度行驶时能及时辨认标志信息为基本原则,同时力求使版面美观、醒目。

(3) 标志的结构设计遵循"充分满足功能要求、尽量降低造价并尽量考虑美观"的原则。

图 7-4、图 7-5 为隧道进出口处典型的交通标志的设计示例。

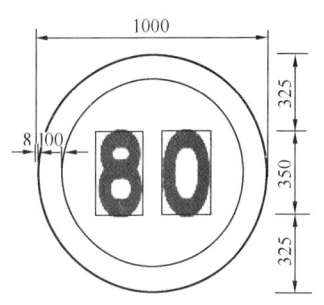

图 7-4　隧道限速标志设计示例

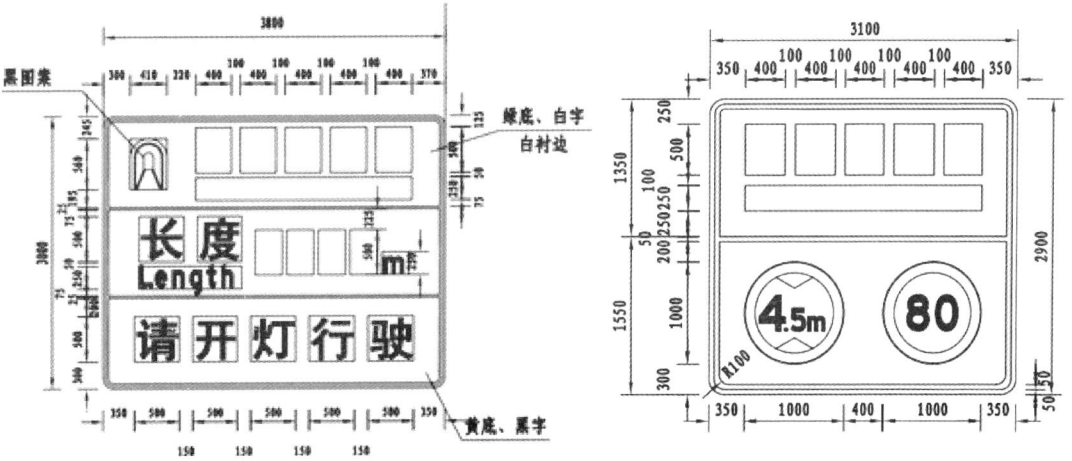

图 7-5　隧道进出口处标志典型设计示例

7.2 减速措施设置理论基础

7.2.1 视错觉理论

错觉是指不符合客观实际的知觉，是在特定条件下产生的对客观事物的歪曲知觉，即对某种事物的实际感知被扭曲为与实际事物完全不兼容的事物，亦称"错误知觉"。它是知觉的一种特殊形式。常见的有几何图形错觉、时间错觉、运动错觉、空间错觉以及光渗错觉、整体影响部分的错觉、声音方位错觉、形重错觉、触觉错觉等。

对于行驶安全来说，驾驶员的心理、生理、年龄、身体条件及行车环境的诸多因素均会对驾驶员自身产生不同程度的影响，造成各种各样的错觉。具体包括以下几方面：

（1）距离错觉：驾驶员在判断距离时通常存在较大的误差。同样的距离，在白天或者光线良好时看起来近，而在夜间或者光线不良时则感觉远。高速公路隧道进出口处光线不良，驾驶员很容易对距离产生错觉，发生重大交通事故。

（2）速度错觉：驾驶员在行车过车中，周围参照物的变化对行车安全是非常重要的。通常情况下，根据周围景物移动预估车速，环境复杂易高估车速，环境简单则易低估车速。当车辆长时间以同一速度运行，驾驶员就会适应该速度，并且错估其余速度。

（3）车身错觉：驾驶员对车身的感知包括静止和运动两种状态。根据有关研究，驾驶员的感知在车辆处于静止状态时更准确，但大多数情况下，驾驶员需要感知运动状态的车辆。车身错觉常常会造成会车、超车刮蹭等交通事故。

（4）颜色错觉：在道路交通环境复杂路段，驾驶员对颜色与细节等的感知容易发生错误，特别是夜间亮度骤然降低，驾驶员对出现在其视野中的各式各样颜色的物体的感知与观察效果都将发生不利变化。

（5）光线错觉：车头迎光、夜间远光灯强光，均会使驾驶员的视力难以适应，太阳光下的路边树木交替阴影、原野上积雪的反光、进出隧道时光线的变化以及隧道内部照明灯具的变化，都容易使人产生眩晕，形成光线错觉，从而易导致交通事故的发生。

7.2.2 视错觉实例

视错觉是发生在视觉方面的错觉，指人们观察物体时，由于形状、光线、颜色的干扰以及人们的心理与生理原因而误认物象，导致与实际情况不一致的判断性视觉错误。这种视错觉应用在人们生活的方方面面，"矮中见高""虚中见实""冷调降温""粗中见细""曲中见直"等均为生活中的视错觉实例。当前，研究者们将研究重点集中在几何视错觉上，人眼观察到的大小、长度、面积、方向、角度等几何因素与实际测量值相比，有明显的差别，这种明显的视觉差别被称为几何视觉[97]。将彩色抗滑薄层设计为具有视错觉效果的几何图形——条形，利用人的错觉对隧道进出口的环境进行改善，达到减速的效果，使隧道进出口处行车更具安全性。

常见的几何视觉实例如下：

（1）艾宾浩斯错视：一种对实际大小知觉上的错视。在最著名的错觉图中，两个完全相同大小的圆放置在一张图上，其中一个围绕较大的圆，另一个围绕较小的圆，围绕大圆的圆看起来会比围绕小圆的圆小。如图 7-6 所示。

(2) 赫林错视：两条平行线因受斜线的影响呈弯曲状。此种错视为弯曲错视。如图 7-7 所示。

(3) 菲克错觉：两条长度相等的线段互相垂直放置，但是水平线段看起来长度短于垂直线段。如图 7-8 所示。

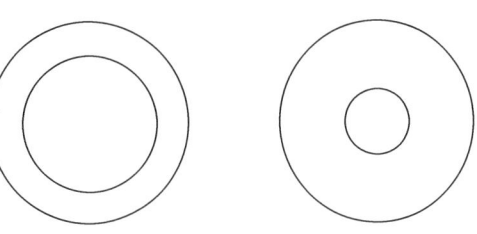

图 7-6 艾宾浩斯错视

(4) 加斯特罗图形：两扇形虽然大小形状完全相同，但是下方的扇形看似更大。如图 7-9 所示。

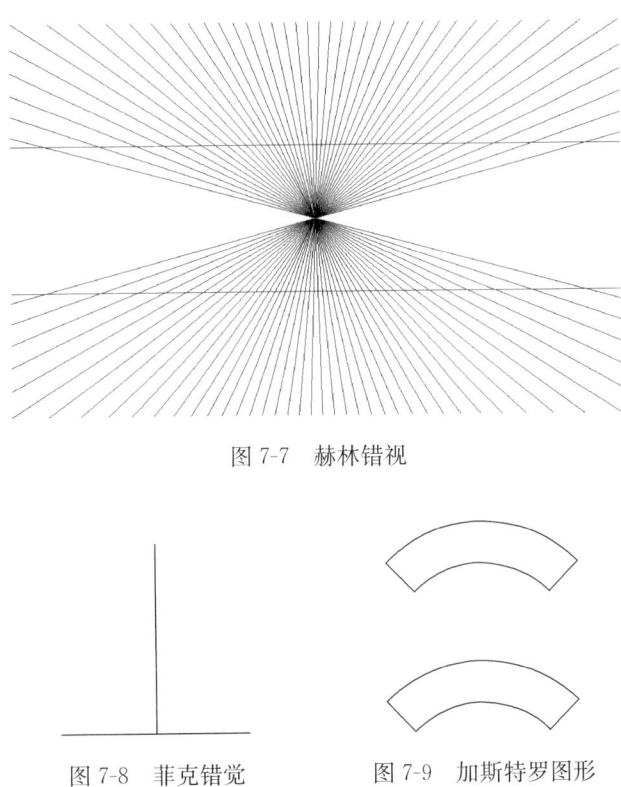

图 7-7 赫林错视

图 7-8 菲克错觉　　图 7-9 加斯特罗图形

7.2.3 视错觉减速措施的减速机理

目前，国内外的研究学者对高速公路隧道进出口过渡段的安全设施研究多为改善隧道进出口的光环境、不良线性或基于驾驶员直接的生理感受进行研究，对于通过视错觉减速机理来改善隧道进出口过渡段行车环境的研究相对较少。

驾驶员在驾车行驶的过程中，随着车速的变化，路面在人视野中的比例发生变化，速度越快，路面在视野中所占的比例越大。在车速相对较高的高速公路上，设置减速交通安全措施，能更有效地发挥其效用。减速措施基本情况对比分析见表 7-6。

通过对以上各类减速措施的研究，可知：

彩色抗滑薄层具有抗滑性能高、粘结强度好、耐磨性能好等优点。其中，与车行道减速标线相比，最大的优势在于色彩明亮，颜色种类丰富，改变了传统路面"非黑即白"的单一形式，通过轻微的震动以及明显的色差，在警示驾驶员的同时提供了高舒适度的行车环境。

表 7-6 减速措施基本情况对比分析

措施类型	特点
车行道减速标线	颜色单一，抗滑效果有限，性价比较高，用于警示道路交通者安全降速
彩色抗滑薄层	颜色种类丰富，且色牢度稳定，抗滑性能卓越，多设置于交通环境复杂、交通事故发生率高的路段
交通标志	为道路交通者适时、准确地提供有效的诱导信息，应用在道路交通的方方面面，多作为辅助设施，与标线配合使用

车行道减速标线分为横、纵两类，一般设置为白色，具有施工简便、性价比较高等优点。其中，视错觉减速标线作为一种特殊的标线，与传统减速标线相比，能减弱甚至消除强制减速的突变性。从心理学的角度，通过对驾驶员视觉上进行刺激，致使驾驶员产生车速渐快、车道渐窄等错觉，自主降速至安全水平。

综上所述，所涉及的视错觉减速从人们的感知角度，基于驾驶员的心理特点诱导驾驶员主动调控速度，从而实现主动降低行车速度的目的，并且其设置对行车的舒适性产生一定的影响，但不会由于影响过大而造成不顺畅驾驶。通过来源于生活的错视效应，将其与物理学上的速度、加速度等概念结合在一起，对彩色抗滑薄层与减速标线两种减速措施进行科学融合与改善，为行车安全增添一份保障[98]。

7.3 本章小结

本章主要分为两个部分：第一部分是对隧道进出口处常用的减速安全措施进行了详细的说明，包括减速措施设置的形式、结构、设计原理及材料的优点。第二部分则是对减速机理进行分析，将其与视错觉理论进行融合，首先将错觉种类进行细分，并借助生活实例对视错觉这一理论进行详细的介绍，再对研究对象的减速机理进行分析，最后对现有减速安全措施的优劣之处进行对比分析，得出保障行车安全所应采取的最有效的形式。通过查阅大量文献资料，协助完成本章研究，为之后的研究奠定理论基础。

8 隧道进出口过渡段长度的研究

本章首先对隧道进出口路段所发生的交通事故进行汇总和分析，得出交通事故比例构成；再对隧道进出口路段的行驶特性进行分析，从而得出隧道进出口过渡段及长度，为下一章节减速措施的设置奠定基础。

8.1 隧道进出口交通事故原因研究与分析

通过对我国多起典型公路隧道交通事故[99]进行统计分析，得出隧道事故形态构成比例，如图 8-1 所示。

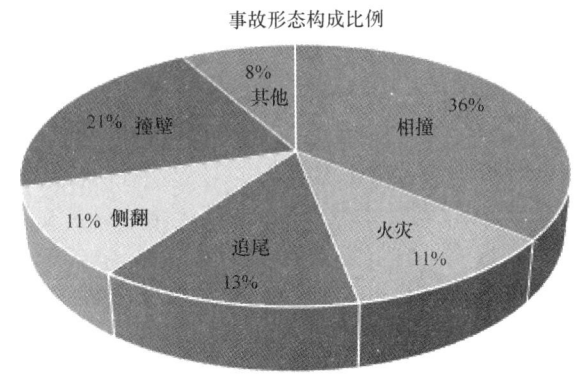

图 8-1 我国典型公路隧道交通事故形态构成比例

在高速公路隧道的不同路段，运行环境与给驾驶员带来的影响不同，按车辆的行驶方向，以隧道进出口处为基准点，将隧道路段划分为如图 8-2 所示的 $A \sim E$ 五个区段[100-101]。A 段为隧道进口前方 100m 至隧道进口处，B 段为隧道进口处至隧道入口内 100m，C 段为 $B \sim E$ 两段间的中间路段，D 段为隧道出口内 100m 至隧道出口处，E 段为隧道出口处至隧道出口外 100m。隧道长度等级划分见表 8-1。

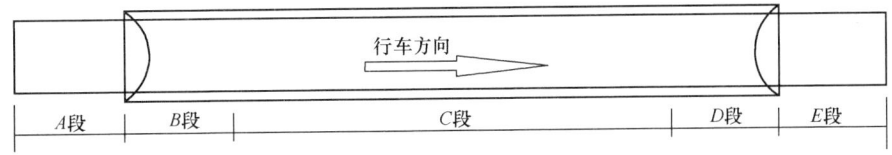

图 8-2 隧道路段划分

表 8-1 隧道长度 L 划分

隧道类型	短隧道	中隧道	长隧道	特长隧道
长度范围	$L \leqslant 500m$	$500m < L \leqslant 1000m$	$1000m < L \leqslant 3000m$	$L > 3000m$

根据隧道交通事故的具体资料，对隧道交通事故的发生位置进行了统计，见表8-2。

表8-2　隧道事故发生区段占比

隧道类型	A	B	C	D	E
短隧道	9.14%	26.87%	32.00%	22.85%	9.14%
中隧道	15.57%	21.12%	24.06%	20.98%	18.27%
（特）长隧道	14.19%	20.34%	15.61%	28.38%	21.45%

通过对表8-2中统计数据的分析，可得：

隧道事故的频发区段与隧道长度具有相关性。短隧道与中隧道中间路段的事故发生占比明显大于隧道进出口的事故发生占比，而（特）长隧道事故发生率则集中在隧道进出口处。这是由于，驾驶员驾车出入长度较短的中短隧道时，明暗变换时间短暂，视觉差异不大，而隧道的中间路段往往未设置照明系统，反而容易发生交通事故；对于（特）长隧道来说，过长的隧道易给驾驶员带来压抑感，尤其是在经过隧道进出口及过渡路段时，车速一旦控制不住，就会造成严重的交通事故，而长隧道照明设备齐全，相对较为安全。由于本课题所涉及隧道为特长隧道，故将隧道进出口处的交通安全作为研究重点。

综上所述，通过对隧道交通事故的汇总分析，对于（特）长隧道来说，进出口交通事故所占比例较大，是隧道事故的主要"黑点"。并且，通过分析交通事故形态构成比例，可直观看出，追尾、撞壁、相撞是典型的三种事故形态，且三者所占总事故比例较高，是我们在公路事故中需要重点关注的。

Wang等人[102]通过对我国广东省的部分隧道交通事故发生规律进行分析，得出"交通事故与行车速度存在较强的正相关关系"这一结论，提出要严格控制隧道内外行车速度以降低安全事故的发生率。B. Kohl等人[103]针对奥地利的隧道交通事故进行统计分析，发现国外公路隧道交通事故多以追尾与碰撞为主。追尾是指同车道行驶的车辆尾随而行，后车与前车相撞的行为。相撞是指车辆相向而行，会车时两车相撞的行为。撞壁是车辆在驶入或驶出隧道口时，车辆撞向隧道进出口侧壁的行为。

总体而言，这些事故发生率高的原因可以大致总结为路面抗滑能力不足，导致车辆速度控制不良。在普通的城市道路上，事故的发生率维持在一个高水平，而在车辆行驶速度较高的高速公路隧道路面上，则更容易发生事故，因此要对其采取相应的措施。

根据以上分析，可知隧道进出口交通事故的影响因素大致包括以下几方面：

（1）隧道自身因素。隧道作为一种特殊的交通方式，具备诸多与普通公路不同的特点，其自身的狭长性与半封闭性对安全行车造成了极大的干扰。驾驶员在感官的诸多方面具有不适，这种不适通过叠加不断扩大直至影响行车安全。

（2）高速公路隧道交通环境。高速公路隧道交通环境对行车安全至关重要。交通组成，即为我国公路上交通流中各类车辆及步行所占的比例，具有复杂性与随机性。经济的发展促进路面上客车与货车比例升高，使原本有序的交通流受到严重的干扰，影响着道路的通行能力和服务水平。交通量，是指在单位时间内，通过道路上的某一地点或者某一断面实际参与交通的参与者数量，对驾驶员的行车安全起到主导作用[104]。两者均制约着车辆行驶的流动性、顺畅性、安全性。

（3）车辆自身因素。车辆是道路交通系统的重要元素，而车辆本身的动力性能、操纵稳定性、制动性是影响安全驾驶的主要因素。无论处于何种类型的路面，车辆本身的条件都是一种诱发交通事故的原因，制动失效、爆胎、货车超重等为其典型的表现形式。特别是当复杂的隧道环境与车辆本身不良因素杂糅在一起时，一旦发生交通事故，会造成难以处理的事故后果。例如，隧道进出口处于线性不良、长大纵坡的路段，车辆为保持车速与车距所采取的连续制动，极易导致刹车系统失灵，这种故障若未能及时得到修复，对行车安全具有严重的消极作用。货车超重作为当前交通典型的不良行车现象，重心的升高与后移改变了车辆行驶的稳定性，也对路面造成了一定的损害。

（4）天气因素。公路隧道具有半封闭性，驾驶员驾车进入隧道，类似于人从室外进入室内，隧道内路面受天气影响较小，但隧道进出口处路面受天气影响较大。例如，雨天车辆在即将驶入隧道时，雨水会随着车轮被带入隧道，导致隧道入口处一定距离的路面湿滑[105]，且隧道内终年不见阳光，隧道入口的潮湿路面不易干燥，路面的抗滑性常处于较低水平，容易造成事故。

（5）驾驶员自身因素。驾驶员自身的心理变化支配影响着驾车行为。驾驶员在行车过程中，每时每刻都会因自身、车况、路况、气候、环境等因素的变化而产生一定的心理反应，并在诸多反应下通过大脑的意识和心理量度来操控车辆。影响驾驶员行车安全的自身因素主要包括：性格、情绪、意识、意志、注意力、心理压力、情理障碍等[106]。

8.2 隧道进出口行驶特点

公路隧道属于道路系统基础设施中重要的一环。它是一个半封闭的狭长管状空间结构，交通容量与通风受限、光线条件差、行车环境单调。在很多方面，内外环境存在的巨大差异，导致隧道进出口复杂的行车环境。近年来，多起重大隧道安全事故的发生造成了非常严重的社会影响，对经济财产也造成了一定的损失。因此，结合8.1节对隧道进出口的行驶特点作出如下总结，以便对其进行进一步的研究。

8.2.1 隧道内外光线差异

驾驶员驾车行驶在公路上的过程中，70%～80%的信息是来自视觉上的[107]，因此驾驶员的眼睛是保证行车安全的重要感觉器官，眼睛的视觉特征性与交通安全有着密切关系。

车辆在驶入隧道时，隧道内外的自然环境与气候不同，直接影响着隧道内外的光线条件，造成驾驶员视觉上的明暗变化。这种明暗变化的适应过程分为明适应、暗适应，与之相对应的分别为进出短隧道时发生的"白框"与"黑框"、进出长隧道时发生的"黑洞"与"白洞"效应[108-109]。这些不良的视觉效应会给驾驶员的心理和生理带来不利的影响，使其产生极度的紧张与不适感，甚至能超出驾驶员的负荷，严重干扰安全行车。具体表现为：驶入隧道时，视线由明到暗，会产生"黑洞效应"；驶出隧道时，视线由暗到明，会产生"白洞效应"，分别如图8-3、图8-4所示。

这种由光线因素主导的高速公路隧道进出口的行车风险主要在于过渡过程中的亮度值变化对驾驶员视觉的影响,即亮度过渡系数变化所引起的视觉压力[110]。亮度过渡系数可按照式(8.1)进行计算。隧道进出口亮度变化如图8-5所示。

图8-3 "黑洞"效应[109]   图8-4 "白洞"效应[109]

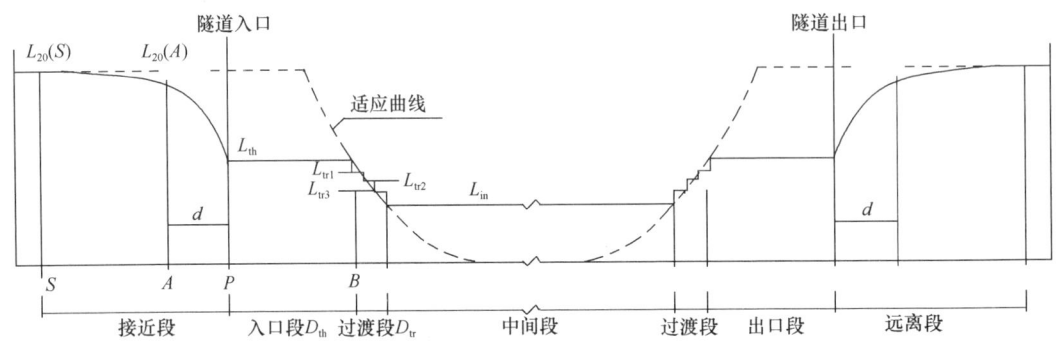

图8-5 隧道进出口亮度变化

$$k = \frac{\Delta L}{\Delta t} = \frac{L_1 - L_2}{l_{12}/V} \tag{8.1}$$

式中 k——隧道进出口亮度过渡系数;

L_1——t_1时刻的照度;

L_2——t_2时刻的照度;

l_{12}——位置1至位置2间车辆的行驶距离;

V——位置1至位置2间车辆的平均行驶速度。

8.2.2 隧道内外设计速度差异

我国大多数高速公路的设计速度与隧道里的设计速度存在差异。根据当前我国的高速隧道的速度设置经验来看,隧道外限制速度多为100km/h或120km/h,按平均速度

110km/h 计；隧道内的限制速度多为 60km/h 或 80km/h，按平均速度 70km/h 计。它们之间产生了 30km/h 速度差，大于 20km/h 速度差的安全阈值[111]。

这种较大的速度差需要车速在很短的距离与时间内骤降，需要很大的减速度，这是对车辆轮胎的性能与路面的抗滑性能的双重考验[112]。《交通工程手册》中指出，使驾驶员感觉比较舒适的减速度为 3m/s²。采取对减速度进行控制的措施是必要的。

8.2.3 隧道内外路面结构与铺筑材料差异

目前，我国高速、一级公路隧道外普遍采用沥青路面，而由于沥青路面火灾后果的严重性，（长大）隧道内通常采用水泥路面。两种面层具体工况不同，面层材料的摩擦系数也不一致，但总体来说，在车速不变，且路面干燥的条件下，不同工况下的面层对路面的影响微小，均处于同一变化幅度范围。但在路面潮湿的条件下，道路内外的摩擦系数就会存在极大差别，即车辆在行驶时，进入隧道附着系数突然降低，驶出则附着系数突然增加。因此，（特）长隧道进出口处存在的附着系数突变，使得车辆在进出隧道洞口的过程中，时常伴随着制动和加速行为，易发生交通事故，典型表现为当车辆即将驶入或驶出隧道时，车的前后轮胎处于不同的路面面层上，车轮极易发生旋转，从而造成交通事故。

附着系数是指轮胎在不同路面附着能力的大小。影响附着系数的因素主要有路面材料、路面状况与轮胎结构、材料以及行驶速度等。对于干燥、良好的沥青或混凝土路面，附着系数大，可达 0.7~0.8，而潮湿、冰雪等路面的附着系数小[113]。表 8-3 为水泥路面与沥青路面附着系数对比。

表 8-3 两种路面附着系数对比

路面材料	路面状态	附着系数范围
水泥路面	干燥 潮湿	0.7~0.8 0.4~0.6
沥青路面	干燥 潮湿	0.7~0.8 0.4~0.6

8.2.4 隧道内外路面平面宽度差异

车辆行驶在高速公路上，行车道的宽度是不变的，但在车辆即将驶入隧道内，整个路面的横向宽度是减小的，有些是逐渐减小，有些则是突然减小。突然减小的横向宽度，容易给驾驶员造成突兀的心理感受，也对行车安全造成极大的威胁。

根据《公路工程技术标准》[114]，隧道外行车道两侧的宽度比隧道内宽 1.00~2.75m。所涉及隧道内路面的横向宽度为 10.25m，隧道外路面的横向宽度为 12.75m，如图 8-6 所示。

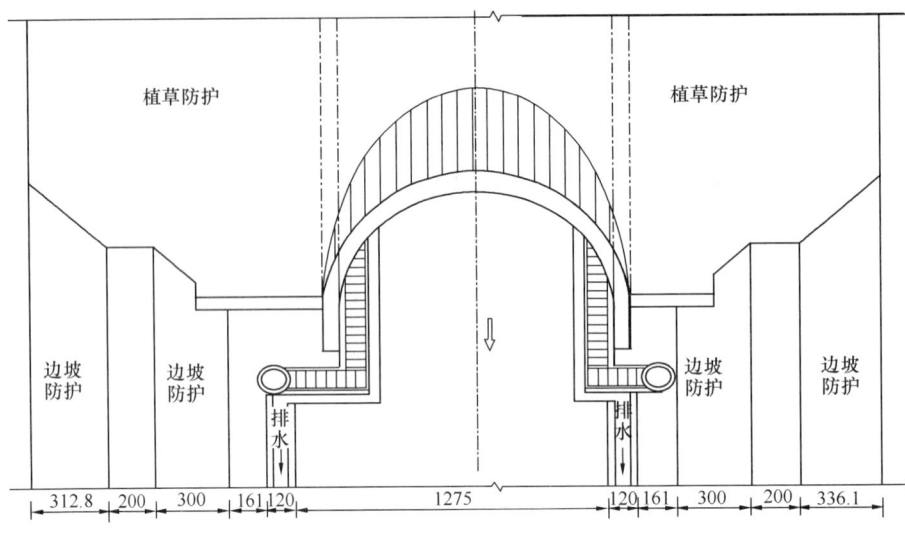

图 8-6　隧道出口内外平面宽度对比

8.3　隧道进出口过渡段及其长度确定

（特）长隧道、隧道群、桥隧比例高、隧道与长（陡）坡度组合的隧道进出口路段，是隧道内外通风照明、线性设计、车速变化、路面结构突变、交通标志、外界气候变化的过渡路段，该路段的过渡变化对驾驶员正常行驶的心理和生理变化造成了较大的影响。基于隧道进出口的行车安全，以及隧道进出口的研究现状，将该路段范围内的路面定义为隧道进出口过渡段[115-116]。

基于隧道进出口处的行车安全，通过对隧道进出口交通事故、速度与照度、路面材料与结构等方面的综合考虑，对过渡段及长度进行确定。

1. 隧道进出口交通事故

在隧道的空间分布上进行分析，交通事故的发生率与发生位点在隧道进出口两处略有差异。所涉及项目的隧道为特长隧道，因此，在进口段，隧道外 100m 至隧道内 100m 事故比较集中，且洞内事故多于洞外事故；在出口段，事故主要集中在隧道内 100m 至隧道外 100m，且洞内事故均多于洞外事故。

2. 隧道进出口速度与照度

所涉及项目的隧道内外设计车速均为 80km/h，根据大量有关速度对隧道进出口安全性能的影响研究，此速度给行车的顺畅性带来了一定的便利，且速度不致于过快。而从隧道路段驾驶员视觉特性方面进行分析，隧道进出洞口处驾驶员的瞳孔直径的快速变化造成了"明、暗适应"过程。一般认为，暗适应的起点位于隧道进口前，即从进洞前一定距离开始驾驶员已经进入了暗适应阶段，时间上为进出洞前 2～4s，具体为 44～89m。

3. 隧道进出口路面材料与结构

通常情况，隧道内路面多采用水泥混凝土铺筑，在隧道外路面则多为沥青路面，从而导致隧道内外路面材料环境不一致，两种材料交替位置的附着系数突变成为影响交通安全的重要因素。所涉及项目的隧道内外路面材料均采用高性能的沥青路面,但基于隧道内外环境本质上的差别,仍需考虑过渡段的问题。通过分析,参考相关规范,将隧道进口处过渡段定为隧道外 100m 至隧道内 100m,将隧道出口处过渡段定为隧道内 100m 至隧道外 100m。

综上所述,对所得分析结果进行汇总分析,建议隧道进出口过渡段长度为:隧道进口处隧道外 100m 至隧道内 100m,隧道出口处隧道内 100m 至隧道外 100m。

8.4 本章小结

对典型的隧道进出口的交通事故进行统计汇总,所得主要成果包括:

(1) 考虑隧道进出口的交通事故发生路段、时间及事故类型与伤亡情况,对其中三种典型的事故形态——追尾、撞壁、相撞分别进行特点总结,得出隧道进出口处事故隐患的常规原因,分为车速变化过快、路面抗滑能力不足。

(2) 考虑隧道进出口处的行驶环境与特点,具体从隧道内外光线、设计速度、路面结构与材料以及路面横向宽度几方面进行分析,并与普通高速路段进行比较,以此为依据,对隧道进出口处过渡段及长度进行确定。最终将隧道进口处隧道外 100m 至隧道内 100m 作为隧道进口过渡段长度,隧道出口处隧道内 100m 至隧道外 100m 作为隧道出口过渡段长度。

9 隧道进出口过渡段减速措施的设置与应用

人眼对不同颜色的捕捉能力并不相同，对形状的辨识能力也大不相同。试验前已经经过大量的模拟测试，包括多种颜色和多种方案的比较，使用彩色亮度计对多块样品路面进行测试，最终选定了此次试验使用的三种样品路面，求出对应色彩的 RGB 值，选定 3 种颜色为模拟试验的颜色。为了使驾驶员在隧道进出口产生紧张感，根据透视原理计算符合人眼视觉特征的彩色路面间距，进而确定此次试验使用的具有代表性的三种彩色路面铺设方式。

9.1 颜色设计原则

人眼通过捕捉不同波长的光来识别颜色，辨别物体的形状。颜色会让人产生不同感受，在交通安全中也会影响驾驶员行车安全[117]。驾驶员在行车过程中，主要是从视觉上获得环境信息的，而当驾驶员在观察周围环境时，周围物体的颜色是诱发视觉反应的首要因素。当人刚注视某一物体时，第一反应是看到它本身的颜色，对颜色的注意程度与对形状的注意程度的比值为 8∶2；2 分钟后，人对颜色的注意力会降低，对颜色的注意程度与对形状的注意程度的比值为 6∶4；当时间持续了 5 分钟以后，人对颜色和形状的注意程度相当[118]。人对颜色的选择都有一种偏爱，合理地利用人对颜色的喜爱来设计彩色路面，可以提高驾驶员的安全性。

颜色是道路工程中重要的影响因素，不同的颜色对驾驶员产生的视觉感受不同，驾驶员对不同色彩敏感度也不同。无彩色包括白色、黑色以及灰色，不同纯度和明度的其他颜色都属于彩色系。红色可以使人感觉到兴奋。按照人眼对颜色的敏感程度大小来说，黄色＞红色＞绿色＞蓝色；按照对颜色的辨识远近程度来说，红色＞绿色＞黄色＞白色[119]。随着人的年龄增长，视觉神经逐渐退化，对颜色的敏感性降低，采用高彩度的颜色会吸引驾驶员的注意力。如图 9-1 所示，波长为 580nm 的黄波在可见光谱中高点的位置也是最中心

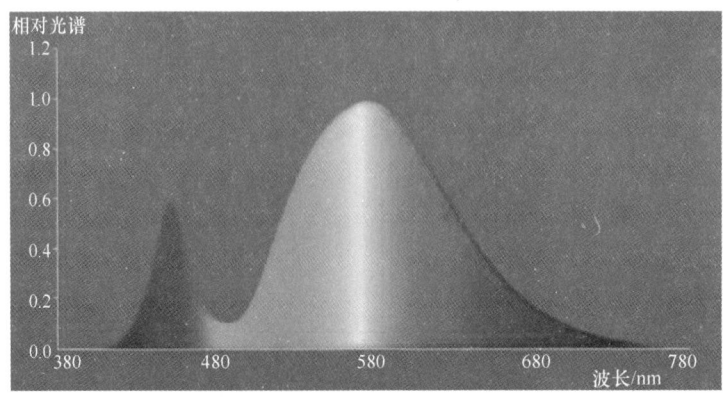

图 9-1 可见光光谱图

的位置，眼睛的感知度高，明度最高，比较醒目，驾驶员对黄色比较敏感[120]，长时间行驶在黄色的路面上会导致视觉疲劳。红色穿透能力强，视觉刺激性强，能见度高。由于红色和黄色属于暖色系，对驾驶员的心理和视觉上刺激明显。在色彩学中，蓝色、黑色等冷色系为收缩色，这些颜色会使人产生错觉，让实际物体看起来小很多，在恶劣天气中不能引起车辆和行人注意，容易引发交通事故。在交通安全中，与交通相关联的颜色都要选择有刺激性的颜色，以使驾驶员获得有效的信息。因此选用红、黄两种颜色为试验方案中彩色路面颜色[121]。

本次试验路面样品为天津珂赛思公司标准抗滑层样品。使用 TOPCON BM-7A 彩色亮度计测量彩色样品路面，得到 LAB 值。通过计算得到相应的 RGB 值，最终用于模拟试验，如表 9-1 所示。

表 9-1 三种样品路面色颜色值

试块编号	实际样品	LAB 值	模拟颜色	RGB 值
1 号灰黑色		29.413；0.240；4.722		72；69；62
2 号红色		54.254；9.31；37.856		159；123；63
3 号黄色		29.630；32.528；24.326		119；45；34

9.2 两种减速措施设置参数的确定

9.2.1 基于透视原理的理论间距值

采用渐窄式减速措施的思路对减速措施进行设计。通过分析可知，基于行车安全的渐窄式减速措施的作用是基于透视原理发挥的，因此计算基于透视原理的理论间距值，从而合理推算减速措施的相邻标段的间距值。

图 9-2 为减速标段的透视原理工作图。通过图中给出的信息，可直观地得出驾驶员的注视点与减速标段中相邻标段间的关系。

根据图中所蕴含的信息，对各变量之间的函数关系进行推导，则有：

$$\tan\beta = \frac{D_a}{h} \tag{9.1}$$

$$\tan(\beta+\omega) = \frac{D_a+S}{h} \tag{9.2}$$

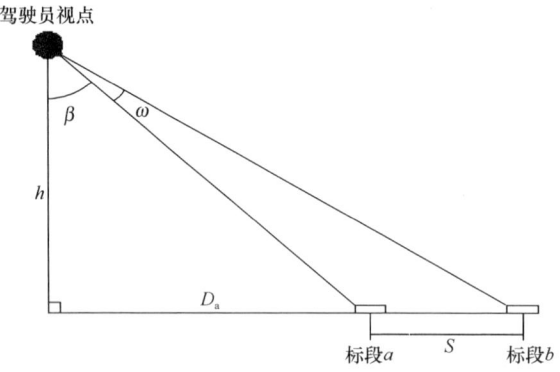

图 9-2 减速标段的透视原理图

注：h 为驾驶员注视点的高度；D_a 为驾驶员注视点到标段 a 之间的水平距离；S 为相邻标段之间的间距；$β$ 为驾驶员注视点到标段 1 的俯角；$ω$ 为注视点到标段 a 与标段 b 的夹角。

推导出：

$$ω = \tan^{-1}\frac{D_a+S}{h} - \tan^{-1}\frac{D_a}{h} \tag{9.3}$$

$$\tan ω = \frac{S/h}{1+[D_a(D_a+S)/h^2]} = \frac{hS}{h^2+D_a^2+D_a S} \tag{9.4}$$

$$S = \frac{\tan ω(h^2+D_a^2)}{h - D_a \tan ω} \tag{9.5}$$

根据式（9.5）可知，假若计算出间距值 S，就必须确定 $ω$、h 与 D_a。因此，此三种变量的确定如下所示：

(1) 视角 $ω$ 的确定。视角 $ω$ 的最佳取值主要依据人眼的静态视力与动态视力共同确定。一般而言，人的视力高低不平衡。正常情况下，认定 1 为人的平均视力，对应视角为 $1'$，而人眼对事物的观察取决于视线两个端点对应刺激人眼中的两个锥体细胞。根据研究，人眼锥体细胞的个体直径约为 $4.90×10^{-3}$ mm，与 $1'$ 相似。因此，视角大于 $1'$ 时，人眼才能观察到事物，否则事物会被忽略，此为人眼的静态视力；车辆运动过程中，驾驶员的视野为人眼的动态视野。根据相关研究，人眼的动态视力与车速变化呈反比。速度越高，动态视力的降低幅度越大，减少量通常为 10%～20%，也可能达到 30%～40%。[116]

因此，考虑到驾驶员的静态视力、动态视力以及车速等相关因素，将视角 $ω$ 的值确定为 $1.4'$。

(2) 驾驶员注视点高度 h 的确定。高速公路（特）长隧道交通车流复杂，是典型的混合车流，其中大、中、小型车辆混行，交通组成随机变化，大中型车所占道路空间远远大于小型车，导致小型车视野较差，更易发生交通安全问题。根据资料统计，不同车型所占比例情况如图 9-3 所示。由图可知：高速公路隧道交通流量的主要车型为小型车辆，平均占比达到 60%以上，大型车与中型车占比接近。

因此，考虑到当前高速公路隧道处所行驶的车流中各车型的比例，同时结合隧道限高等因素对驾驶员注视点高度 h 的影响，主要针对视野较差的小型车辆，确定 h 的取值

9 隧道进出口过渡段减速措施的设置与应用

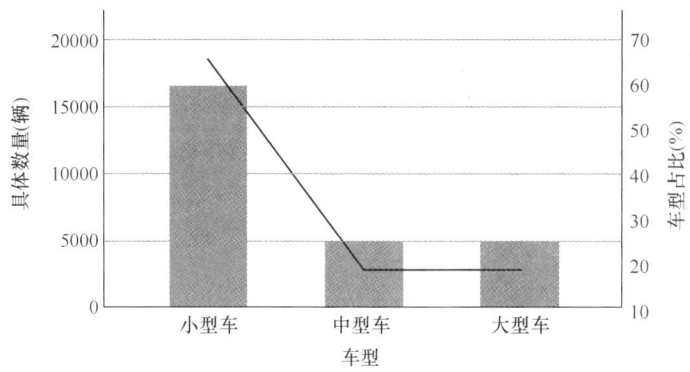

图 9-3 某隧道左、右两幅各车型交通流量车型平均比例

为 1.5m。

（3）视点到邻近标线的水平距离 D_a 的确定。车辆行驶在路面时，停车视距对于保证行车安全非常重要，是驾驶员刹车制动与绕过一定距离的障碍物时必不可少的安全保障。根据《公路工程技术标准》，考虑到货车较差的制动性能、轴荷载分布不均匀等，基于行车安全，适当增加货车的停车视距。根据《公路工程技术标准》，高速公路停车视距见表 9-2。

表 9-2 高速公路停车视距 D_a

设计速度（km/h）	60	80	100	120
停车视距/m	75	110	160	210
货车停车视距/m	85	125	180	245

高速公路隧道群路段线形复杂，停车视距作为不好控制的因素，是对交通安全的严重威胁，且隧道进出口明暗适应过程对驾驶员造成的视觉障碍，延长了驾驶员的认知反应时间。考虑到以上两点，为保证驾驶员对路面上障碍物的视认能力，在障碍物的背后加设一段最小长度为 d 的明亮路面（障碍物标准高 0.2m），合理增加停车视距，对于行车安全具有重大意义。标准障碍物后的明亮路段示意如图 9-4 所示。

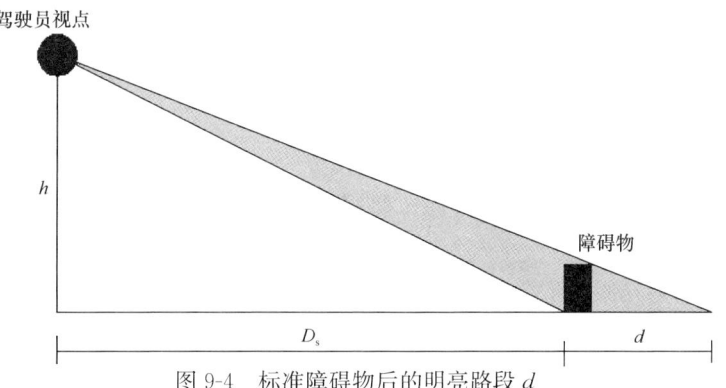

图 9-4 标准障碍物后的明亮路段 d

注：h 为驾驶员注视点的高度；D_s 为驾驶员注视点到障碍物之间的水平距离，即为停车视距；d 为障碍物后的明亮路段。

因此,以现行规范值为基础,在隧道进出口合理增加停车视距,延长10~30m,得到基于明暗视觉效应的隧道进出口处的停车视距取值,见表9-3。

表9-3 基于视觉效应的高速公路隧道进出口停车视距 D

类型	设计速度(km/h)	规范停车视距/m	最小视距增加长度/m	建议停车视距/m
隧道入口	60	75	21.0	100
	80	110	23.6	140
	100	160	23.8	190
隧道出口	60	75	18.1	100
	80	110	11.3	140
	100	160	14.4	190

由于所涉及隧道设计速度为80km/h,在通过隧道时应有适度的降速,以增加行车安全性,速度范围取为60~80km/h,即高速公路隧道进出口基于视觉效应的停车视距取值范围 D_a 为100~140m。

将以上确定数值代入式(9.5),可得出基于透视原理的理论间距值取值范围为2.79~5.53m。

9.2.2 基于闪现率原理的理论间距值

减速标线的闪现频率即为单位时间内通过驾驶员视野的条纹数目。Denton的研究显示,视错觉减速标线间距越小,车辆的驾驶员越容易产生视错觉,造成紧张心理。2007年Katz对视错觉减速标线的最优间距进行研究,得出的结论是闪现频率为4bps时所设置的减速标线能够更好地发挥出其减速优势[122]。借鉴此结论,以4bps作为闪现频率的取值,拟在高速公路隧道进出口处设置变间距型的减速抗滑措施,将闪现频率作为计算理论间距值的考虑因素。

(1) 变间距型减速防滑带相邻带间距值的计算应遵循以下两点:

① 相邻防滑带间距值沿着行车方向逐渐减少,即 $S_1>S_2>\cdots>S_n$,且随着车速的逐渐降低,行驶车辆通过各个防滑带间的时间大致相等。

② 假设驾驶员驾车行驶至隧道进出口过渡段处,采取合适的减速度匀减速,相邻防滑带间距的缩小应确保闪现频率的恒定。

(2) 变间距型减速防滑带相邻带间距值的计算首先应确定车辆驶进减速标段前的初速度、减速路段的目标车速以及行车减速度。

① 车辆驶进减速标段前的初速度 V_0 的确定。通过参照我国高速公路一般的限制行驶速度,再基于隧道进出口处的安全考虑,将隧道路段的设计车速设为初始速度 V_0,即初速度 $V_0=80$km/h。

② 减速路段的目标车速 V_t 的确定。对于隧道路段的目标车速可以根据隧道限速值或实际道路行驶环境确定。全线设计速度均为80km/h,考虑目标车速意义不大,因此不对其进行考虑。

③ 行车减速度 a_n 的确定。理论上,在初始车速和目标车速不变的情况下,减速度越小,实现等效减速效果所需要的减速标线路段就越长。《交通工程手册》中指出当减速度

为 $3m/s^2$ 时,人们感觉比较舒适。因此,计算防滑带间距所考虑的设计减速度取值为 $3m/s^2$。不同加、减速度对驾驶员心理和生理的影响见表 9-4。

表 9-4 不同加、减速度对驾驶员心理和生理的影响

加、减速度范围	驾驶人心理和生理感受
$a_n < 1.8m/s^2$	感受不明显
$a_n = 3.6m/s^2$	感受明显,但在身体可接受范围
$a_n > 5.0m/s^2$	感觉很不舒服,超出人体忍受范围

相邻防滑带间距值的计算如图 9-5 所示。

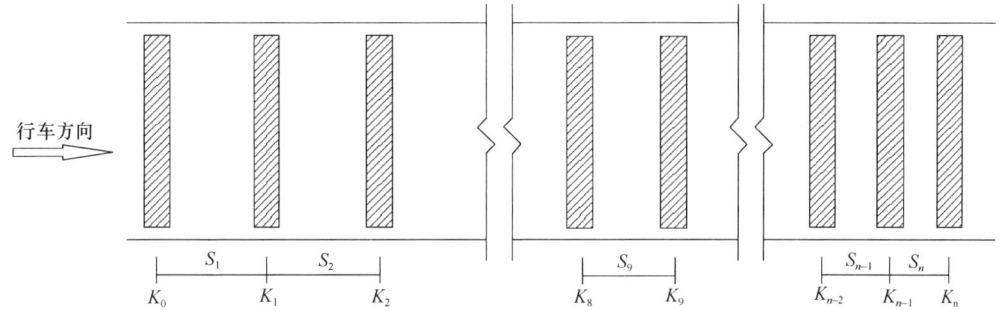

图 9-5 变间距减速防滑带相对位置示意图

如图 9-5 所示,对于变间距减速防滑带的间距值进行确定。拟订 K_0 表示第一条防滑带的位置,并赋予初始值 $K_0=0$。K_1、K_2、…、K_n 分别表示第二条至第 $n+1$ 条的位置。根据图 9.5 所蕴含的信息,再结合 $a=dv/dt$,$v=dx/dt$,$t=n/f$ 三个基本公式推导,则有:

$$\int_t^{t+\Delta t} a \, dt = \int_t^{t+\Delta t} dv \tag{9.6}$$

$$a\Delta t = v_{t+\Delta t} - v_t \tag{9.7}$$

$$a\frac{n}{f} = v_{t+\Delta t} - v_t \tag{9.8}$$

$$v_{t+\Delta t} = v_t + a\frac{n}{f} \tag{9.9}$$

假设车辆在减速段以同一减速度匀减速行驶,末速度为 v_t,初速度为 v_0,可得:

$$v_t = v_0 + a\frac{n}{f} \tag{9.10}$$

$$\frac{dx}{dt} = v_0 + a\frac{n}{f} \tag{9.11}$$

$$\int_0^t dx = \int_0^t (v_0 + at) \, dt \tag{9.12}$$

$$x = v_0 t + \frac{1}{2}at^2 + x_0 \tag{9.13}$$

$$k_n = \frac{1}{2}at^2 + v_0 t + k_0 = \frac{1}{2}at^2 + v_0 t \tag{9.14}$$

$$k_n = \frac{1}{2}a\left(\frac{n}{f}\right)^2 + v_0\left(\frac{n}{f}\right) \tag{9.15}$$

$$s_n = k_n - k_{n-1} \tag{9.16}$$

取减速度 $a=-3.0\text{m/s}^2$，车辆即将驶入防滑带路段的初始速度 $v_0=80\text{km/h}$，频率 $f=4\text{bps}$。

根据式（9.6）～式（9.16）推导，计算得出变间距减速防滑带间距，见表9-5。

表 9-5 变间距减速防滑带间距　　　　　　　　　　　　　　　　　　　　m

编号	K_n	S_n	修正、取整
1	5.46	5.46	5.5
2	10.74	5.28	5.3
3	15.82	5.08	5.1
4	20.72	4.9	4.9
5	25.43	4.71	4.7
6	29.96	4.53	4.5
7	34.3	4.34	4.3
8	38.44	4.14	4.1
9	42.41	3.97	4
10	46.18	3.77	3.8
11	49.77	3.59	3.6
12	53.17	3.4	3.4
13	56.38	3.21	3.2
14	59.4	3.02	3
15	62.24	2.84	2.8
16	64.89	2.65	2.7
17	67.35	2.46	2.5

9.3 隧道进出口过渡段减速措施设置形式

根据对减速措施的间距参数等的确定，可以进行高速公路隧道进出口过渡段处的减速措施设置形式的研究，以对照方案与试验方案的对比确定较好的减速形式。所涉及的高速公路隧道为太行山高速公路河北邯郸段的东坡隧道与岭底隧道。拟设置一组对照方案、两组试验方案；对照方案为高速公路隧道进出口路面仅设置基本标线，两组试验方案分别编号为1、2。方案设置形式表述如下。

方案1 为原定隧道交通安全的设计方案，未对隧道进口过渡段处设置彩色抗滑薄层，具体布置方案如图9-6所示；方案2同样采用条带式方案，单车道每条浅色防滑薄层横向宽度 w 均取值3.275m，纵向宽度及间距取值大致相同，见表9-6，表中单位为m。

9 隧道进出口过渡段减速措施的设置与应用

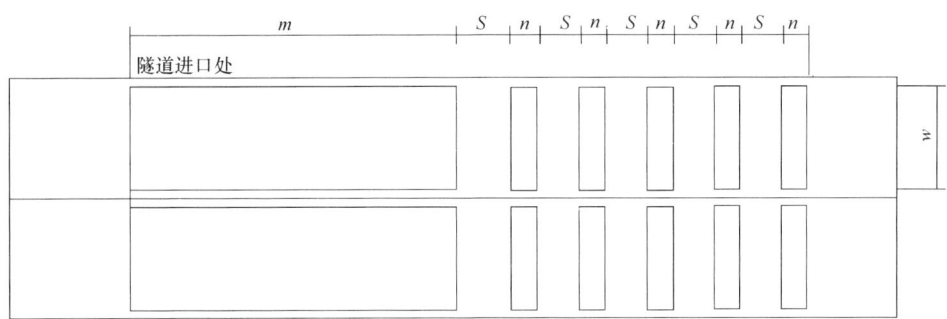

图 9-6 方案 2 隧道进口布置示意图

表 9-6 方案 2 纵向宽度及间距取值

纵向宽度	取值/m
m	50
n	4
S	15

方案 2 以原定隧道交通安全的设计方案为基础，对其隧道进口处的彩色抗滑薄层进行改进创新，并在隧道出口处路面进行了减速功能型彩色抗滑薄层的设计，具体布置方案如图 9-7、图 9-8 所示；方案 1 采用条带式方案，单车道每条浅色防滑薄层横向宽度 w 均取值 3.275m，纵向宽度 $a \sim l$ 取值见表 9-7，表中单位为 m。

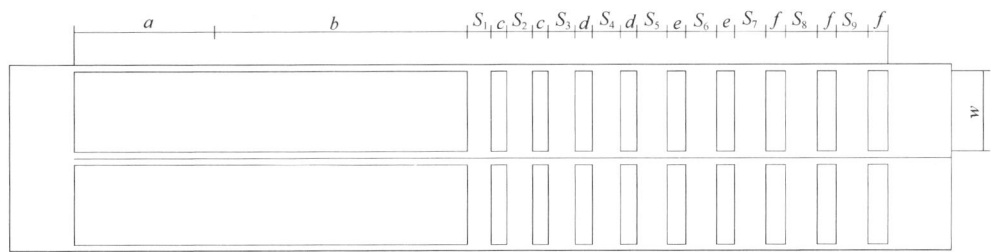

图 9-7 方案 1 隧道进口布置示意图

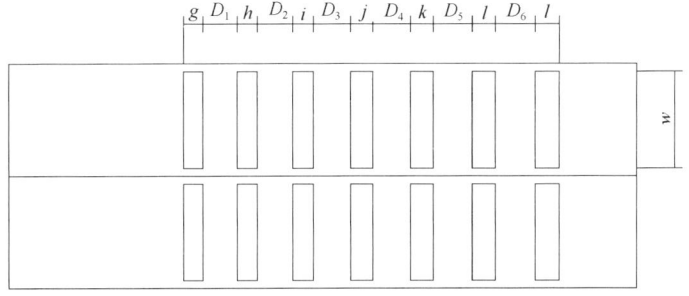

图 9-8 方案 1 隧道出口布置示意图

表 9-7 方案 1 纵向宽度取值

纵向宽度	取值/m
a	20
b	40
c	2.4
d	2.6
e	2.8
f	3
g	2.5
h	2.6
i	2.7
j	2.8
k	2.9
l	3

根据 9.1、9.2 节中的计算，将二者取交集，得出隧道进出口过渡段彩色抗滑减速带的间距值设置见表 9-7、表 9-8，表中单位为 m。

表 9-8 隧道入口过渡段条带间距取值

编号	S_1	S_2	S_3	S_4	S_5	S_6	S_7	S_8	S_9
间距/m	3.8	4.0	4.1	4.3	4.5	4.7	4.9	5.1	5.1

表 9-9 隧道出口过渡段条带间距取值

编号	D_1	D_2	D_3	D_4	D_5	D_6
间距/m	4.3	4.5	4.7	4.9	5.1	5.1

方案 3 整体彩色路面的形状为臂章式，形状示意图如图 9-9 所示，每一条彩色路面大小均不相同，彩色路面之间的间距也逐渐减少。进入隧道后，平铺宽度为 3.275m 的彩色沥青路面 20m。临近隧道出口，臂章式彩色路面比进入隧道前的彩色路面更小，间距更窄。如表 9-10、表 9-11 所示。

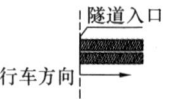

图 9-9 方案 3 路面铺设情况整体示意图

表 9-10 方案 3 接近段彩色路面参数

序号	m 值/ (单位：m)	S 值/ (单位：m)	w 值/ (单位：m)	面积/ (单位：m²)
1	6	6.2	3.275	90
2	5.9	6	3.275	90
3	5.8	5.8	3.275	90

续表

序号	m值/ (单位：m)	S值/ (单位：m)	w值/ (单位：m)	面积/ (单位：m²)
4	5.7	5.6	3.275	90
5	5.6	5.4	3.275	90
6	5.5	5.2	3.275	90
7	5.4	5	3.275	90
8	5.3	4.8	3.275	90
9	5.2	4.7	3.275	90
10	5.1	4.5	3.275	90
11	5	4.3	3.275	90
12	4.9	4.1	3.275	90
13	4.8	3.9	3.275	90
14	4.7	3.7	3.275	90
15	4.6	3.5	3.275	90
16	4.5		3.275	90

表9-11 方案3出口处彩色路面参数

序号	m值 （单位：m）	S值 （单位：m）	w值 （单位：m）	a值 （单位：m）
1	4	5	3.275	90
2	3.9	4.8	3.275	90
3	3.8	4.7	3.275	90
4	3.7	4.5	3.275	90
5	3.6	4.3	3.275	90
6	3.5		3.275	90

9.4 仿真场景的建立

车辆在行驶时，道路环境会发生变化，车内本身的环境不发生变化。遵循"所见即所得"的原则对行车过程中的环境进行了动态与静态的虚拟要素的模拟，并加以声音渲染，使虚拟场景呈现出更完善的动态效果。

运用3D编程技术，在3D MAX建模仿真软件中搭建隧道特殊三维仿真模拟场景，模型搭建参考实际隧道设计参数。隧道进出口处过渡段所设置的彩色减速薄层均按照设计方案中的参数进行搭建。由于所涉及的高速公路路段的设计速度为80km/h，故此3D仿真视频中模拟车速均设置为80km/h。隧道进出口方案抗滑层铺设效果如图9-10～图9-15所示。

图 9-10　隧道进口原高速路面仿真场景

图 9-11　隧道进口黄色警示路面仿真场景

图 9-12　隧道进口红色警示路面仿真场景

图 9-13　隧道出口原高速路面仿真场景

图 9-14　隧道出口黄色警示路面仿真场景

图 9-15　隧道出口红色警示路面仿真场景

9.5　本章小结

本章以透视原理与闪现频率原理为双切入点，采用运动力学的基本公式与高等数学相结合的方法计算出理论间距值，取两者交集得出最终应用在方案中的间距值，并以此为依据进行抗滑减速带的方案设计。首先，利用驾驶员的视角、视点以及基于视觉效应的停车视距三个参数，结合隧道安全速度取值范围，得出基于透视原理的理论间距值范围为 2.79~5.53m。随后，将闪现频率取值为 4bps 与使驾驶员行驶舒适的减速度 3m/s² 作为计算理论间距值的考虑参数，求出变间距型减速带间的相对位置，得到具体间距值为 5.5m、

5.3m、5.1m、4.9m、4.7m、4.5m、4.3m、4.1m、4m、3.8m、3.6m、3.4m、3.2m、3m、2.8m、2.7m、2.5m。最后，取两种理论间距值交集范围的设置数值，对原隧道交通安全设计方案进行改进与创新，并增加隧道出口路段设置方案，得出基于交通安全的设计方案。以此二者作为两组试验方案，以原高速公路隧道进出口过渡段路面作为对照方案，运用3D编程技术与3D MAX软件搭建出模拟场景，为隧道进出口路面铺设彩色抗滑表层提供设计依据。

10 驾驶中的视觉特征及眼动试验理论

当车辆在高速公路上行驶时,由于驾驶状态的单调,驾驶员容易发生视觉疲劳、心理放松或懈怠;在车辆接近、进入及驶出隧道的过程中,由于隧道环境的特殊性,驾驶员通常会产生从放松到过度紧张再到放松的情绪变化,极易引起交通事故。本章着重梳理和研究隧道进出口光环境特征和驾驶员视觉特性,分析隧道内部的光环境、声环境影响行驶安全性的相关机理。

10.1 隧道进出口行车环境

10.1.1 隧道进出口行车光环境

国际照明学会 CIE 88-2004 文件建议,根据驾驶员视觉适应性,将隧道划分为接近段、入口段、过渡段、中间段和出口段五个部分(图 10-1)[123-124]。按照相关规范要求,100m 以上的中、长隧道会按照这种路段划分设置相应的照明设备。

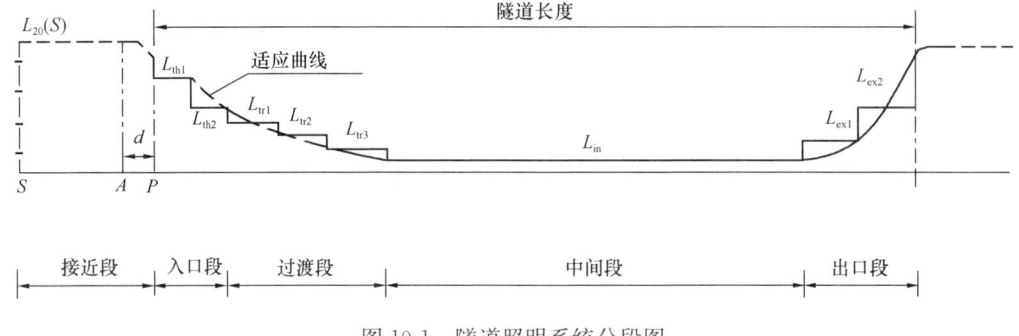

图 10-1 隧道照明系统分段图

在晴朗的白天,隧道外面非常亮,天空亮度可以达到每平方米数千坎德拉,而隧道内入口段的路面亮度只有每平方米几十坎德拉,存在明显的黑洞效应。因此在隧道内部设置照明灯具,主要目的是通过足够距离及对应的时间,使环境变化满足驾驶员视觉暗适应需要的调节过程,辨别清楚道路环境的作用。在隧道外面露天路段行驶中,光照状况良好,视觉条件单一、枯燥而易使人疲倦;驾驶员心理压力减小而警惕性降低,容易懈怠。驾驶员由洞外突然进入洞口,会产生视觉滞后,暗适应时间短,瞳孔急速收缩,需要一定的时间适应暗环境。在暗适应的过程中,驾驶员瞳孔面积变化剧烈,驾驶员视觉和动作紧张、心理压力巨大;待适应之后,出洞口之前又容易产生松懈心理,放松警惕,但是洞口的白洞效应使视觉条件急剧变化,需要快速的明适应,对视觉转换具有较高要求。由于存在这些复杂多变的过程,高速公路隧道进出过程容易引发交通事故。因此,接近隧道洞口、进入隧道洞口的初期入口段、驶出隧道时的出口段是视觉条件变化剧烈,需要通过照明条件和路面设施共同作用、调节心理状况的关键环节。

10.1.2 隧道进出口行车声环境

汽车行驶在高速公路上，会有很多的声音产生，主要分为固体噪声和气体噪声两部分。固体噪声主要是汽车轮胎和道路之间接触导致的车身和轮胎震动，汽车在行驶过程中发动机与各个零部件产生的噪声[125]。气体噪声主要是汽车轮胎花纹在接触地面时受压排出的气体产生的声音，空气摩擦产生的噪声[126]。汽车在行驶时，汽车的类型、交通状况、路面材料、车速等都会引起噪声大小的变化。

进入隧道前，汽车处于不封闭的外部空间，汽车行驶时产生的噪声向周围扩散；当进入隧道后，隧道内比较封闭，汽车的轰鸣声、行车时车轮与地面的摩擦声加剧，噪声可以达到90分贝左右[127]，并且声音不容易消散[128]。强烈的隧道音量的反差，会导致驾驶员产生紧张感，影响行车安全。虽然高速公路上有限速设计，会降低噪声的分贝，但是当汽车以60km/h的速度行驶时，在车内也可以明显听到汽车的噪声[129-130]。

因此，在进行模拟驾驶中，驾驶员应处于相对真实的声环境状态下完成试验。此次试验加入了真实的汽车行驶环境，并且使噪声保持在85分贝左右。

10.1.3 隧道进出口路面特征

汽车行驶时产生的大量尾气以及尘埃都会附着在路面上，隧道外部路面上的尘埃可以通过雨水的冲刷变少，而隧道内部的路面由于不便于清洁，产生附着物，引起路面的摩擦系数更改。隧道进出口处路面抗滑性能低于普通路面，耐久性差，因此对于隧道进出口处路面的抗滑性和耐久性能要求更高。路段的特殊性使得隧道进出口处的道路环境更加特殊，因此，对于隧道进出口处的研究要加大力度。

10.2 隧道进出口驾驶员行为特征

10.2.1 人眼视觉特征

如图 10-2 所示，当人观察周围的物体时，需要通过眼睛来识别环境信息。用眼睛观

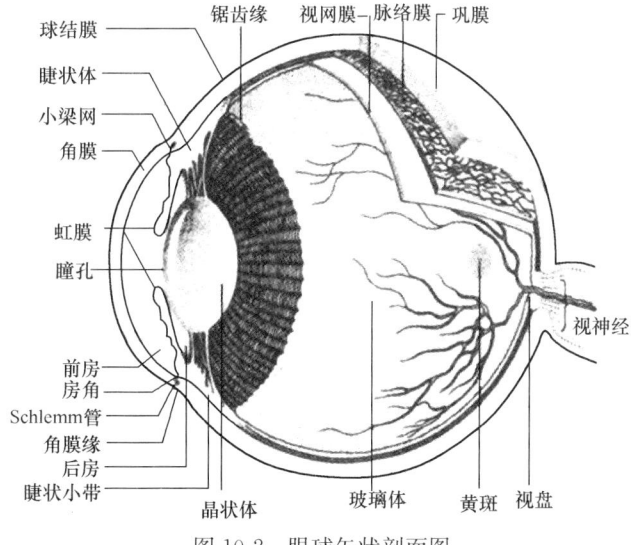

图 10-2 眼球矢状剖面图

察环境时,眼睛受到光线的刺激作用后,光线通过瞳孔进入,受体细胞受到反应后,经过神经系统的传递,就会产生画面,从而观察到物体。视网膜上有锥状感光细胞和杆状感光细胞。在明视觉条件下,锥状感光细胞对此时的强光线敏感,起到分辨物体细节和颜色的作用,并且对环境的变化产生反应;在暗视觉的条件下,杆状感光细胞对此时的弱光反应比较敏感,但是对于辨别物体和颜色的能力要弱于锥状感光细胞,对环境的变化反应比较慢。

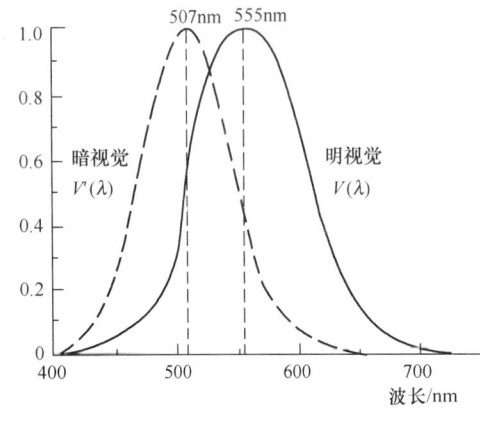

图 10-3 光谱光视效率

在明视觉条件下,人眼最敏感的光波长为555nm,随着人眼适应水平的降低,人眼对明暗、空间、颜色的感知发生变化。如图10-3所示,人眼最敏感的光波长从明视觉时的555nm逐渐变化到暗视觉时的507nm,光谱效率曲线逐渐向短波方向移动,长波端可见光范围变小,短波端可见光波长略大,这种现象称为普洱金耶偏移[131]。人从明亮的地方进入黑暗的地方,锥体感光细胞起主要作用,其灵敏度开始上升,使人眼可以适应周围亮度,约5分钟后锥体感光细胞灵敏度达到极限,随后,杆状感光细胞开始起主要作用,其灵敏度上升,约30分钟后达到极限,完成暗适应的眼功能称为暗适应。

当车辆在高速公路上行驶时,驾驶员首先受到周围的光线刺激,电信号通过神经传递,最终将路况呈现在视野中,这个过程是非常快速的。当车辆进入隧道前到车辆进入隧道又出隧道,这个过程是驾驶员由明适应转向暗适应的过程。

10.2.2 驾驶员眼动特征

驾驶员在车辆行驶时主要依靠视觉来获得周围的道路信息。眼动是驾驶员一个直观的变化特征,通过眼动的速度可以改善获得信息的快慢。眼动特征主要依靠眼动记录仪来记录。可以通过注视、扫视、瞳孔面积等指标来判别驾驶员在车辆行驶时的眼动特征。

1. 注视

当眼睛在观察周围的情况时,眼睛的中央凹对准目标物体并将物体呈现于中央凹的过程称为注视[132]。一般注视至少持续100ms[133]。

相关概念包括:

(1) 累计注视时间。在车辆行驶过程中,驾驶员所有的注视时间即为累计注视时间。累计注视时间越长,表示驾驶员在车辆行驶过程中对周围信息越感兴趣。

(2) 平均注视时间。在车辆行驶过程中,驾驶员总共的注视时间与总共的注视次数的比值即为平均注视时间。它用来表示驾驶员对周围信息辨识的难易程度。

(3) 注视次数。每一个注视就可以形成一个注视点,在某段时间里某个区域中的注视点的总数即注视次数。它用来表示驾驶员对该区域的关注程度。驾驶员在车辆行驶过程中,视线会自主地停留在最有吸引力的区域,注视的时间越久,就表示驾驶员对该兴趣区越感兴趣[98]。

2. 扫视

扫视也称为眼跳,是指人眼从上一个注视点移到下一个注视点的过程。扫视在驾驶过程中是指驾驶员从一个目标点转移到另一个目标点或者是从一个兴趣点转移到另一个兴趣点时,眼球转动的过程。扫视时间一般为 10～80ms。

3. 瞳孔面积

驾驶员处理信息时心理负荷的程度通过瞳孔的大小衡量,瞳孔的大小可通过面积进行量化分析,试验时通过测量试验者瞳孔变化前后的面积差值,来确定驾驶员的心理负荷[134]。在车辆行驶时,驾驶员从周围环境中获取信息,然后将信息传递给大脑。在大脑形成指令后,这种能力的辨别很大程度上取决于眼睛的生理功能和大脑长期的视觉积累[135-136]。当人体充分放松时,瞳孔直径最大。随着人的疲劳程度加深,人的瞳孔直径逐渐变小。当人体处于紧张状态时,瞳孔直径最小。如果眼睛受到连续刺激,瞳孔直径会因为疲劳而逐渐缩小[137]。

10.3 眼动仪试验方法可行性研究

10.3.1 眼动记录发展过程

眼睛是人们接收外部信息的重要载体,通过研究人眼运动的变化规律可以更加深刻地分析人心理上的变化特征。眼动记录作为研究人眼运动规律的实现途径,其精确性尤为重要。

根据其发展历程和基本特征,眼动记录大致分为三个阶段。第一阶段始于 20 世纪初,方法为观察法和机械记录法。观察法是通过简单的设备对被试者的眼球运动进行观察,优点是设备简单,易于操作,但其缺点为试验准确性极差;机械记录法是通过特定装置将人眼和记录设备相连进而实现对眼动情况的跟踪,其缺点为装置比较复杂,操作很不方便,准确性低,并且对被试者有较大的干扰[138]。第二阶段始于 20 世纪 60 年代,方法为视频记录法,主要是记录瞳孔和角膜反射,科学技术的发展提高了眼动追踪的精确性。当人眼球变化时,固定光源的反射光角度随之变化,这就是利用了角膜反射的原理,通过照相的方法或摄像法记录法,根据角膜反光情况来分析眼动规律[139]。被试者头部在测试过程中会不自主地轻微晃动,会影响试验的准确性,可以将头部固定于某一位置,或将仪器佩戴于头部,减少头部晃动。但是由于设备较重,很容易造成被试者颈部和背部的疲劳,依然让被试者觉得不舒服[140]。第三阶段始于 21 世纪,为性能提升期。进入 21 世纪,眼动技术得到进一步提升。除通过摄像机来记录测试者的眼动情况外,再加一台摄像机来拍摄其头部的实时位置。此种方法可以解决头戴仪器的弊端[141]。

10.3.2 眼动仪研究可行性与优势

眼动仪技术在 20 世纪早期就出现了,到现在技术已经比较成熟。眼动仪可以实时、准确地处理视觉信息,可以记录和分析注视时间和注视轨迹的特征,并对指定感兴趣区域的注视时间、注视次数、首次进入时间等数据进行计数。可以使用眼动仪测试驾驶员在车辆行驶时的眼动特征,进而判断其是否处于疲劳驾驶的状态。目前也有研究使用生理信号进行检测,生理信号检测的指标一般包括心电图、皮肤电图、脑电图、肌电图等。目前较为成熟的指标是心电信号和脑电信号。虽然基于生理信号的检测在理论上比较准确,但是检测设备昂贵、抗干扰能力弱,长时间接触式测量易引起驾驶员不适。因此,使用眼动仪作为测试仪器是更为合适的。使用青研 EyeControl 眼动测试系统,对汽车进入隧道前不同路面颜色对人视知觉产生的差异性进行研究。在进行试验之前,查阅了大量的眼动仪相关理论及其应用于各学科研究的试验方法,通过分析总结,得到了切实可行的试验研究方法。眼动仪技术本身具有客观性、直接性、成熟性、生理基础性,加之已经成功地应用于多种不同学科但是方法相似的研究中,因此可以确定应用眼动仪方法的可行性与有效性。

10.4　模拟驾驶

由于实际行驶的路上存在各种各样的问题,例如周围车辆的车速、周围车辆的类型、行驶时的天气、隧道内外的亮暗程度、高速公路上的路况、交通流量、道路交通安全等问题,都会影响实际行车时驾驶员的心理感受和眼动情况。

当车辆行驶时,大型货车、大型客车经过,由于两车距离太近,会使驾驶员产生紧张感,降低车速;当车辆行驶时遇到雨雪天气,驾驶员会产生紧张感,提高警惕性,减缓车速。交通环境不同,导致研究隧道彩色路面对视觉安全性上无法在已有的彩色路面上进行。此外,由于彩色路面的铺设需要大量的人力、物力和时间,因此本次试验采用虚拟现实的模拟方法进行。

虚拟试验模拟技术具有操作比较方便、制作简单、安全性能高、数据量大等优点。目前,虚拟驾驶模拟技术已经成为一种手段,并被广泛应用到试验研究、教学研究当中。

10.5　本章小结

通过对隧道进出口的行车环境以及驾驶员人眼特征进行分析,发现隧道进出口光环境对驾驶员影响较大,驾驶员获得交通信息的速度要非常快速。常用的眼动指标有注视率、首次进入时间、注视次数、瞳孔面积等,可以用这些指标来评价驾驶员疲劳程度。文献研究表明,通过眼动测试方法进行驾驶视觉模拟研究具有客观性、可靠性。

11 驾驶员视觉特征模拟试验

为满足虚拟驾驶试验的要求,从高速公路的露天路段到隧道内部,及至隧道出口等环节,需要满足空间设施模型的制作、灯具布置方式及路面色彩设施的布置。本章着重探讨隧道内部照明设施的设计与仿真模拟,研究试验设备的布置原则,以及测试现场、试验流程的设置方法。

11.1 试验目的

本次试验的目的是获得车辆在高速公路上行驶时,经过隧道段,驾驶员观测到不同方式、不同颜色的彩色路面时的视觉特征。驾驶员视觉特征是试验的核心部分,驾驶员的主观感受是分析驾驶员眼动特征的基础。

11.2 试验方法

本次试验通过对隧道照明相关理论分析,确定虚拟试验的布灯方式,得到一个符合实际工程图纸要求的隧道照明方案,并根据该方案,运用 SketchUp 和 Lumion 两款软件建立一个隧道内部环境计算机虚拟模型[142],使用 Adobe Premiere 进行视频制作。受试者进行虚拟驾驶模拟,使用眼动仪采集眼动特征。待试验完成后,由受试者填写问卷调查。通过分析受试者观看视频时的眼动特征和填写的问卷结果,分析不同颜色路面对驾驶员视觉舒适的影响,找到最有利于受试者安全性的方案。

11.3 试验模型建立

此次试验根据太行山高速公路隧道施工图要求,使用 SketchUp 软件进行建模。建立宽度为 3.75m 的两车道的单向交通隧道模型,隧道长度为 4km,最终得到隧道简易模型,隧道尺寸见表 11-1,隧道断面示意图如图 11-1 所示。隧道内部设计按照实际工程以及规范要求进行布置,检修车道的颜色、内壁涂料彩色条带设计隧道断面图如图 11-2 所示。隧道内部的各项指标设计包括灯具的位置、朝向、间距和大小,均符合规范要求;将 SketchUp 软件生成的模型文件导入 Lumion 软件中,在 Lumion 软件中对模型进行设置,其中包括隧道内路面及路灯材质的设置。使用 Adobe Premiere 并进行视频的制作,加入声音,模拟真实经过隧道时耳朵听到的嗡嗡声。本次试验选择家用小轿车为试验车辆,从距离隧道口 160m 处行驶,保持 80km/h 的速度。

表 11-1 隧道尺寸

设计车速/(km/h)	建筑限界高度/m	单车道宽度/m	检修车道宽度/m	设计车速/(km/h)
80	5	3.75	0.75	80

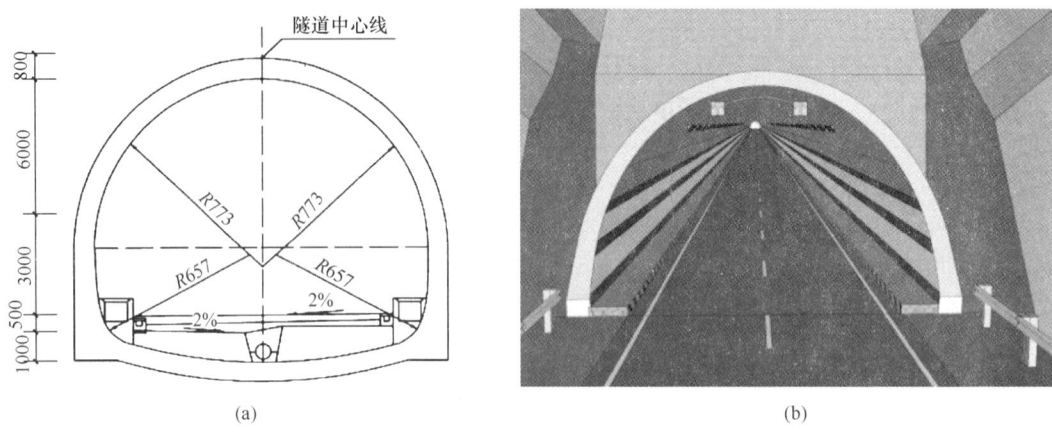

图 11-1 隧道洞口断面
（a）模拟试验隧道断面图；（b）模拟试验隧道效果图

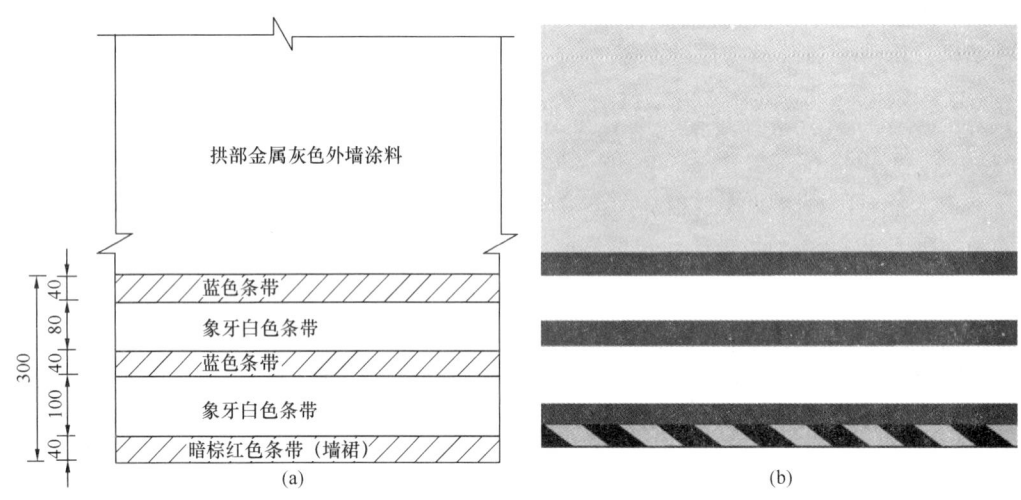

图 11-2 隧道内壁涂装
（a）涂料彩色条带设计图；（b）涂料彩色条带设计效果图

11.4 灯具照明布置

由于隧道的特殊性，当车辆行驶在隧道内部时，驾驶员视野不开阔，内部光环境近似于夜间光环境，人眼处于中间视觉，对隧道内部的事物辨别能力比较差。隧道内部照明非常必要，灯具的位置、角度等都可能产生眩光，如果设置不合理容易引起驾驶失误。

11.4.1 灯具选择

我国高速公路隧道使用的主要有LED和高压钠灯[143]。高压钠灯发光颜色为金黄色，透雾性好，光效率高，但是功率大，实际能耗远大于额定能耗；LED光源寿命长，性能比较稳定，抗震性能好，无热辐射，安装简便，LED灯具功率可调，可以根据不同的需求来调节灯具功率大小，既符合照明设计规范要求，又可以节约能耗，因此本次试验采用白光LED隧道灯作为试验设备。

11.4.2 灯具布置方式

1. 中线布灯

如图11-3所示，将灯具沿着道路中心线正上方布置，这种灯具的布置方式可以使路面的照度和亮度比较均匀，紧密排布就可以满足照明设计规范要求[144]。因为隧道是管状的，灯具布置在中间会导致后期的运营维护不方便，如果维修，会影响正常的交通行驶。一般只在隧道中间的才采用此方式布灯[145]。因此，此次设计不采用中线布灯方式。

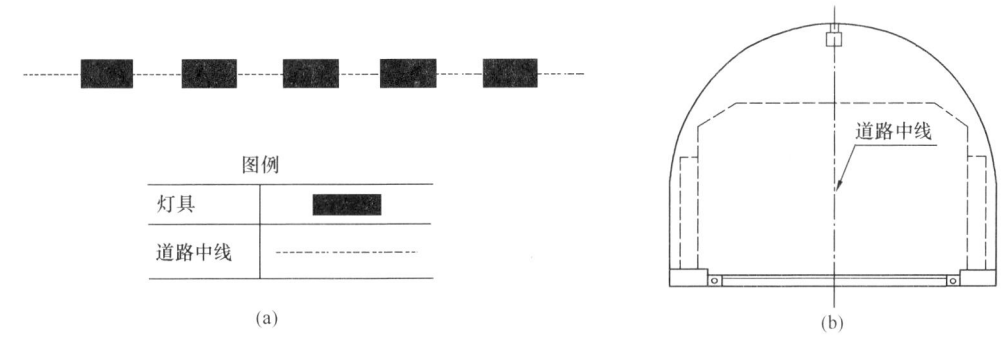

图 11-3 中线布灯
（a）中线布灯平面示意图；（b）中线布灯立面示意图

2. 中线侧偏布灯

如图11-4所示，中线侧偏布灯是在道路中线单侧布置灯具，照明灯具的角度也随之改变。此种布灯灯具数量较少，维护起来也比中线布灯方便。但是由于灯具位置与角度的改变，导致路面照度均匀度不足，因此此次设计不选择中线侧偏布灯方式。

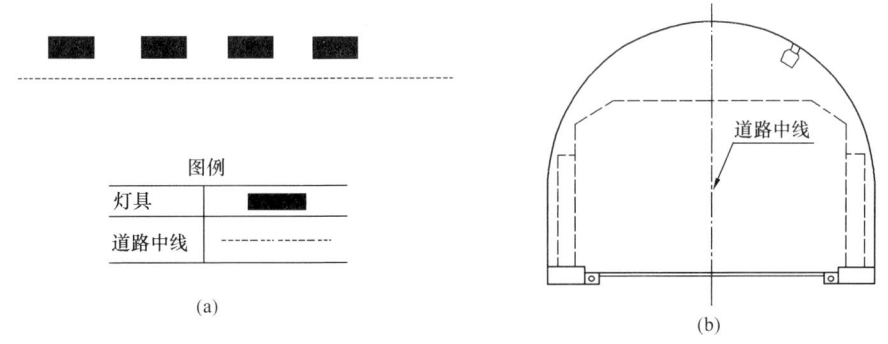

图 11-4 中线侧偏布灯
（a）中线侧偏布灯平面示意图；（b）中线侧偏布灯立面示意图

3. 两侧交错布灯

如图11-5所示，两侧交错布灯是将灯具安装在隧道洞口上侧，道路中线两侧，呈不对称式分布，灯具位置错开可以消除频闪效应，但是如果灯具布置不合理，不会改善这种情况，并且会影响道路路面均匀度。实际工程中，使用交错布灯的情况较少。

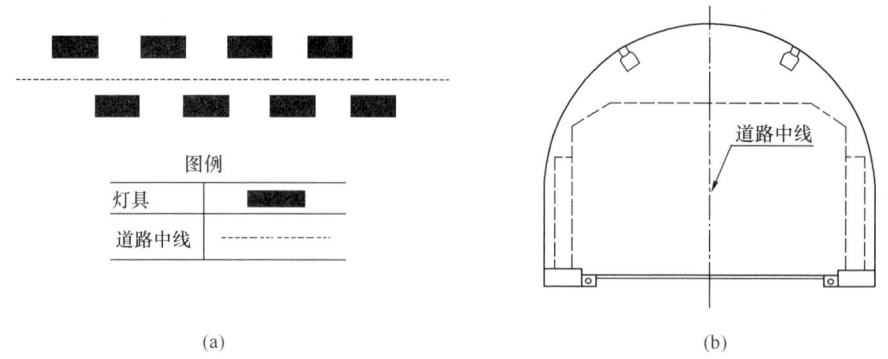

图 11-5 两侧交错布灯
(a) 两侧交错布灯平面示意图；(b) 两侧交错布灯立面示意图

4. 两侧对称布灯

本次试验隧道模型采用两侧对称布灯方式。对称布置一般是将灯具安装在墙壁和顶棚之间的拐角处[119]。布置方法如图 11-6 所示，布灯方式简单，便于维护，照明效率高，道路的亮度和均匀度较好。实际工程中使用两侧对称布灯方式也比较多，因此此次模拟采用此种布灯方式。

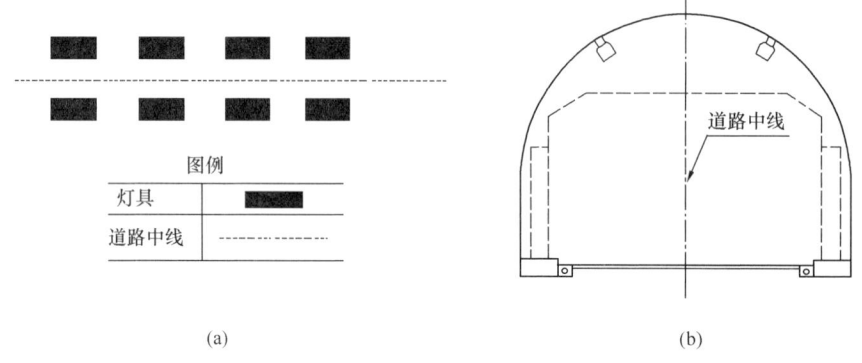

图 11-6 两侧对称布灯
(a) 两侧对称布灯平面示意图；(b) 两侧对称布灯立面示意图

11.5 试验过程

11.5.1 试验准备

试验开始前需要对仪器进行校正。首先进行试验仪器的清洁以及安装，检查仪器安装是否正确，检查电源线以及 USB 数据线接口处是否安装正确，检查配套计算机能否正常使用。测试前，仔细研究青研眼动分析仪器说明书，熟练掌握试验设备的使用方法，提前进行测试，避免正式测试时出现问题，掌握数据处理的方法和分析方法，避免数据出现问题。

11.5.2 试验仪器

眼动分析仪可以准确地记录人眼视觉特征,包括眼睛的位置、注视时间、注视位置等。本次试验采用青研 EyeControl 眼动仪。其工作原理是通过图像处理技术,记录视线变化情况,从而可以记录分析视线追踪过程。眼动分析仪可以输出眼动轨迹、热力图,眼动的 X、Y 坐标以及瞳孔大小等指标。该眼动仪可以精准追踪眼动特征,误差在 $0.5°$以内,还可以自动适应头动补偿,降低对数据的影响。试验仪器产品规格见表 11-2。

表 11-2 试验仪器产品规格

项目	规格参数
采样率	60/120Hz
追踪分辨率,瞳孔/CR	<0.1deg
凝视定位精度	<0.4deg
被试与显示器距离	$0.6\sim0.8$m

青研 EyeControl 眼动分析系统,由眼动分析仪、安装有青研 EyeControl 眼动分析软件的计算机、显示器三部分组成。显示器用来给被试者显示试验材料;安装有青研 EyeControl 眼动分析软件的计算机可控制眼动分析仪,对眼动数据进行数据分析。

设备的组装步骤如下:

(1) 如图 11-7 所示,将计算机主机与显示器连接。连接各自电源,确认计算机显示器和眼动仪测试显示器可同步显示。

(2) 将眼动分析仪的电源插入眼动分析仪后部的电源插孔;用数据线将主机和眼动分析仪接口进行连接。

图 11-7 试验设备

11.5.3 试验过程

驾驶员驾车进入隧道时,所处的环境为中间视觉,白天为了在室内营造出中间视觉环境状态,将遮光帘拉上。如图 11-8 所示,为实际测试现场。拉上遮光帘后,使用 BM-7A 亮度计对墙面进行实测,通过测试环符合中间视觉状态,并且与隧道内照明环境一致。在

图 11-8 模拟试验现场

进行测试前，受试者分批进入实验室，然后再进行测试。测试开始后，禁止无关人员出入实验室，避免室外杂散光对受试者的影响。待同一批受试者测试完成之后，集体离开实验室，下一批受试者方可进入实验室。开始时，让受试者坐于眼动仪显示器前，调整受试者的前后位置，使受试者眼睛和眼动仪前端保持 60cm 左右的距离，调整眼动仪仰角，使眼睛的位置尽量位于屏幕中央。播放视频，使用型号为 AWA 5688 手持式声级计测试试验音频，保证视频的声音在 80 分贝左右。试验时，让受试者佩戴耳机，同步播放视频和音频，模拟在高速路上汽车行驶的真实状况。

在测试过程中，受试者坐在眼动仪前。试验过程中，为保证测试条件一致，每个受试者距离显示器的位置相同，并且视频的声音、测试椅的位置均保持不变。受试者在测试过程中，观看测试视频的顺序是随机的，这样可以保证测试顺序对受试者的主观判断影响较低。如图 11-9 所示为眼动仪测试画面以及测试过程图。

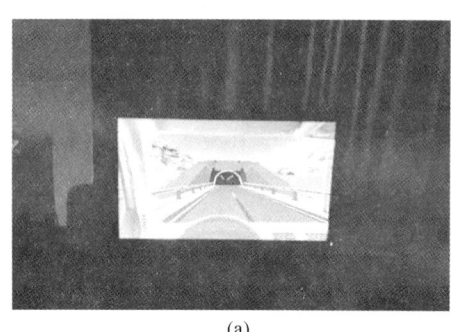
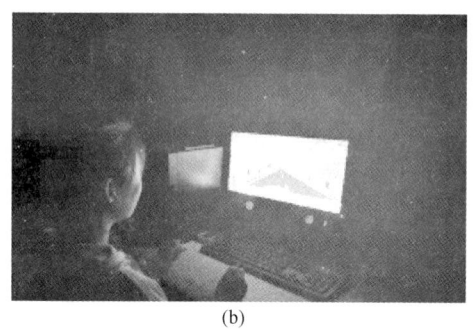

(a)   (b)

图 11-9 眼动仪测试现场
(a) 眼动仪测试画面；(b) 眼动仪测试过程

11.6 本章小结

本章根据实际工程要求建立隧道模型，包括隧道断面尺寸、隧道长度、隧道内壁涂层样式。通过理论分析，选择 LED 隧道灯作为模拟驾驶试验的光源，采用两侧对称布灯方式布灯，最后使用视频编辑软件进行视频制作，并且对此次模拟试验的设备、试验条件、准备工序以及试验流程进行了介绍。

12 隧道进出口过渡段环氧彩色抗滑路面表层对驾驶员眼动影响研究

本章通过虚拟驾驶技术，模拟高速公路隧道进出口路段特殊的行驶条件，对驾驶员的眼动轨迹特征进行实时记录，分别以原隧道进出口路面、红色防滑路面的隧道进出口路面、黄色防滑路面的隧道进出口路面为模拟路段进行模拟试验，分析驾驶员在隧道路段的眼动轨迹特征，寻求隧道进出口过渡段减速措施对驾驶员的心理、生理影响。

12.1 试验方案设计

12.1.1 试验目的

虚拟驾驶技术作为一种新兴的模拟系统，除了采用传统的现场调研观测、自然驾驶试验等方法外，提供了一种快捷、高效的试验手段。虚拟驾驶技术设备占地空间小，可以模拟照明环境、景观多种状态。通过隧道照明相关理论分析，确定虚拟试验的隧道内布灯方式、隧道外照度变化。采用专业软件进行亮度虚拟设计，得到一个符合现行视觉舒适指标要求的隧道照明方案。根据隧道照明方案，运用计算机图形技术所建立的一个隧道内外部环境虚拟模型，选取红、黄两种路面进行虚拟隧道入口间段虚拟驾驶试验，采用眼动仪测试使驾驶员视觉舒适的隧道内路面颜色。

12.1.2 试验对象

考虑到个体差异，本试验挑选不同性别、不同驾龄、不同年龄的人作为试验对象。参加模拟试验者总共有78人，男性34人，女性44人。模拟驾驶员均持有驾驶执照，且有一年以上驾龄，身体健康，年龄分布情况见表12-1。

表12-1 受试驾驶员年龄分布情况

年龄范围	人数	所占百分比
18~25	47	60%
26~30	24	31%
31~40	4	5%
41~50	3	4%

12.1.3 试验指标选取

人体的心理、生理指标在最初常常被用来判断医学上的身体健康状况。随着社会的进步、科技的发展，人们对心理、生理方面的研究逐渐深入，并将其与其他领域的学科相结合，打破了其仅仅应用于医学研究的局限性。随着交通心理安全研究的发展，人体的心理、生理指标逐渐被广泛应用于道路交通工程。目前，工程师们在道路交通领域中，容易获取并能够定量描述人的心理紧张程度的人体生物电信号主要有驾驶员的眼动、心电、脑电、肌电、皮电信号等。

心电信号为心肌细胞电信号的综合反映，广泛应用于不同领域，且测量方法简便，通过人体表面的电极就可以检测到心电信号的变化情况。但考虑到本研究主要服务于视觉上的感受，因此不采用心电信号作为检测指标。

脑电信号为脑细胞电信号的综合反映，多用于表征人体疲劳。相比于其他生物电信号，该信号较微弱，干扰性较强，驾驶员在驾车行驶状态中很难准确测量，因此不采用脑电信号作为检测指标。

肌电信号为众多肌肉纤维的动作电位在时间与空间上的叠加，多用于局部肌肉疲劳度的检测，通过贴于皮肤表面的电极采集信号并导入特定的仪器中得到信息。本研究重点不在驾驶员的驾驶行为上，因此不采用肌电信号作为检测指标。

皮电信号为人体皮肤动作电位所产生的生物电信号，广泛应用于不同领域，其具有非随意性和敏感性的特征，是心理测试的重要指标。但其极易受外界的干扰，因此不采用皮电信号作为检测指标。

眼动信号为人体的眼球运动，多用于驾驶员的视觉测试，一般是通过观察驾驶员在驾驶时受外界环境变化刺激所造成的眼部运动轨迹，对驾驶员带来的影响进行研究[146]。其与本研究内容契合，因此采用眼动信号作为检测指标。

驾驶员在行车过程中反映眼动的基本形式包括注视、眨眼和扫视[147]，这三种眼动形式相辅相成，密切相连，共同贯穿于驾驶员行车过程中，以注视和扫视为主，眨眼为辅。眼动不仅仅是一种应对外界刺激的生理现象，还能够反映驾驶员的生理状态与工作负荷。

根据试验具体需求，且考虑到现有试验设备、仪器等试验条件的限制，最终选取的试验评价指标为眼动，具体为瞳孔面积变化率、注视区域。

1. 瞳孔面积变化率

人体的视觉系统是通过瞳孔获取外部信息的，瞳孔的大小可以使用直径或面积来表示。[150]瞳孔的大小及反应受交感神经与副交感神经共同支配，当机体处于紧张状态时，交感神经处于积极状态，使瞳孔放大、心跳加速、疲乏的肌肉工作能力增加；反之，在身体放松时，副交感神经起主要作用，使瞳孔缩小、心跳减慢、血压降低[137,148]。瞳孔大小存在个体差异，而瞳孔面积变化率可以准确真实地表征驾驶员在驾车过程中的心理变化程度。所得出的瞳孔面积变化率的计算公式如式（12.1）所示。

$$k = \frac{S_2 - S_1}{S_1} \tag{12.1}$$

式中 k——瞳孔面积变化率，%；

S_1——模拟驾驶试验前驾驶员瞳孔面积，mm^2；

S_2——模拟驾驶试验时驾驶员瞳孔面积，mm^2。

2. 注视区域

利用注视点位置表征驾驶员视觉吸引力，研究驾驶员驾驶时正前方注视范围内注视区域分布特征，分析驾驶员注视区域的分布。根据眼动仪对瞳孔位置的追踪，绘制出眼动热力图与运动轨迹图，显示出受试者的视觉关注重叠区域，可以此判断视觉的重点关注区域。根据以往研究成果，将受试者视频注视区域分为如图 12-1 所示的 5 个兴趣区。

图 12-1　驾驶员注视区域划分

12.2　试验步骤

12.2.1　试验注意事项

（1）为确保试验的顺畅与正确进行，必须严格按照试验步骤落实试验。需注意的是：试验前不能将试验意图与目的告知受试驾驶员，应使其在未知的情况下进行试验，否则会对试验注视区域、注释时间等测试指标造成很大干扰。

（2）根据驾驶员在静止与驾车时的心理紧张程度不同，导致瞳孔直径、面积不同，为了便于以后对数据的综合分析，需在行车试验前测试每位驾驶员在静止状态下的瞳孔情况，具体为平均瞳孔面积。

（3）进行虚拟驾驶试验，首先要排除驾驶员自身干扰，再排除外界环境的干扰。例如，模拟试验所处的场所要时刻保持安静，等待测试的驾驶员要保持平静的心态，测试者进行试验前禁止饮酒，等等。

驾驶员驾车进入隧道时，所处的环境为中间视觉，白天为了在室内营造出中间视觉环境状态，将遮光帘拉上。如图 12-2 所示，为实际测试现场。拉上遮光帘后，使用 BM-7A 亮度计对墙面进行实测，通过测试使环境符合中间视觉状态，并且与隧道内照明环境一致。在进行测试前，受试者分批进入实验室，然后再进行测试。测试开始后，禁止无关人员出入实验室，避免室外杂散光对受试者的影响。待同一批受试者测试完成之后，集体离开试验室，下一批受试者方可进入试验室。开始时，让受试者坐于眼动仪显示器前，调整受试者的前后位置，使受试者眼睛和眼动仪前端保持 60cm 左右的距离，调整眼动仪仰角，使眼睛的位置尽量位于屏幕中央。播放视频，使用型号为 AWA 5688 手持式声级计测试试验音频，保证视频的声音在 80 分贝左右。试验时，让受试者佩戴耳机，同步播放视频和音频，模拟在高速路上汽车行驶的真实状况。在测试过程中，受试者坐在眼动仪前。试验过程中，为保证测试条件一致，每个受试者距离显示器的位置相同，并且视频的声音、测试椅的位置均保持不变。受试者在测试过程中，观看测试视频的顺序是随机的，这样可以保证测试顺序对受试者的主观判断影响较低。

12.2.2 具体试验流程

为了充分利用视频模拟仿真试验简单易操作、安全性能高等诸多优点，本试验采用简单重复的试验方法，特点是易于操作且获得的数据可靠、准确。

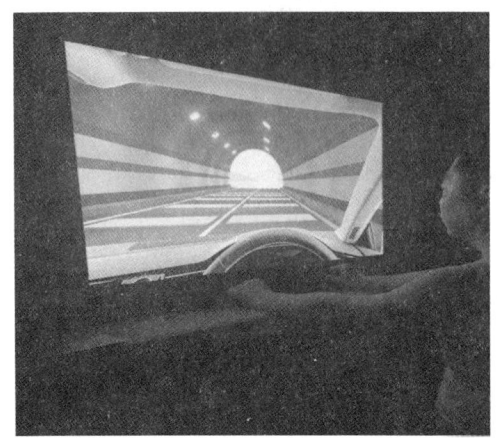

图 12-2 驾驶员进行模拟试验场景

仿真试验的具体操作步骤如下：

（1）开始试验前。指导受试者坐于安装眼动仪的显示器前，调整受试者的前后位置，使受试者眼睛和眼动仪前端保持 60cm 左右的距离，调整眼动仪仰角，使眼睛的位置尽量位于屏幕中央。

（2）开始试验。指导受试者佩戴耳机，由专人负责视频和音频的播放，模拟在高速路上汽车行驶的真实状况。由于仪器的特殊性，一位受试者必须将全部道路环境模拟完毕，才能再更换模拟驾驶员，由此避免试验人员的反复更迭，重复试验过程，直至试验结束。

（3）试验结束后。为确保本次仿真场景能达到试验要求，驾驶员在试验结束后均填写了仿真场景真实度主观调查问卷。导出并分析试验数据，对驾驶员眼动试验最终的结果进行评价，确定最佳方案。

试验流程如图 12-3 所示。

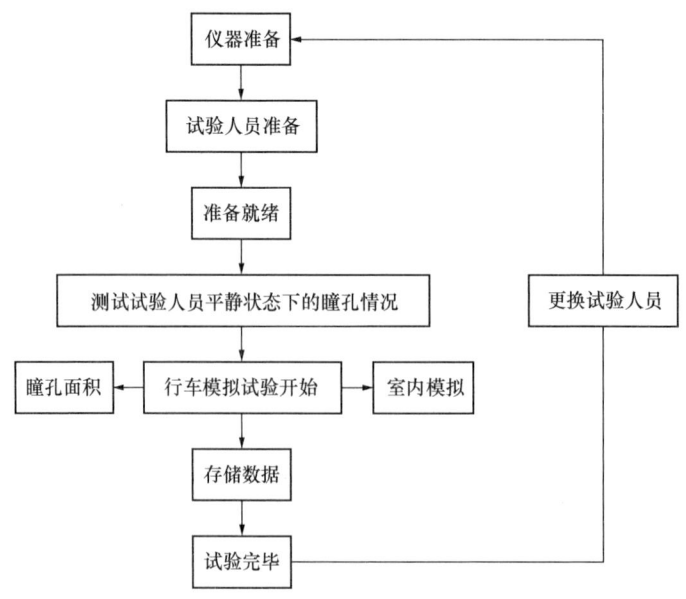

图 12-3 眼动模拟试验流程图

12.3 试验数据统计及分析

由于本试验模拟车辆进出高速公路隧道进出口过渡段，试验人员需具有极高的注意力，试验过程中驾驶员的眼动会随着模拟环境的变化而变化。因此，每位试验人员所测试的眼动数据需涵盖从试验开始到结束的全过程，以保证能得到整个模拟过程的连续变化曲线，在后期的试验数据的处理与分析过程中通过计算瞳孔面积变化率，观察试验所得的眼动变化曲线与轨迹，从而得出试验结论。

12.3.1 数据采集

在模拟仿真试验过程中，驾驶员的瞳孔直径、注视点、注视区域等眼动参数均可通过眼动仪获得。图 12-4 为眼动仪中导出的部分原始数据，分别包括了受试者编号、测试时间、注视点的坐标方位、双眼瞳孔直径等。鉴于篇幅的原因，未在图中展示全部。

对试验原始数据进行导出并预处理后，计算出眼动仪对受试者人眼运动状态的追踪比例最大为 97.4%，最小为 94%，达到所需要的精度要求。

	A	B	C	D	E	F	G	H	I	J	K	L	M	N	O	P
1	TesterName	TestTime	TimeOffset	CreationTime	X	Y	LeftEyePosX	LeftEyePosY	RightEyePosX	RightEyeY	LeftArea	RightArea	BlinkMark	MouseX	MouseY	MouseEven
2	[czy]	-04-24 19:20:59														
3			0	04-24 19:21:	-0.82201	-0.821263	1142	693	1526	673	12.96407	14.45028709	Normal	1	-0.402699	
4			15	04-24 19:21:	-0.82102	-0.8127	1143	693	1526	673	13.01309	14.27297624	Normal	1	-0.402699	
5			32	04-24 19:21:	-0.81156	-0.80398	1143	694	1526	673	13.30338	14.31750982	Normal	1	-0.402699	
6			48	04-24 19:21:	-0.83091	-0.798497	1143	694	1527	673	13.11057	14.18348961	Normal	1	-0.402699	
7			65	04-24 19:21:	-0.82871	-0.801207	1143	694	1527	674	12.96407	14.45028709	Normal	1	-0.402699	
8			81	04-24 19:21:	-0.82943	-0.796702	1144	694	1527	674	12.66601	14.18348961	Normal	1	-0.402699	
9			99	04-24 19:21:	-0.82269	-0.795708	1144	694	1528	674	12.81591	14.22830328	Normal	1	-0.402699	
10			115	04-24 19:21:	-0.83794	-0.815384	1144	694	1528	675	12.86549	14.27297624	Normal	1	-0.412766	
11			132	04-24 19:21:	-0.82841	-0.780786	1144	694	1528	675	12.66601	14.22830328	Normal	1	-0.422834	
12			148	04-24 19:21:	-0.83264	-0.771427	1144	694	1528	675	12.76614	14.18348961	Normal	1	-0.442968	
13			165	04-24 19:21:	-0.81721	-0.796906	1144	693	1528	675	12.71617	14.18348961	Normal	1	-0.473171	
14			183	04-24 19:21:	-0.81646	-0.781426	1144	694	1528	675	12.51432	14.22830328	Normal	1	-0.483238	
15			249	04-24 19:21:	-0.07425	0.2691765	1130	686	1513	666	12.91487	13.35114675	Normal	1	-0.483238	
16			265	04-24 19:21:	-0.06484	0.2320776	1129	687	1513	667	12.81591	13.54053417	Normal	1	-0.483238	
17			282	04-24 19:21:	-0.06875	0.2434567	1128	687	1512	667	12.36076	13.35114675	Normal	1	-0.483238	
18			299	04-24 19:21:	-0.0948	0.2451953	1128	687	1512	667	12.66601	13.49343652	Normal	1	-0.483238	
19			317	04-24 19:21:	-0.06348	0.2143438	1127	687	1512	667	12.46334	13.49343652	Normal	1	-0.483238	
20			332	04-24 19:21:	-0.07891	0.2239314	1127	687	1511	667	12.153	13.58746857	Normal	1	-0.483238	
21			349	04-24 19:21:	-0.07556	0.194763	1126	687	1511	667	12.61565	13.49343652	Normal	1	-0.483238	
22			366	04-24 19:21:	-0.08118	0.2036613	1126	687	1510	667	12.76614	13.35114675	Normal	1	-0.483238	
23			383	04-24 19:21:	-0.07238	0.1789739	1125	688	1510	667	12.81591	13.49343652	Normal	1	-0.483238	
24			399	04-24 19:21:	-0.08033	0.2063934	1125	687	1509	667	12.56508	13.63424141	Normal	1	-0.483238	
25			416	04-24 19:21:	-0.07737	0.2083108	1124	688	1509	667	12.81591	13.49343652	Normal	1	-0.483238	
26			432	04-24 19:21:	-0.09841	0.2440512	1124	687	1508	667	12.56508	13.58746857	Normal	1	-0.483238	
27			449	04-24 19:21:	-0.06298	0.2318838	1123	688	1508	667	12.66601	13.63424141	Normal	1	-0.483238	
28			466	04-24 19:21:	-0.04729	0.1809694	1122	688	1507	667	12.81591	13.4461739	Normal	1	-0.483238	
29			499	04-24 19:21:	0.015606	0.1426361	1120	689	1505	667	13.01309	13.72730898	Normal	1	-0.483238	
30			516	04-24 19:21:	0.006595	0.148194	1120	688	1504	667	12.91487	13.72730898	Normal	1	-0.483238	
31			533	04-24 19:21:	0.017121	0.1483182	1120	688	1504	667	13.11057	13.72730898	Normal	1	-0.483238	
32			549	04-24 19:21:	0.00356	0.1356142	1119	689	1504	667	13.06192	13.72730898	Normal	1	-0.483238	
33			566	04-24 19:21:	0.008989	0.1177652	1119	689	1503	667	13.25544	13.91157641	Normal	1	-0.483238	
34			583	04-24 19:21:	0.012953	0.1475874	1119	689	1502	667	13.39874	13.77360695	Normal	1	-0.483238	

图 12-4 软件导出的部分原始数据

12.3.2 注视率分析

驾驶员在车辆行驶中，主要是通过视觉来获得信息，驾驶员注视的区域影响行驶安全。注视率是指看到此兴趣区人数除以总人数，可用以评判哪些区域更加受到受试者的关注。

受试者在试验过程中，如果注视地面时间长，视线偏离中心区域太久，就会对驾驶安全性造成影响。如图 12-5 所示，在试验过程中，受试者均注意到前方区域。受试者在无彩色路面（原路面）上行车过程中，17.44%的人注视下方区域，94.18%的人注视中心区域；在方案 1 红色路面上行车过程中，4.65%的人注视下方区域，96.67%的人注视中心区域；在方案 1 黄色路面上行车过程中，6.98%的人注视下方区域，100%的人注视中心区域;在方案2红色路面上行车过程中,6.98%的人注视下方区域,88.37%的人注视中心区域;在方案2黄色路面上行车过程中,5.82%的人注视下方区域,90.70%的人注视中心区域;在方案3红色路面上行车过程中,6.98%的人注视下方区域,93.02%的人注视中心区域;在方案3黄色路面上行车过程中,6.98%的人注视下方区域,91.86%的人注视中心区域。

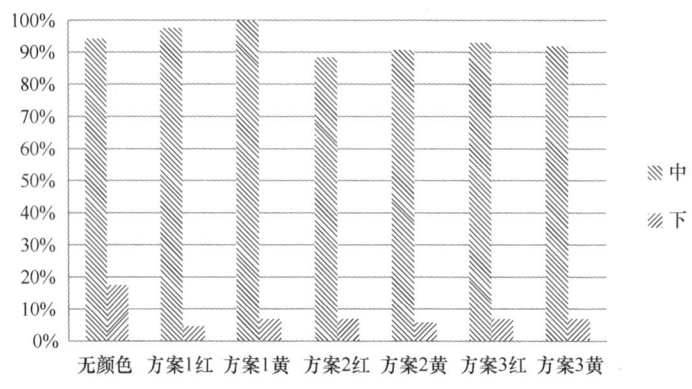

图 12-5 受试者注视率情况

12.3.3 首次进入时间

首次进入时间是指驾驶员第一次注视到兴趣区前的总时间。通过这个指标可以判断哪种颜色路面、哪种方案对驾驶员更有吸引力,哪个颜色更能提高驾驶员注意力与安全性。此次试验主要是分析受试者在经过彩色路面的过程中,需要多久的时间才能注视到彩色路面。为了对比进出口处的彩色路面铺设的情况,将整个试验划分为三个区域,如图12-6所示。其中有彩色路面的区域为彩色路面铺设区接近段、彩色路面铺设区入口段、彩色路面铺设区出口段,对比这几个区域的眼动特征。由于接近段与入口段相邻,因此此次试验将接近段和入口段合并为一段,进行分析与处理。

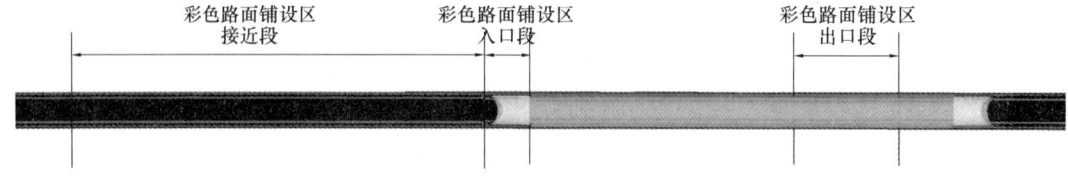

图 12-6 彩色路面铺设区域示意图

如图12-7所示为受试者首次进入时间统计情况。受试者注意到方案1红色路面需要0.09s,注意到方案1黄色路面需要0.34s;受试者注意到方案2接近入口段红色路面需要0.04s,注意到方案2接近入口段黄色路面需要0.15s,注意到方案2出口段红色路面需要0.03s,注意到方案2出口段黄色路面需要0.07s;受试者注意到方案3接近入口段红色路面需要0.26s,注意到方案3接近入口段黄色路面需要0.39s,注意到方案3出口段红色路面需要0.09s,注意到方案3出口段黄色路面需要0.18s。通过对比分析可知,无论是哪种方案,受试者注意到红色路面的时间比黄色路面的时间短,说明受试者首先会注意到

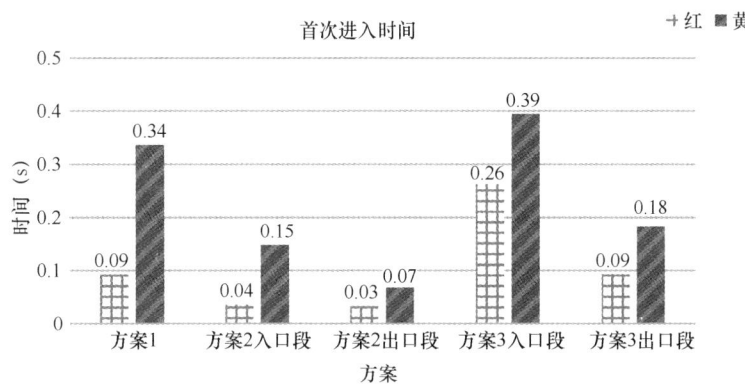

图 12-7 受试者首次进入时间情况

红色路面。

12.3.4 数据处理与分析

试验进行过程中,受试驾驶员除了正常眨眼外,还可能会因测试产生疲劳,造成眼动仪对瞳孔捕捉的失败,从而导致数据的小部分缺失。通过对缺失部分的数据进行线性补充或摒弃等预处理,以保证样本数据的合理性与有效性。通过对 78 人进行多次试验,采集了受试者在正常情况下眼动的特征,其中包括热力图、轨迹图、注视率、注视坐标、瞳孔大小等数据。青研 EyeLab 眼动测试仪可以实时准确测量人们观看视频时眼睛的注视点及所看路径,可以导出多人的眼动热点图和注视轨迹,并统计指定兴趣区内的注视时间、注视次数、首次进入时间等数据。此外,眼动测试仪还可以测出受试者眼睛瞳孔大小。通过瞳孔大小变化率判断受试者眼动的特征。

眼动测试仪软件输出的数据中最常用的信息是可视化视图,如热力图和注视轨迹。热力图经过颜色编码,通过使用不同颜色来显示受试者注视点的数量或注视区域时间的长短。图 12-8 中,红色(中央颜色)表示注视点的数量很多或持续时间很长,绿色(外围颜色)表示注视的数量最少或持续时间最短。两者之间还有各种层次颜色。图上没有颜色的区域表示受试者可能没有注视此区域。注视轨迹是指在特定时间范围内注视和眼跳的视觉呈现。如图 12-8 所示,当受试者注视时间≥100ms 时,就会显示注视点,当注视时间＞255ms 之后,热点颜色就不会再改变。颜色越深表示注视时间越长,受试者越感兴趣。在青研 EyeLab 眼动测试仪软件中,注视以点表示,眼跳是连接点的线。注视点的编号可以显示注视的顺序,注视点的大小表明注视的持续时间。

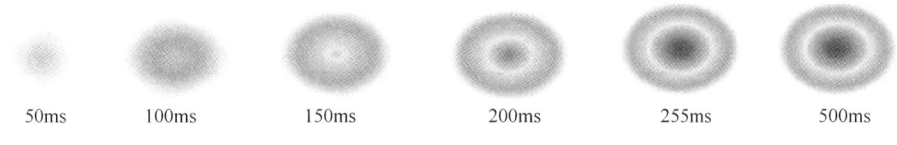

图 12-8 热力图

为了保证数据的真实性与直观性,试验结束后将受试者眼动特征进行转换,以画面中心为坐标原点进行描点,并计算这些点与原点的距离 R(见附录 B),求各注视点的方差,求平均值。对比各试验方差的平均值，进而判断各试验中受试者的眼动特征的离散程度。

方差是判断数据离散程度最重要、最常用的指标。本次试验中使用方差是为了判断每个样本与全部样本的平均数的差的平方值。方差用 σ^2 来表示，N 表示眼动坐标的数量。X_i 表示第 i 组眼动坐标到原点的距离，$\overline{X}$ 表示眼动坐标到原点距离的平均值。

$$\sigma^2 = \frac{\sum_{i=1}^{N}(X_i - \overline{X})^2}{N} \tag{12.2}$$

1. 对瞳孔面积的描述性统计

由于数据样本具有连续性，首先对受试者在不同试验方案的瞳孔面积变化进行描述性统计，统计结果见表12-2。

表12-2　隧道进出口过渡段受试者瞳孔面积统计

受试者编号	方案 1/mm²				方案 2/mm²				对照方案/mm²			
	均值	最大值	最小值	标准差	均值	最大值	最小值	标准差	均值	最大值	最小值	标准差
1	30.7	38.4	17.7	3.6	33.1	44.6	24.7	3.5	35.9	41.0	20.8	3.8
2	27.0	31.4	18.3	2.3	25.6	36.5	17.4	3.4	27.7	32.2	17.4	3.2
3	25.3	29.9	18.5	1.8	25.3	31.8	17.9	2.5	26.7	39.2	18.6	2.6
4	25.0	29.5	19.6	1.6	25.5	32.6	17.3	2.5	26.3	34.3	20.5	2.4
5	20.6	23.0	18.2	1.1	22.5	28.4	18.0	1.9	22.7	27.3	18.1	1.7
6	35.3	39.1	26.6	1.9	36.4	42.7	26.2	3.1	37.6	44.6	27.1	3.2
7	28.0	39.9	21.4	1.7	28.3	45.8	21.5	3.2	29.1	46.8	21.2	3.3
8	18.7	21.6	15.5	1.5	18.9	26.2	13.4	2.9	19.6	35.4	10.2	2.7
9	19.4	23.1	14.8	1.4	20.4	26.1	13.5	3.0	29.3	25.3	13.0	2.2
10	16.2	19.3	13.1	1.1	16.2	20.4	12.5	1.3	23.0	29.9	12.5	2.7
11	15.6	18.3	11.5	1.2	15.3	20.0	10.5	1.4	15.1	22.2	10.6	2.3
12	25.0	28.6	20.3	1.3	25.3	31.2	18.8	2.6	26.1	33.0	19.3	2.8
13	23.0	27.7	17.5	1.7	24.6	32.5	16.1	2.9	24.1	31.5	16.4	3.2
14	30.0	37.1	24.6	2.1	29.0	37.4	19.7	3.0	29.4	40.4	21.4	3.4
15	22.4	26.1	16.0	1.7	23.0	30.9	15.3	2.6	23.0	29.9	12.5	2.7
16	18.4	21.8	13.5	1.4	21.8	29.6	15.1	2.7	22.9	28.3	15.4	2.2
17	23.3	27.3	17.9	1.7	23.6	30.4	17.3	2.5	24.2	31.0	18.7	2.1
18	25.0	29.7	18.2	2.0	25.3	34.5	17.6	3.1	27.5	36.3	19.3	3.9
19	22.7	26.7	19.1	1.0	27.0	27.9	20.3	1.8	28.0	36.8	18.8	3.1
20	21.3	25.1	14.2	2.2	19.8	28.6	12.5	3.4	20.4	27.3	13.6	2.7

由表12-2可知，当隧道进出口过渡段铺设彩色抗滑薄层时，受试驾驶员瞳孔面积较未铺设彩色抗滑薄层时小，说明彩色路面对驾驶员的紧张心理具有一定的缓和作用，具体情况为：方案1效果最佳，方案2次之，对照方案最差；根据表中数据标准差可看出，整体标准差对照方案最大，方案2次之，方案1最小，说明对照方案数据离散性大，瞳孔面积变化幅度大，极易造成驾驶疲劳。

2. 瞳孔面积变化率的正态分布检验

分别将隧道进出口过渡段受试驾驶员瞳孔面积的平均变化率求出，计算结果分别见表 12-3、表 12-4，并通过绘制 P-P 图来检验模拟试验所得出的瞳孔面积变化率是否服从正态分布。

表 12-3　隧道进口过渡段受试者瞳孔面积变化率统计

受试驾驶员编号	方案1	方案2	对照方案
1	6.20%	7.62%	7.14%
2	7.21%	7.14%	6.66%
3	8.72%	6.94%	8.86%
4	9.17%	9.06%	9.65%
5	9.54%	8.59%	10.43%
6	10.38%	10.21%	11.06%
7	10.41%	11.44%	12.50%
8	8.62%	12.08%	14.12%
9	9.49%	13.38%	13.39%
10	7.56%	13.31%	14.28%
11	8.72%	10.39%	12.53%
12	6.54%	8.21%	10.35%
13	7.05%	8.72%	11.83%
14	6.73%	9.97%	13.08%
15	6.07%	9.31%	12.42%
16	7.26%	10.50%	14.77%
17	8.38%	11.62%	15.89%
18	8.60%	9.72%	13.99%
19	6.45%	8.68%	10.24%
20	7.22%	9.45%	11.01%

根据表 12-3，绘制出隧道进口过渡段不同方案驾驶员瞳孔面积变化率统计 P-P 图，如图 12-9 所示。

表 12-4　隧道出口过渡段受试者瞳孔面积变化率统计

受试驾驶员编号	方案1	方案2	对照方案
1	−6.65%	−8.54%	−8.62%
2	−7.21%	−8.82%	−8.82%
3	−8.72%	−8.65%	−9.13%
4	−9.17%	−9.22%	−14.60%
5	−5.69%	−13.60%	−14.90%
6	−6.19%	−13.46%	−15.09%
7	−6.30%	−13.49%	−15.21%
8	−6.72%	−13.99%	−15.17%
9	−7.04%	−13.95%	−15.13%
10	−7.88%	−10.99%	−14.57%
11	−8.44%	−11.55%	−13.21%

续表

受试驾驶员编号	方案1	方案2	对照方案
12	−9.95%	−13.06%	−14.20%
13	−8.53%	−11.64%	−13.89%
14	−5.05%	−9.72%	−13.83%
15	−5.55%	−10.22%	−14.11%
16	−8.54%	−13.21%	−15.17%
17	−8.96%	−13.63%	−16.01%
18	−9.28%	−10.14%	−12.11%
19	−8.61%	−9.47%	−13.56%
20	−8.94%	−9.80%	−14.29%

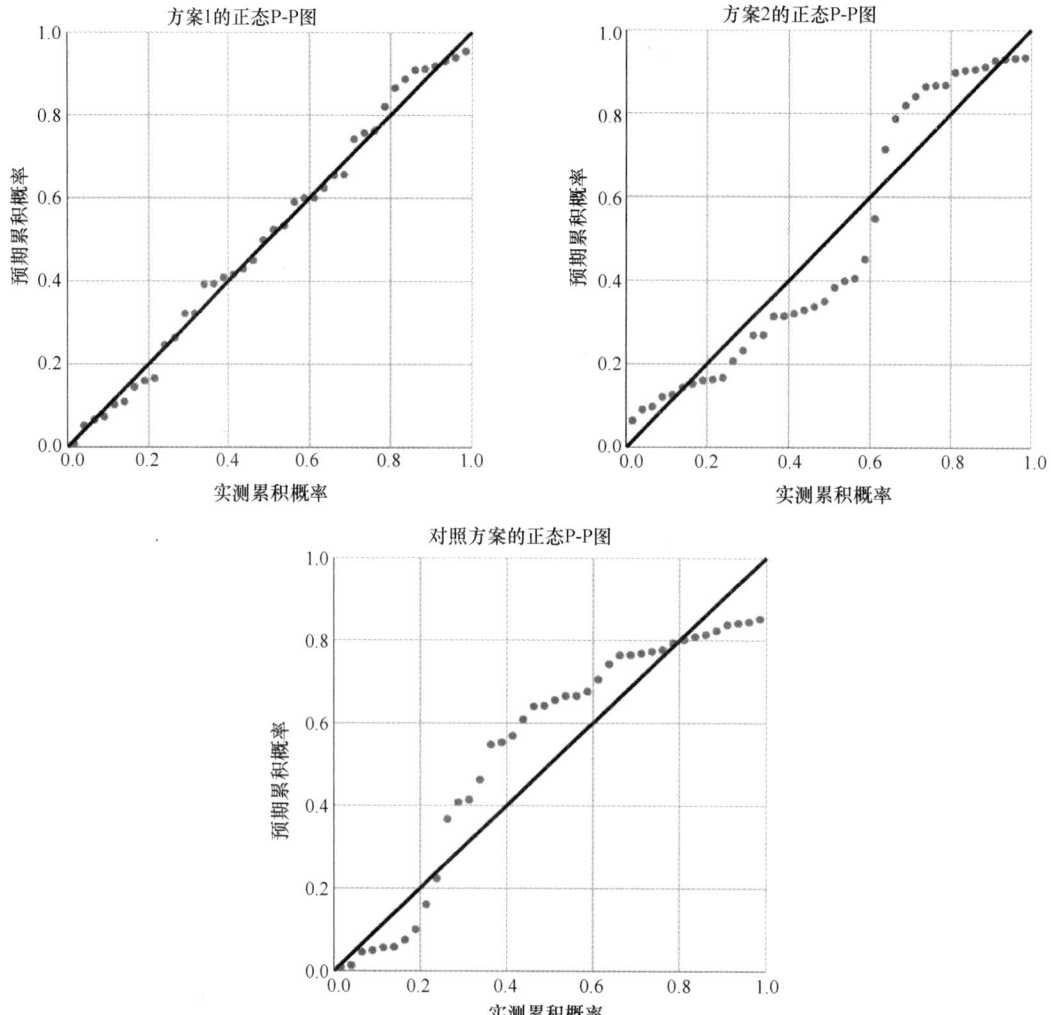

图 12-9 隧道进口过渡段不同方案的瞳孔面积变化率 P-P 图

根据表 12-4，绘制出隧道出口过渡段不同方案驾驶员瞳孔面积变化率统计 P-P 图，如图 12-10 所示。

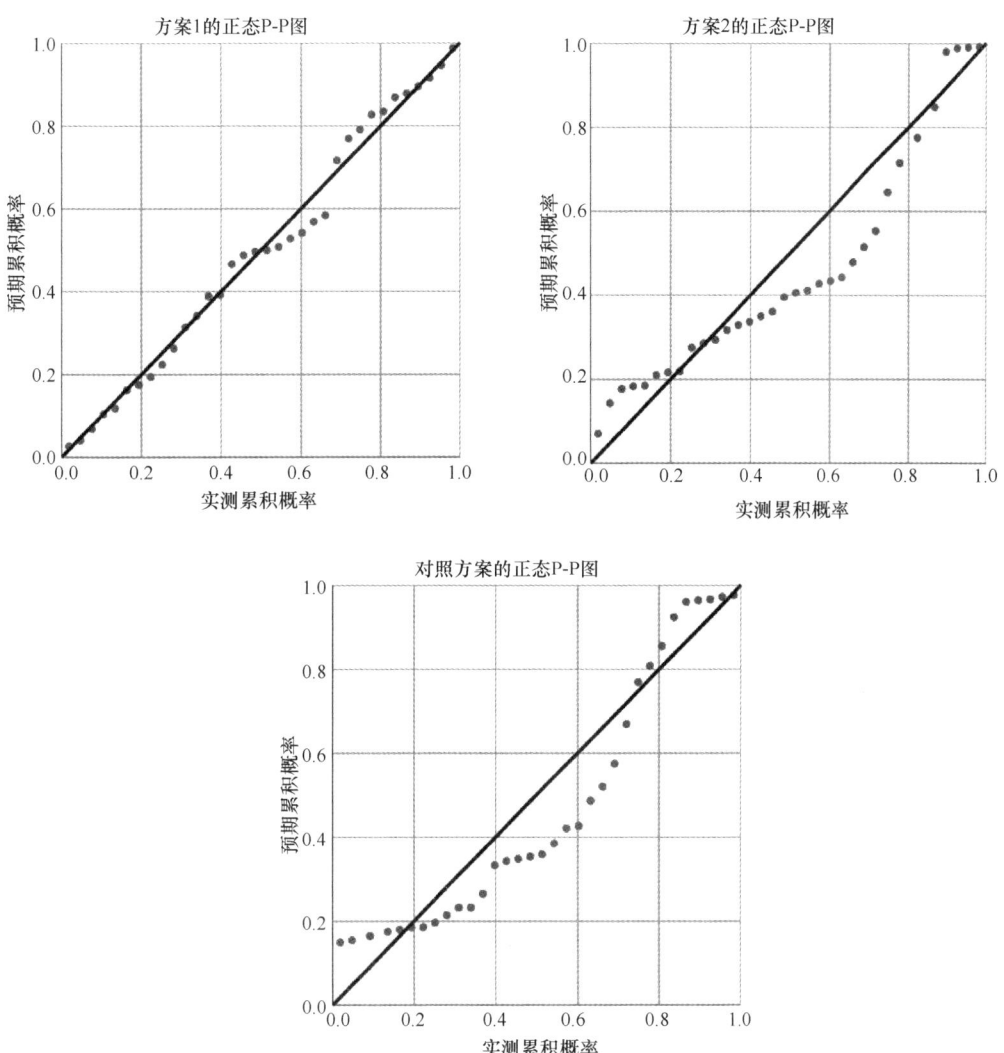

图 12-10　隧道出口过渡段不同方案的瞳孔面积变化率 P-P 图

由图 12-9、图 12-10 可以看出，样本点与理论参考线基本拟合，说明瞳孔面积变化率符合正态分布，具有统计学意义。

方案 1 红色路面，受试者在行车过程中瞳孔大小基本呈上升趋势，当受试者驾车行驶在试验路段时，受试者瞳孔增大，这是由模拟试验中环境的亮度增大所致。当受试者在彩色路面上行车时（第 6~11s），此过程中受试者平均瞳孔大小逐渐减小，变化幅度不大，受试者在进入隧道后，亮度急剧变化，导致受试者瞳孔大小产生变化。

方案 1 黄色路面，受试者在行车过程中瞳孔大小基本也呈上升趋势，当受试者驾车在试验路段时，在第 1~3s 的过程中，驾驶员瞳孔变化较大，这是由于受试者进入新环境后，周围的影响因素较多；在第 6~9s 的过程中，受试者瞳孔大小基本持平，在第 9~10s 时，受试者瞳孔面积变小；在第 10~11s 时，由于洞口突然由亮变黑，再变更亮，瞳孔大

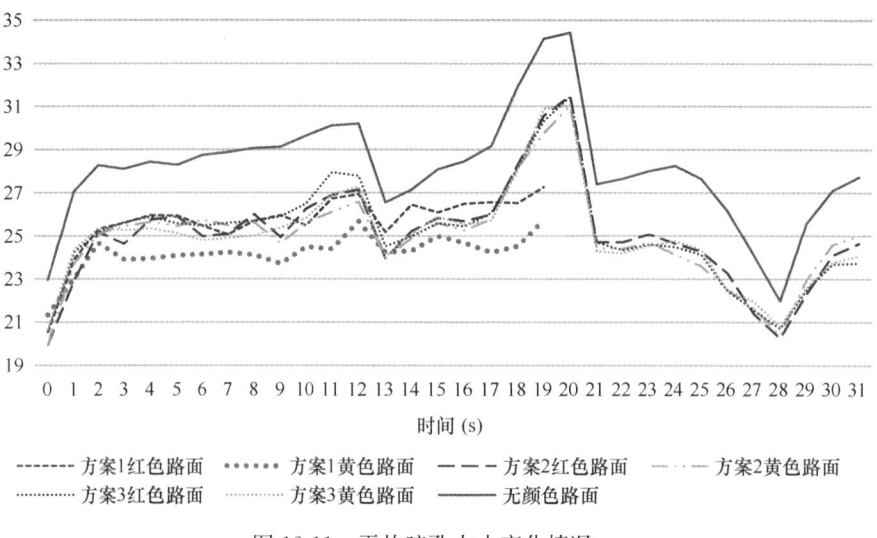

图 12-11 平均瞳孔大小变化情况

小突然改变。

方案 2 与方案 3 整体眼动特征比较相似，红色路面与黄色路面受试者的瞳孔逐渐变大，两者瞳孔大小变化情况具有相似性。第 8～10s 时瞳孔面积变小，该时间段受试者第一次注视彩色路面；第 13～14s 受试者进入隧道内，洞口处亮度低，出现黑洞效应，瞳孔面积变；当受试者在驾车行驶一段时间后，在第 18～20s 这个区间，视频中用黑屏表示行驶时间久，瞳孔出现变化；在第 22～29s 这个区间，受试者已经熟悉该隧道环境，逐渐放松，瞳孔逐渐变小；第 29～32s 瞳孔面积变大，主要是因为第 29s 时，受试者接近出口，洞外天空亮度较大，出现白洞效应。但是当受试者经过红色路面时，瞳孔面积大小变化情况大于黄色路面瞳孔大小变化情况，当瞳孔大小变化过大时，会影响驾驶员行车安全。如图 12-11 所示，最上方的绿色实线为驾驶员驾车行驶在原始灰黑色路面上时的瞳孔大小变化情况，可以清晰地看出，驾驶员驾车行驶在彩色路面时的眼动波动情况弱于驾车行驶在原始灰黑色路面上时的瞳孔大小变化情况，说明彩色路面的铺设有助于缓解驾驶员瞳孔变化引起的疲劳，进而可以提高行车安全性能。

3. 瞳孔面积变化率曲线

通过对隧道进出口环境进行仿真模拟，得到受试驾驶员在隧道内部及隧道进出口过渡段的瞳孔面积变化规律，经过计算整合，得出多名受试者整体瞳孔变化规律并绘制出变化曲线。图 12-12～图 12-14 表征整体受试驾驶员的平均瞳孔面积变化率曲线，图中位置 A 表示隧道入口，位置 B 表示隧道出口。

根据各方案曲线的对比，得出以下结论：

（1）根据曲线显示，无论处于何种模拟环境，车辆在进入隧道前 10s 左右驾驶员瞳孔面积变化率有一定幅度的增长，在进入隧道后的 5～15s 内，瞳孔面积变化率达到一个峰值。经过峰值之后，瞳孔面积变化率有所下降并处于一个相对稳定的阶段。

（2）当高速路上未设置警示路面时，隧道进口处驾驶员瞳孔面积变化率较大，且驾驶员整体瞳孔面积变化率幅度范围较大，大致为－10%～20%，这说明驾驶员心理紧张；通过设置彩色警示路面，受试驾驶员在隧道进口处瞳孔面积变化率峰值与整体瞳孔面积变化

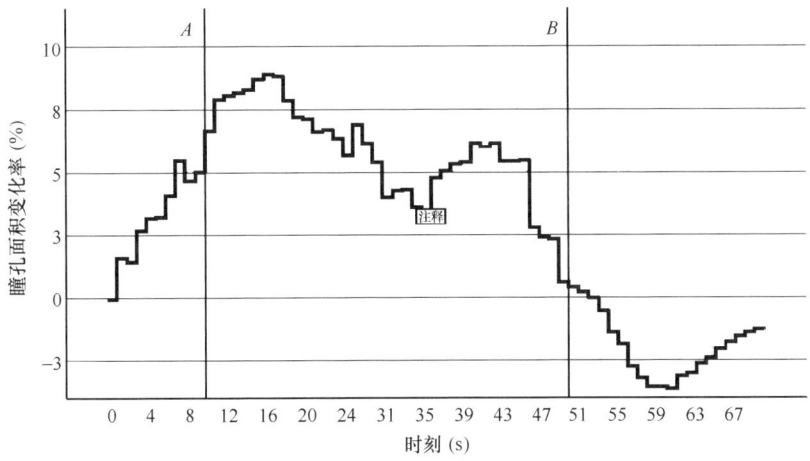

图 12-12　驾驶员在方案 1 模拟场景下的瞳孔面积变化率

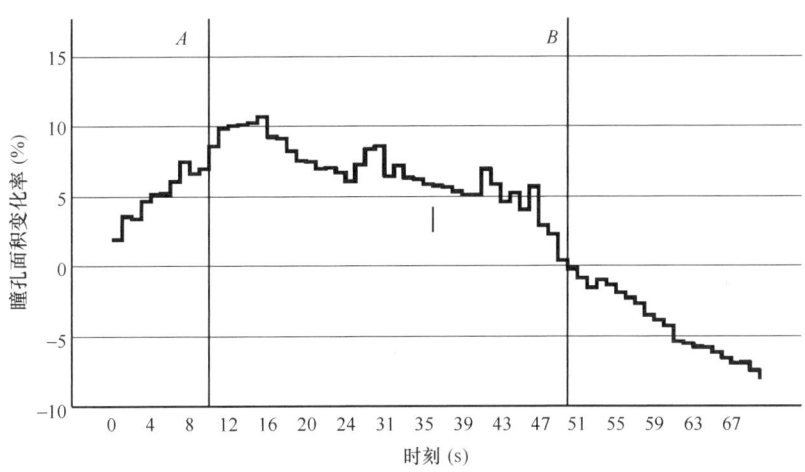

图 12-13　驾驶员在方案 2 模拟场景下的瞳孔面积变化率

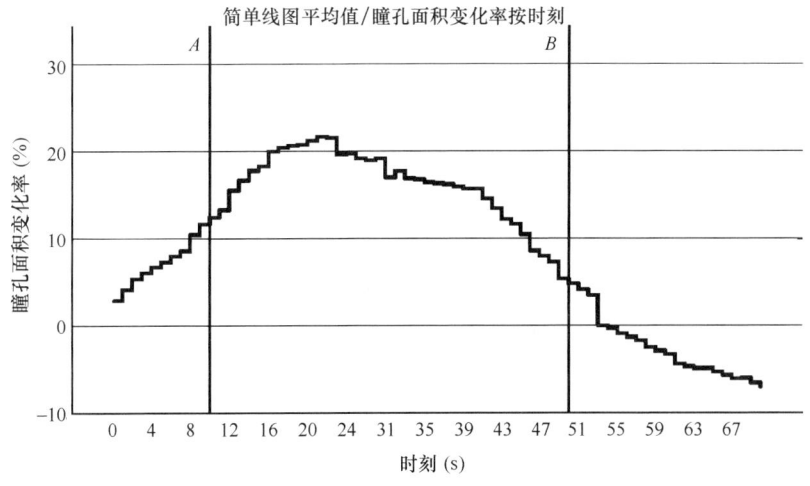

图 12-14　驾驶员在对照方案模拟场景下的瞳孔面积变化率

率幅度范围均有所减小,这说明彩色警示路面起到了增强路面亮度、缓解驾驶员黑洞与白洞效应以及生理紧张情绪的作用。

(3) 根据有关资料研究,以瞳孔面积变化率幅度范围 20% 作为表征驾驶员驾驶紧张程度和驾驶安全舒适性的阈值。通过分别对设置彩色警示路面的方案曲线进行对比分析,发现方案 1 为最接近此阈值的方案,因此,认为彩色警示路面具有较大的利用价值。

12.3.5 热力图及轨迹图

1. 方案 1

如图 12-15 所示为受试者驾车行驶在方案 1 红色路面时的热力图及轨迹图,从图中可以直观地看出受试者注视区域较多,眼动路线较长;如图 12-16 所示为受试者驾车行驶在方案 1 黄色路面时的热力图及轨迹图,从图中可以直观地看出受试者注视区域比较集中,眼动路线短于红色路面。

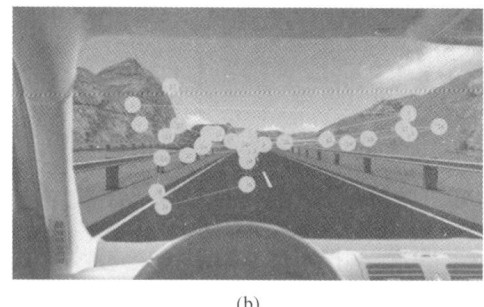

(a)　　　　　　　　　　　(b)

图 12-15　方案 1 红色路面测试结果

(a) 方案 1 红色路面热力图;(b) 方案 1 红色路面轨迹图

(a)　　　　　　　　　　　(b)

图 12-16　方案 1 黄色路面测试结果

(a) 方案 1 黄色路面热力图;(b) 方案 1 黄色路面轨迹图

如图 12-17 所示为方案 1 两种彩色路面注视点情况统计,虚线表示的是方案 1 黄色路面所有注视点到原点的距离的连线,实线表示的是方案 1 红色路面所有注视点到原点的距离的连线。在方案 1 测试中,眼动记录仪记录了受试者在黄色路面上驾车行驶时有 17 个注视点;在红色路面上驾车行驶时有 34 个注视点,每个点距离原点都较远并且比较分散。方案 1 红色路面受试者注视点的方差 $\sigma_{红}^2 = 0.052$,方案 1 黄色路面受试者注视点的方差 $\sigma_{黄}^2 = 0.026$,$\sigma_{红}^2 > \sigma_{黄}^2$,方差越大,离散程度越大,说明红色路面的注视程度更加分散,在图

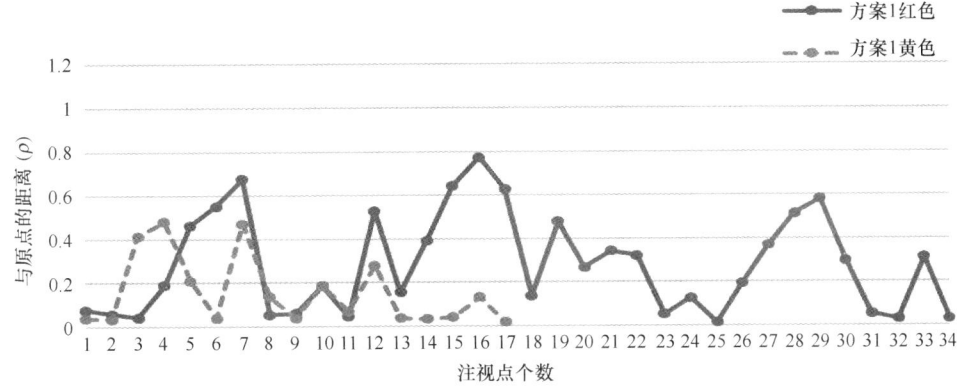

图 12-17　方案 1 彩色路面离散程度

中也可以明显看出方案 1 红色路面的点与原点的距离要大于方案 1 黄色路面上各注视点与原点的距离。受试者在驾车行驶时更容易被其他方向的物体或环境吸引。

2. 方案 2

如图 12-18 所示为受试者驾车行驶在方案 2 接近段入口处红色路面时的热力图及轨迹图，从图中可以看出来受试者注视区域主要集中在中间和左侧区域，有个别短暂注视点在左上方，整体眼动轨迹较长且混乱；如图 12-19 所示为受试者驾车行驶在方案 2 接近段入口处黄色路面时的热力图及轨迹图，从图中可以看出受试者注视区域比较集中且注视时间长，眼动轨迹不交叉。图 12-20、图 12-21 为两种路面出口处受试者眼动特征，受试者的视线集中在中心区域，注视点比较集中，并且均注视在彩色路面上，且注视点在黄色路面与红色路面上注视情况比较相似。

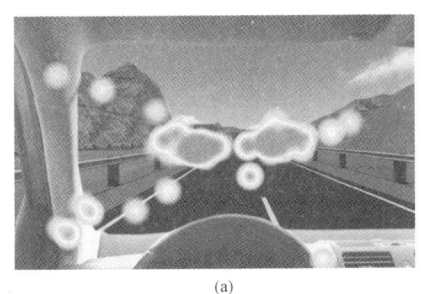 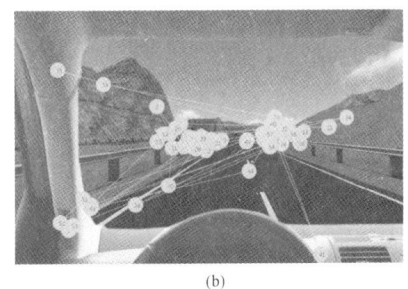

(a)　　　　　　　　　　　　　　(b)

图 12-18　方案 2 入口红色路面测试结果
(a) 方案 2 红色路面接近段入口热力图；(b) 方案 2 红色路面接近段入口轨迹图

(a)　　　　　　　　　　　　　　(b)

图 12-19　方案 2 入口黄色路面测试结果
(a) 方案 2 黄色路面接近段入口热力图；(b) 方案 2 黄色路面接近段入口轨迹图

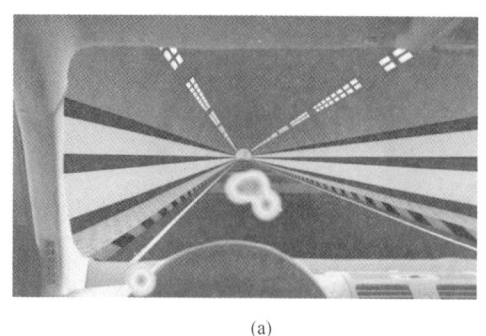 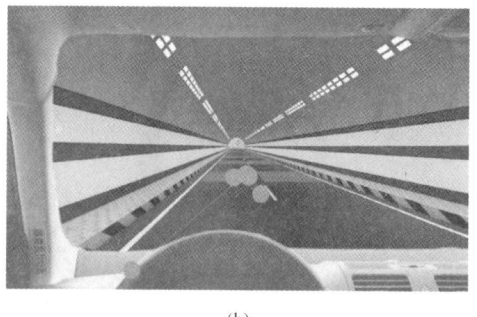

(a) (b)

图 12-20 方案 2 出口红色路面测试结果

(a) 方案 2 红色路面出口处热力图；(b) 方案 2 红色路面出口处轨迹图

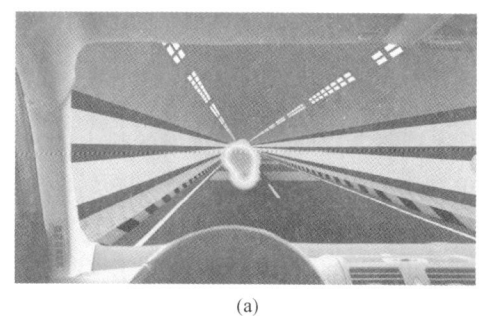 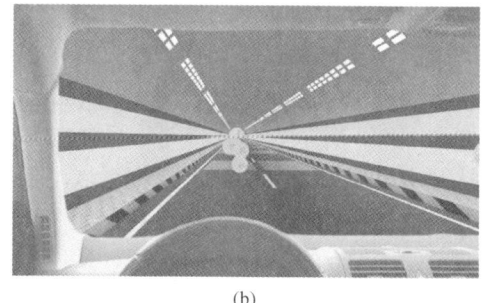

(a) (b)

图 12-21 方案 2 出口黄色路面测试结果

(a) 方案 2 黄色路面出口处热力图；(b) 方案 2 黄色路面出口处轨迹图

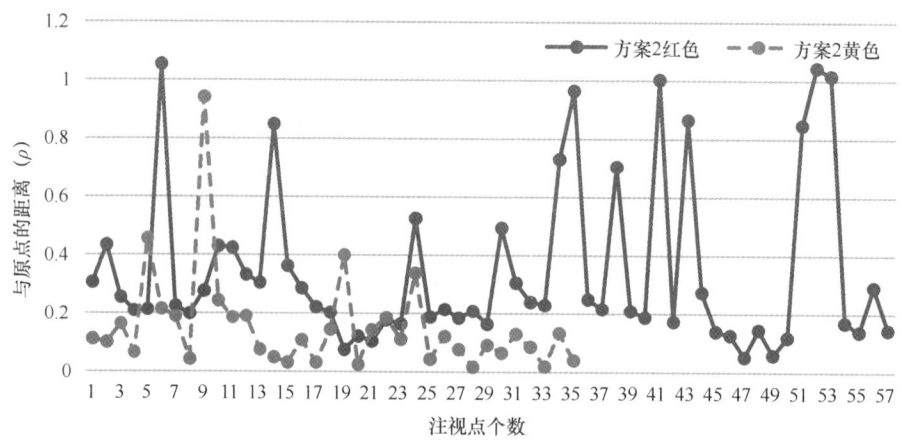

图 12-22 方案 2 彩色路面离散程度

如图 12-22 所示为方案 2 两种彩色路面注视点情况统计，虚线表示的是方案 2 黄色路面所有注视点到原点的距离的连线，实线表示的是方案 2 红色路面所有注视点到原点的距离的连线。在方案 2 测试中，眼动记录仪记录了受试者在黄色路面上行驶时有 35 个注视点，其中第 25~35 个注视点距离原点比较近，说明受试者在后期驾车行驶过程中适应这个行程环境；受试者在红色路面上驾车行驶时有 57 个注视点，每个点距离原点都较远并且比较分散，波动比较大。方案 2 红色路面受试者注视点的方差 $\sigma_{\text{红}}^2 = 0.080$，方案 2 黄色路面受试者注视点方差 $\sigma_{\text{黄}}^2 = 0.029$，$\sigma_{\text{红}}^2 > \sigma_{\text{黄}}^2$，方案 2 红色路面注视点数据方差大，说明受试者在方案 2 红色路面的注视程度更加分散，更不稳定。

3. 方案 3

如图 12-23 所示为受试者驾车行驶在方案 3 接近段入口处红色路面时的热力图及轨迹图，从图中可以看出受试者注视区域主要集中在中间区域，其中左侧区域有个别短暂的注视点，眼动轨迹较长；如图 12-24 所示为受试者驾车行驶在方案 3 接近段入口处黄色路面时的热力图及轨迹图，受试者注视区域比较集中在中心区域且注视时间长。图 12-25、图 12-26 为受试者在出口处眼动特征，驾车行驶在黄色路面上的受试者的视线集中在中心区域，注视点比较集中，且均注视在彩色路面上，红色路面上略有偏差，有部分注视点在左侧内壁上面。

 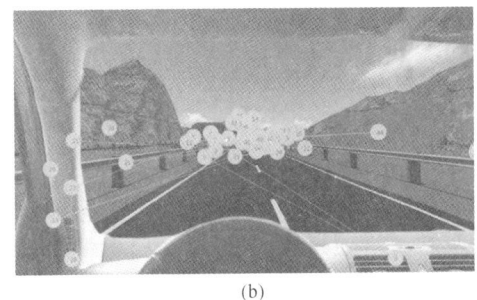

(a) (b)

图 12-23　方案 3 入口红色路面测试结果

(a) 方案 3 红色路面接近段入口热力图；(b) 方案 3 红色路面接近段入口轨迹图

(a) (b)

图 12-24　方案 3 入口黄色路面测试结果

(a) 方案 3 黄色路面接近段入口热力图；(b) 方案 3 黄色路面接近段入口轨迹图

如图 12-27 所示为方案 3 两种彩色路面注视点情况统计，虚线表示的是方案 3 黄色路面所有注视点到原点的距离的连线，实线表示的是方案 3 红色路面所有注视点到原点的距离的连线。在方案 3 测试中，眼动记录仪记录了受试者在黄色路面上驾车行驶时有 50 个注视点，其中第 33~42 个注视点距离原点比较近，驾驶员眼动比较集中；在红色路面上驾车行驶时有 45 个注视点，每个点距离原点都较远并且比较分散，波动比较大。整体来看，黄色路面上第 31 个点是距离原点较远的点，除此点外，其他注视点都相对波动较小。两者的眼动特征具有相似性。方案 3 红色路面受试者注视点方差 $\sigma^2 = 0.094$，方案 3 黄色

(a) (b)

图 12-25　方案 3 出口红色路面测试结果
(a) 方案 3 红色路面出口处热力图；(b) 方案 3 红色路面出口处轨迹图

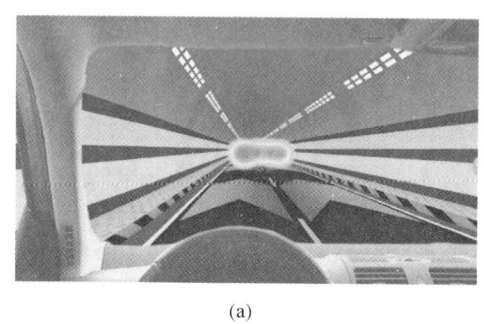 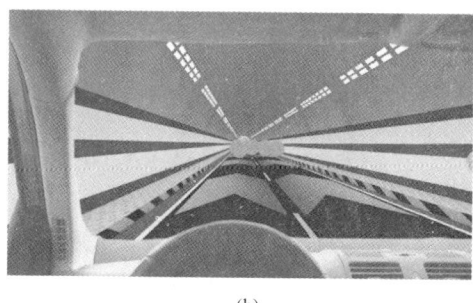

(a) (b)

图 12-26　方案 3 出口黄色路面测试结果
(a) 方案 3 黄色路面出口处热力图；(b) 方案 3 黄色路面出口处轨迹图

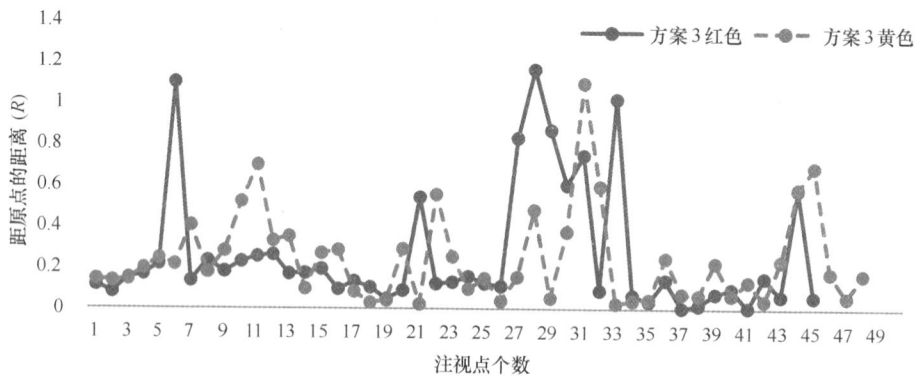

图 12-27　方案 3 彩色路面离散程度

路面受试者注视点方差 $\sigma^2 = 0.050$，$\sigma^2_{红} > \sigma^2_{黄}$，说明此方案红色路面的注视程度更加分散，注意力集中度低。

主观问卷调查结果：

首先对仿真场景的真实度进行汇总分析，主观问卷调查将仿真场景的真实度定义为 V（validity），等级划分为 0~10 分，0 分为非常不真实，10 分为非常真实。分别对受试者的舒适性与警惕性进行了询问。图 12-28 为问卷调查结果。

(1) 在测试中，您认为哪种颜色路面使您感觉到视觉舒适？24% 的人选择了红色，

26%的人选择了无颜色（原路面），50%的人认为黄色感觉的视觉舒适。

（2）在测试中，您认为哪种颜色路面对您有警惕作用？5%的人认为无颜色（原路面），36%选择了黄色路面，59%的人选择了红色路面。

（3）在测试中，您认为哪个方案最好？4人选择了方案1，占9.52%；7人选择了方案23，占16.67%；31人选择了方案3，占73.81%。

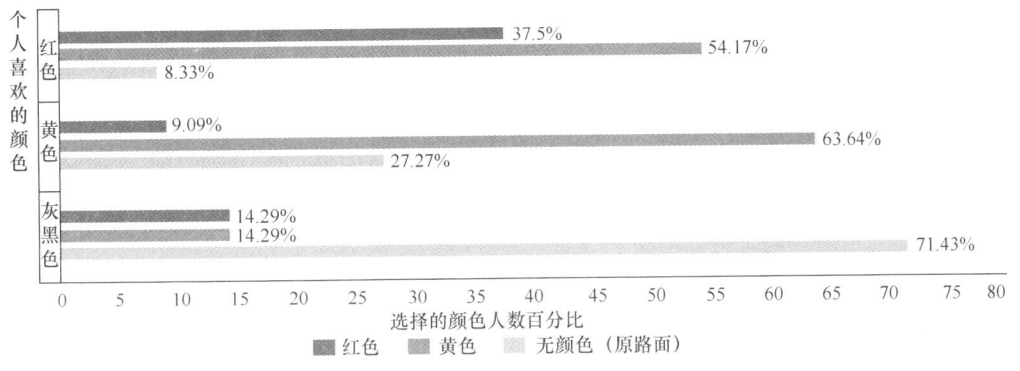

图 12-28　个人喜好颜色与选择情况

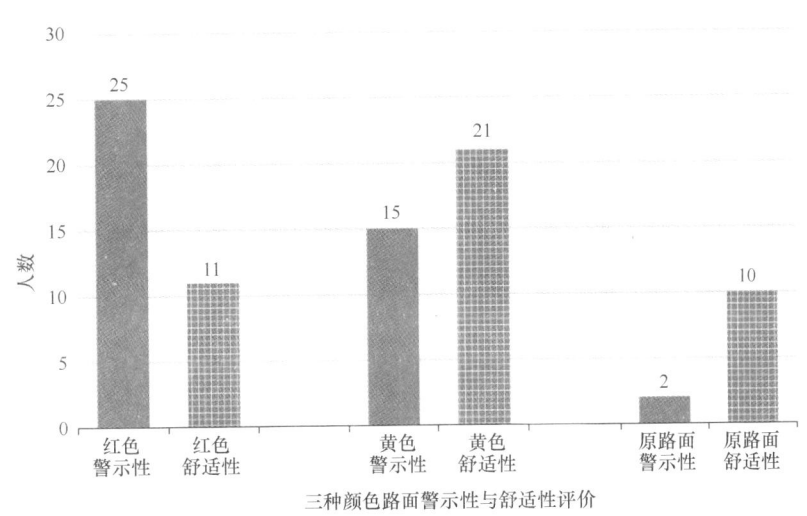

图 12-29　问卷调查结果

为了探讨受试者个人喜好的颜色会影响其对方案舒适度主观判断，对受试者主观问卷进行了整理。数据如图12-29所示。数据显示，喜欢红色的人选择红色路面为舒适路面的比例为37.5%，喜欢黄色的人选择黄色路面为舒适路面的比例为63.64%，喜欢灰黑色的人选灰黑色为舒适路面的比例为71.43%。使用SPSS进行相关性分析，发现个人喜好的颜色与其主观选择舒适路面颜色相关。

12.4　本章小结

本章对高速公路隧道进出口过渡段进行了仿真设计。作为后期的基点与重点，本章从高速公路隧道进出口的环境特征出发，分析了驾驶员进出隧道时的眼动变化，并比较了不同减速措施的减速效用。

（1）在隧道进出口过渡段处，不同的驾驶员具有一定的个体差异，通过对不同驾驶员的瞳孔面积变化率与差异的对比分析，说明具有驾驶经验的驾驶员对于道路行车环境的变化具有相当的适应能力。

（2）通过以上指标分析，发现虚拟驾驶试验进行到隧道进出口处，过渡段路面设置的不同会对驾驶员产生不同的影响。说明适当布设减速措施可以有效地减弱隧道进出口过渡段的单调环境给驾驶员带来的心理上的影响。

（3）通过对警示路面的分析可知：从瞳孔面积变化率方面考虑，方案1最佳，方案2次之；从驾驶员的注视区域方面考虑，进口处黄色方案更胜一筹，出口处两种颜色路面差异不大。因此选用路面颜色为黄色，以方案1作为试验路的铺设方案。

13 环氧彩色抗滑路面表层的应用与施工技术研究

13.1 环氧彩色抗滑路面表层的工程应用

13.1.1 工程概况

河北省太行山武安段是位于河北省西南的高速公路，全长40km，起于矿山镇西北，途经6个乡镇、33个村庄，是整个太行山高速公路的施工难点，桥隧比达到40%。为了验证环氧彩色抗滑路面表层的设计方法和施工工艺的应用效果，2019年对邯郸市高速公路武安段的岭底东坡隧道沥青路面进行试验路的铺筑工程，该地段总长整体路基宽24.5m，设计速度80km/h，隧道进出口处铺设条形彩色带，采用渐进间断型的铺设方式，有利于提高驾驶员的警惕性，使其减速慢行。东坡隧道是太行山高速公路最长隧道，隧道入口位于K37+800桩号，隧道长约4km（图13-1）。图13-2为太行山高速公路的地理位置。该工程属于分离式特长隧道，采用单向双车道高速公路设计标准。该地区地形起伏较大，局部存在地表水渗透现象，对沥青路面影响较大，因此采用环氧彩色抗滑路面表层铺装技术能明显改善隧道进出口的路用性能。

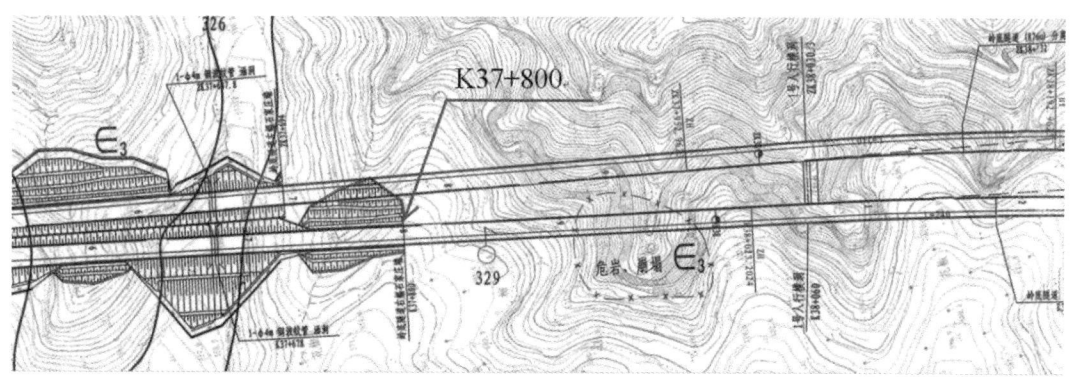

图13-1 实际工程山区地形图

从道路工程角度来看，路面色彩对道路景观有重要影响，人眼对不同色彩具有不同的敏感性，不同的路面颜色对驾驶员产生的视觉效果和心理影响不同，选择适当的色彩能提高道路交通安全性。研究表明，按视觉敏感性不同，常见的颜色由强到弱依次排序为：黄色＞红色＞绿色。由于黄色明度最高，警示性最强，符合国际通用要求，因此彩色路面抗滑骨料采用国内外道路铺装工程中普遍使用的氧化铁黄，其材料化学性质相对其他颜色较稳定，耐候性好，着色力强，成本较低。图13-3为环氧彩色抗滑路面表层铺装后效果图。

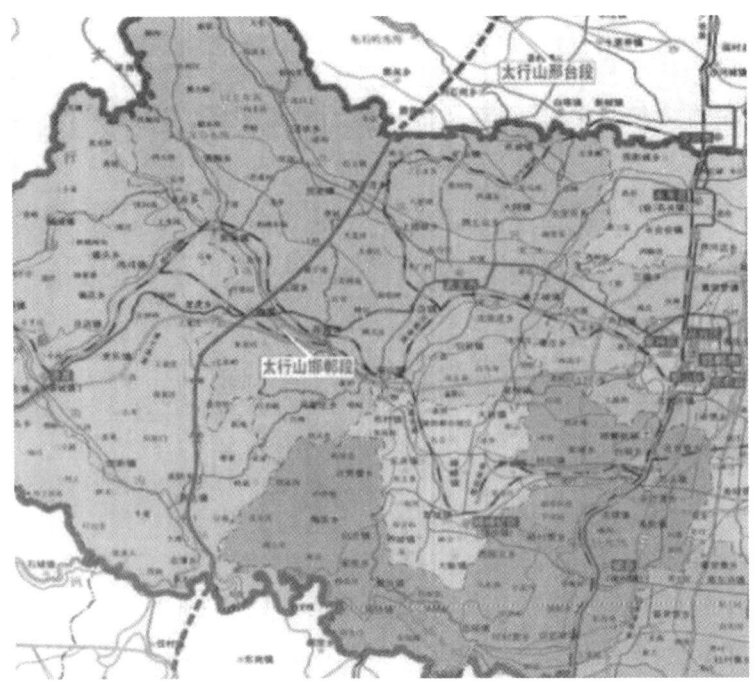

图 13-2 项目位置

图 13-3 环氧彩色抗滑路面表层铺装后效果图

13.1.2 施工工艺

环氧彩色表层＋沥青混合料复合结构是一种新型路面结构类型，可美化沥青路面。通过环氧彩色抗滑路面表层布设起到提高警示、增强路用性能的作用，同时起到降低交通事故的作用。环氧彩色抗滑路面表层的铺装施工工艺主要分为两种：层铺法和拌和法。层铺法施工便于使用沥青洒布机和骨料撒布机，功效高，适合大面积施工，因此采用层铺法。其施工工序具体如下：

1. 标记铺设位置及路表清洁

根据设计图纸，标记彩色路面铺设位置；用钢刷刷去表面多余沥青及油污，用扫帚清扫表面灰尘等，若表面沾有泥浆不易清洁，用水反复清洗，直至干净；清洗完毕后自然风干,依据设计适当采取防污措施。施工前应确保路表干燥,若仍存在少量未干燥路面,可以用吹干机吹干,雨后严禁施工。

2. 贴图案边缘胶条、封闭交通

根据设计图纸及标记位置,在图案边缘贴胶条。贴好胶条后,应封闭交通,限制人员出入。

3. 设置施工物料存放点

根据图纸,计算环氧树脂及各添加剂数量、彩色骨料数量;运送各种物料到现场,准备电子秤、扫帚、抹布以及酒精清洗剂等。

4. 预制彩色环氧结合料

首先将各种环氧树脂和各种添加剂运输到现场,根据施工计划准备环氧结合料用量,依据上文中彩色环氧结合料配比方案确定的比例进行充分混合,搅拌机搅拌10min使之充分混合,混合后应尽快完成铺面材料摊铺。

5. 环氧黏结材料摊铺及撒布彩色骨料

施工温度控制在15~30℃,在圈定的部位进行环氧浆料的布设,摊铺的浆料表面厚度应均匀,按照$2kg/m^2$均匀摊铺彩色环氧结合料,不得出现遗漏或布设过薄现象,刮平后静置5min;应立刻以国内经验值$4kg/m^2$均匀撒布彩色抗滑骨料直至撒布饱满过量,应使彩色骨料在1m处垂直自然掉落,不应水平抛撒,不得出现遗漏区域,2h后撤掉彩色路面边界胶条,封闭交通1d后清扫并回收多余骨料,以便强度满足行车需要。

试验工序如图13-4所示。

图13-4 环氧彩色抗滑路面表层铺装的施工工艺

13.2 试验路检测

为评价环氧彩色抗滑路面表层铺装工程的实用效果，本课题组在河北省太行山邯郸市武安段高速公路东坡隧道进出口和本校实验楼小西门和平路分别选取部分路段进行施工，如图13-5所示。根据不同道路位置，对试验路的常规性能分别进行检测分析，依据《公路路基路面现场测试规程》（JTG E60—2008）进行。

1. 黏结性能

依据《色漆和清漆 拉开法附着力试验》（GB/T 5210—2006）对环氧彩色抗滑路面表层材料进行附着力测试，如图13-6所示。试验结果见表13-1。

图13-5 试验路铺设图

图13-6 附着力测试

表13-1 附着力测试结果

位置	拉拔强度/MPa	标准偏差	变异系数/%	平均值/MPa	技术指标
铺装层中心	2.48 2.37 2.51	0.07	3	2.45	≥2MPa
铺装层边缘	2.05 2.14 2.28	0.12	5.4	2.16	

由表13-1可看出试验路铺装中心处的附着力高于边缘处，由于环氧结合料摊铺不均匀，表层边缘处的环氧结合料少于表层中心处，因此造成黏结强度下降，但环氧彩色抗滑路面表层与沥青混凝土的黏结强度仍明显高于规范要求，具有良好的黏结性能。

2. 抗滑性能

采用摆式仪测定试验路摆值，采用手工铺砂法测试构造深度，在试验路车行道每隔50m确定一个测点，如图13-7所示。检测结果见表13-2。

13 环氧彩色抗滑路面表层的应用与施工技术研究

(a) (b)

图 13-7 抗滑性能检测
(a) 摩擦系数测试；(b) 构造深度测试

表 13-2 抗滑性能试验结果

位置	摆值/BPN	标准偏差	变异系数/%	平均值	构造深度/mm	标准偏差	变异系数/%	平均值
彩色路面	90 88 84	3.06	3.5	87.3	1.28 1.17 1.11	0.09	7.3	1.19
沥青路面	75 74 72	1.59	2.2	73.3	0.72 0.66 0.63	0.05	6.8	0.67
技术指标	≥45	—	—	≥45	≥0.6	—	—	≥0.6
试验方法	T 0964				T 0961			

由于彩色陶瓷颗粒具有优异的抗滑效果，隧道进出口彩色路面摆值为 87.3BPN，与沥青路面的抗滑性能相比提高了 19%。彩色路面构造深度经检测为 1.19mm，相比沥青路面增加了 0.52mm，远高于规范要求。结果表明，环氧彩色抗滑路面表层能显著提高沥青路面的抗滑性能。

3. 平整度

彩色抗滑表层铺装施工需确保路面整体的平整度符合规范要求，因此对其平整度进行检测，平整度检测结果合格率均为 100%。详见表 13-3。

表 13-3 平整度试验结果

位置	平整度/mm	技术要求	试验方法
沥青路面	1.53	≤5mm	T 0931
彩色路面边缘	2.04		
彩色路面中心	2.69		

由表 13-3 可看出，试验路不同位置的平整度均小于 3mm，由于彩色抗滑表层的厚度较小，因此，路面的平整度仍然满足规范要求。

13.3 经济性评价

对抗滑功能型的环氧彩色表层+沥青混合料复合结构进行经济性评价，要考虑环氧结合料和抗滑表层其他材料的成本，反映出环氧彩色抗滑路面表层复合结构铺装的经济效益，面层厚度均为 4.5cm。分析结果见表 13-4。

表 13-4 几种彩色路面施工材料成本对比

路面类型		环氧彩色抗滑面层材料成本（元/m²）	沥青彩色混合料（元/m²）	聚酰胺类环氧彩色沥青路面（元/m²）	PMMA 环氧彩色沥青路面（元/m²）
结合料	复配环氧树脂	20.33	103.25	45	56
	固化剂	2.9			
	增韧剂	3.68			
	稀释剂	1.05			
填料		2	—	—	—
添加剂（阻燃剂、吸光剂和颜料等）		7.35	15.2	1.65	1.65
骨料		16	30	36	36
沥青混合料（下卧）		40	—	40	40
总价		93.31	148.45	122.65	133.65

从表 13-4 可看出，每种彩色路面材料每平方米成本均为普通沥青混合料的 2~3 倍，远高于普通沥青路面的成本，环氧彩色抗滑面层的材料成本为 93.31 元/m²，与其他各类彩色路面相比有很大的价格优势和性能优势，经济效益显著。

13.4 社会性评价

环氧彩色抗滑路面表层铺装具有明显的标识性、辨别性等特点，起到美化交通环境、警示引导、减少噪声污染、缓解热岛效应四个作用。

1. 美化交通环境

在高速公路上，环氧彩色抗滑路面表层与其周围绿化带环境组合在一起，让驾驶者感到心情舒适。如今，彩色路面铺装已在城市的公园、步行道、停车站等公共场所广泛应用，不但美化了环境，吸引来更多的游客，也使人心情舒畅，同时提高了周围居民区的商业价值，促进了地产业的发展。

2. 警示引导

研究表明在沥青或水泥路面长时间驾驶，会使得驾驶员的思维迟缓，注意力下降，诱发疲劳，增加出现交通事故的概率。通过环氧彩色抗滑路面表层铺装对单一色调的路面进行改进，鲜艳的色彩效果能够明显减轻视觉疲劳。在高速公路易发生交通事故的特殊路段进行彩色路面铺装，能够刺激司机的视觉神经系统，使其保持清醒，更加注意行驶车速及车距，提高了交通行驶的安全性。

3. 减少噪声污染

在道路交通发展中，道路车流产生的噪声严重影响了周围居民的生活质量。针对这一现象，欧美发达国家首先研发并铺设了多孔低噪的彩色路面，由于其中存在大量均匀的孔隙，减小了汽车行驶时因压缩空气而产生的噪声，有效缓解了道路对周边环境造成的噪声污染。

4. 缓解热岛效应

路面色彩越亮，明度越高，反射率就越大，吸热越小，相反则反射率越小，吸热越大。因此，环氧彩色抗滑路面表层铺装可以在一定程度上起到调节路面温度的作用。在相同的光照、温度等外界环境条件下，彩色路面不仅增加了对外界光线的反射率，还能够减少对热能的吸收，控制了路表及其内部积聚的温度，从而缓解了热岛效应，改善了交通行驶环境。

如今，基础设施建设更加关注交通环境的协调发展，环氧彩色抗滑路面表层铺装的优势明显，吸引了很多科研机构对其进行深入探索，具有广阔的应用前景。

13.5 本章小结

本章主要结合工程实际应用对环氧彩色抗滑路面表层的施工工艺进行研究，并介绍了环氧彩色抗滑路面表层铺装的试验应用情况。主要内容如下：

（1）在对环氧彩色抗滑路面表层的施工工艺研究中，针对环氧结合料各组分、彩色抗滑骨料和颜料确定了适合彩色路面特点的施工要求，根据试验路段的特殊交通情况确定了铺装施工现场控制温度，设计铺设方案，总结了环氧彩色抗滑路面表层铺装的施工工艺以及施工经验，为以后的施工作业提供技术参考。

（2）对试验路进行了基本性能的测试，结果表明，环氧彩色抗滑路面表层抗滑性能的实际效果远超沥青路面，完全满足高速公路隧道进出口区域的应用要求。

（3）从经济效益的角度分析，各类彩色路面前期投资较大，铺装面层材料费用是普通沥青路面的2~3倍，其中环氧彩色抗滑路面表层施工材料成本最低，且后期路面养护费用少，具有良好的经济效益。

（4）从社会效益的角度分析，彩色路面不仅起到美化道路环境、区划引导交通和色彩警示诱导的作用，同时还具有缓解驾驶员视觉神经疲劳和提高交通安全性的作用，为推动公路的和谐绿色发展，提供了重要的支撑。

14 结 语

14.1 主要结论

(1) 本书上篇在查阅大量国内外关于环氧彩色抗滑路面表层材料应用技术的研究资料的基础上，根据高速公路桥梁、隧道特殊环境道面铺装开展彩色路面结构与材料方面的研究，设计了环氧彩色抗滑路面表层+沥青混凝土复合结构方案，针对研究现状的不足之处，进行彩色抗滑表层结合料的优化配比设计研究，并通过其基础性能与铺装后彩色路面复合结构的路用性能和现场施工技术分析，主要得到以下结论：

在参考大量国内外相关规范及文献的基础上，确定了环氧结合料和彩色骨料的综合技术指标，并通过分析各组分添加剂对环氧结合料性能的影响，选择出适用于桥梁、隧道环境需要的环氧树脂和各类添加剂。制定了从材料的特性和力学性能角度对环氧结合料的技术性质进行分析的试验方案，结合高等级公路隧道进出口区域的气候特点选择将彩色陶瓷颗粒作为彩色抗滑骨料。

通过对环氧彩色抗滑路面表层工程应用需求分析，根据关键组分的配比与基础性能试验研究优化并确定了复配型环氧树脂和各类添加剂的用量比例，研究了在长期紫外线辐照条件下环氧结合料老化性能衰变规律，优化环氧材料抗氧化组分设计，提高了环氧结合料的耐老化性能，对于延长使用寿命具有重要意义。

对 Z 型环氧结合料进行了各项性能评价，并分析了固化反应前后的分子结构及其反应机理，验证了该材料不仅在常温下有优异的力学性能、黏结性能，还具有良好的初始流变性能，可操作性能良好，从而确定了道路铺装用环氧结合料的合理用量。

以沥青混合料为参照，对比研究了环氧彩色抗滑路面表层+沥青混凝土复合结构的路用性能，彩色路面复合结构的最大抗弯拉强度、最大弯拉应变、马歇尔稳定度、动稳定度、长期轮碾后的摩擦系数、冻融劈裂强度比、汉堡车辙相对变形率、疲劳极限加载次数与沥青混合料相比均有显著增高，环氧彩色抗滑路面表层+沥青混凝土复合结构能够大幅提升沥青混合料的路用性能和耐久性。

基于小型加速加载装置对抗滑彩色薄层进行磨耗试验，以摩擦系数与构造深度为主要检测指标，结果表明：彩色抗滑薄层能够有效增大路面的抗滑性能，也有效保护了下卧层路面结构，环氧彩色抗滑路面表层+沥青混凝土复合结构抗滑性能衰变及抗车辙疲劳效果明显优于普通热拌沥青混合料路面。

(2) 本书下篇针对太行山高速邯郸段隧道安全需求，从环氧彩色抗滑路面表层铺装技术开展应用研究。首先提出对隧道进出口过渡段的重点研究，包括隧道进出口过渡段常用的减速安全措施、隧道进出口过渡段长度的确定。其次通过研究彩色抗滑路面视觉功效，对一系列的驾驶员眼动指标进行评价，最终确定最佳的铺设方案。最后研究了铺设彩色抗滑薄层后路面的抗滑性能，通过小型加速加载装置做了轮胎与路面的磨耗试验。经过试验分析，得出以下主要结论：

对隧道进出口处常用的减速措施进行了系统分析，包括车行道横（纵）减速标线、交通警示标志以及彩色抗滑路面。提出将减速标线与彩色抗滑路面相结合，再融入视错觉减速机理，提出减速警示型的彩色抗滑薄层这一新型概念。

通过大量隧道交通事故的汇总分析，得出公路隧道交通事故形态构成比例，对造成隧道交通事故原因进行分析，显示出隧道进出口采取减速措施的重要性以及迫切性，进而提出对隧道进出口过渡段长度进行确定。

以驾驶员于隧道进出口处的减速为基本切入点，以透视原理与闪现率原理为依据，分别得出减速型变间距彩色抗滑减速带的理论间距值，取两者交集，并将其作为设置参数，对课题原隧道交通安全设计方案进行创新，得出创新型的彩色抗滑薄层的设置方案。选择的彩色抗滑薄层，拥有视觉与触觉上双重强刺激的特点，通过磨耗试验对其触觉方面进行研究。选择红色与黄色作为隧道进出口处彩色路面的颜色。

对国内外驾驶员视觉特性及高速公路隧道进出口彩色路面进行研究，得到隧道进出口驾驶员的视觉特征数据，分析相关的变化规律。依据分析结论，根据透视原理与闪现率原理设计彩色路面三种铺设方式，方案1为原交通安全方案，方案2为变间距矩形方案，方案3变间距臂章式方案，三种方法铺设位置大致相同。

通过建立隧道模型，使用眼动仪作为虚拟现实试验中检测眼动特征的指标，先后对无彩色路面铺设方案、三种方案两种不同的颜色的铺设方式进行测试，最后通过对受试者进行主观问卷调查，发现对于方案选择上存在偏差。通过分析，提出优先选用黄色作为隧道进出口路面颜色、方案2形状为矩形的图案作为彩色路面铺设方式的建议。

根据太行山高速邯郸段岭底东坡隧道试验段的气候及地形情况，提出并设计了铺设方案，完善了现场摊铺材料配比，提出了环氧彩色抗滑路表面层铺装的施工工艺，完成试验段铺设。试验路环氧彩色抗滑路面表层+沥青混凝土复合结构常规检测性能远超沥青路面，完全满足高速公路隧道进出口区域的应用要求，提高了道路安全性和施工效率，具有良好的经济、社会效益，为推广在沥青路面的铺装应用提供了发展方向。

14.2 展　　望

我国对环氧彩色抗滑路面表层铺装材料的应用技术研究还处于研发起步阶段，尚需深入开放。结合大量的相关规范和研究资料对本研究的工作内容和取得的成果进行反思，后续主要开展以下几个方面的工作：所有试验的研究对象仅针对一种类型的环氧结合料进行深入分析，后续的研究中可以采用不同类型的环氧树脂和不同力学性能试验进行研究；试验过程中，为避免使驾驶员产生疲劳视觉依赖，试验视频时长短，与真实的高速公路行驶时驾驶员疲劳程度存在差异；扩大样本数量，使受试者职业年龄以及驾驶经验更加多样化；问卷调查显示，受试者对颜色的喜好会影响其主观评价中对推荐路面颜色的选择，可以对颜色的喜好与其视觉特征之间的关系展开研究。

参考文献

[1] 张毅. 长大隧道路面多孔彩色冷拌环氧沥青混合料开发及性能研究[D]. 重庆：重庆交通大学, 2017.

[2] 袁国柱, 宋民崇, 郭阳. 彩色表面处治技术试验路应用研究[J]. 交通标准化, 2012(7)：96-98.

[3] 张文才. 环氧彩色防滑路面施工过程存在的问题及对策[J]. 山西交通科技, 2016(2)：16-18.

[4] 徐正华. 彩色聚合物混凝土路面[J]. 国外公路, 1991(5)：44-46.

[5] 宋丽萍, 毛治国. 浅析彩色沥青路面的类型和色彩功能[J]. 交通企业管理, 2011, 26(7)：52-54.

[6] 刘长翛. 半柔性彩色水泥灌浆沥青路面关键技术研究[D]. 西安：长安大学, 2016.

[7] FENG Q. Research on perfusion composite mortar of cement grouting semiflexible pavement mixtures[J]. Concrete, 2016.

[8] 李博强. 沈阳市长青桥钢桥桥面铺装的对比与选用[J]. 北方交通, 2019(6)：25-28.

[9] LIU Hengquan, ZHANG Zhiyong, GUO Donghua, et al. Research progress and prospect of application technology of thin-layer antiskid colored pavement at home and abroad[P]. Electric Technology and Civil Engineering (ICETCE), 2011 International Conference on, 2011.

[10] RANG W. LEE, JU WON KIM, DAE WOONG KIM. Development of Color Pavement in Korea J. Transp. Eng[J]. 1985：111-292.

[11] M. SAVVILOTIDOU, A. P. VASSILOPOULOS, M. FRIGIONE, et al. Effects of aging in dry environment on physical and mechanical properties of a cold-curing structural epoxy adhesive for bridge construction[J]. Construction and building materials, 2017, 140.

[12] MICHAEL S. STENKO, ARIF J. CHAWALWALA. Thin polysulfide epoxy bridge deck overlays[J]. Journal of the Transportation Research Board, 2001, 1749/2001：64-67.

[13] 徐明. 寒区公路路面增摩阻彩色薄层应用研究[D]. 哈尔滨：东北林业大学, 2009.

[14] YOON I, LEE S. Performance evaluation of melting-blown color pavement method[C]. Vilnius, Lithuania：Vilnius Gediminas Technical University, 2008.

[15] 冯二梅. 高速公路彩色防滑路面设计与施工技术探讨[J]. 山西建筑, 2018, 44(9)：116-117.

[16] 李立寒, 吕伟民. 彩色路面用胶结料的研究[J]. 建筑材料学报, 1999(3)：235-240.

[17] 雷磊. 旧水泥混凝土路面预防性养护与维修技术研究[D]. 西安：长安大学, 2015.

[18] 张大斌. 超薄环氧面层在钢桥面铺装中的应用研究[D]. 长沙：长沙理工大学, 2012.

[19] 俞长生. 阻燃沥青路面施工质量控制分析[J]. 人民交通, 2018(11)：70-71.

[20] K. BENDER, G. SCHÄCH, S. ROSA. New flame-retardant polyamide fiber[J]. Melliand China, 2013.

[21] GÜNTER BEYER. Flame retardant polymer nanocomposites[M]. 2006.

[22] 文玉峰, 何璞祯, 马晓谱, 等. 阻燃剂的微胶囊化技术在聚合物阻燃改性中的研究进展[J]. 北京服装学院学报(自然科学版), 2019, 39(4)：77-86.

[23] 李波. 无卤阻燃弹性体的制备与性能及阻燃机理研究[D]. 北京：北京化工大学, 2011.

[24] 宁廷州, 张敬芝, 付玲. 阻燃高分子材料在电气封装领域的研究进展[J]. 塑料工业, 2019, 47(10)：1-6+147.

[25] INNERS I, INNES A. Plastic flame retardants：technology and current developments[R]. Rapra

Review Reports，2004.

[26] Hengquan L，Zhiyong Z，Donghua G，et al. Study on thin-layer antiskid and flame retardant colored pavement material for tunnels[C]// International Conference on Electric Technology & Civil Engineering. IEEE，2011.

[27] 刘科科. 高导热绝缘环氧树脂基复合材料的制备及其性能研究[D]. 南京：南京航空航天大学，2013.

[28] 叶新栋，鲍观良，王永垒，等. 双酚A型环氧树脂的合成与应用研究进展[J]. 山东化工，2018，47(22)：55-56.

[29] D RATNA，G. P. SIMON. Thermomechanical properties and morphology of blends of a hydroxy-functionalized hyperbranched polymer and epoxy resin[J]. Polymer，2001 (21).

[30] 俞计华，盘毅，胡芸，等. 低粘度液态双酚F型环氧树脂的性能研究[J]. 热固性树脂，2001(4)：1-2+5.

[31] 孙东洲，吕虎，孙禹，等. 双酚S环氧树脂的研究进展[J]. 化学与黏合，2016，38(1)：63-66.

[32] 李洪春，张广成，陈挺，等. 氢化双酚A型环氧树脂的合成与表征[J]. 西安石油大学学报（自然科学版），2008(1)：85-88+115.

[33] AminAbdollahi，Hossein Roghani-Mamaqani，Mehdi Salami-Kalajahi，et al. Preparation of hybrid composites based on epoxy，novolac，and epoxidized novolac resins and silica nanoparticles with high char residue by solgel method[J]. Polymer Composites，2018，39(S4).

[34] 李浩，黄澜，隋刚，等. 双酚A型环氧树脂玻璃化转变温度的分子模拟研究[C]//中国化学会高分子学科委员会.2015年全国高分子学术论文报告会论文摘要集——主题E高分子理论计算模拟. 中国化学会高分子学科委员会：中国化学会，2015：42.

[35] 陈浩，潘典坤，苏旺，等. 含不同固化剂的EP/T-ZnOw复合材料的性能[J]. 工程塑料应用，2014，42(9)：90-93.

[36] 贾彩霞，梁禄忠，王琦，等. 环境升温过程对常温固化环氧树脂热力学性能的影响[J]. 装备环境工程，2018，15(2)：19-23.

[37] 郭炳锟. 增韧剂的种类与用量对桥梁加固用结构胶拉伸性能的影响[J]. 山西交通科技，2019(4)：75-77.

[38] 李山剑，邓双辉，冯云龙，等. 活性稀释剂对环氧树脂结构和性能的影响[J]. 河北大学学报（自然科学版），2016，36(6)：604-613.

[39] 常玉，梁剑锋，刘戎志. 无溶剂环氧自流平地坪涂料技术探讨[J]. 涂料工业，2005(12)：50-54+60.

[40] 乔昭毓，刘付永，董川，等. 填料对环氧树脂固化动力学及触变性能的影响[J]. 化工新型材料，2019，47(12)：177-182.

[41] 杨宇，王洪国，廖克俭，等. 铝镁系阻燃剂对沥青的影响及其阻燃机理研究[J]. 应用化工，2016，45(4)：691-695.

[42] HAURIE L，LACASTA AM，CIUDAD A，et al. Addition of flame retardants in epoxy mortars：thermal and mechanical characterization[J]. Construction and building materials，2013，42：266-270.

[43] ANONYMOUS. Diving Into the Inorganic Pigments Market[J]. Paint & coatings industry，2019，35(4).

[44] 孙顺杰，乔亚玲，王强强. 彩色石英砂应用现状及发展趋势[J]. 绿色建筑，2013，5(4)：58-61.

[45] 洪雄杰. 彩色环氧面层在钢桥面铺装中的应用研究[D]. 长沙：长沙理工大学，2013.

[46] 交通部公路科学研究所. 公路工程集料试验规程：JTG E42—2005[S]. 北京：人民交通出版

参考文献

社，2005.
- [47] 谢臻. 高耐久铺装沥青混合料组成设计与性能研究[D]. 重庆：重庆交通大学，2013.
- [48] 牟伟楠. 界面微结构的定量表征及与混凝土力学性能关系研究[D]. 武汉：长江科学院，2017.
- [49] 陆佳艳. 高聚物熔体微尺度流动行为与数学模型[J]. 电子世界，2013(18)：215-216.
- [50] ESTABRAQ N. EZZAT，ALAA H. ABED. Enhancement rheological properties of asphalt binder modified with hybrid polymers according to superpave system[J]. Materials today：proceedings，2020，20(Pt 4).
- [51] 中华人民共和国交通部. 公路沥青路面施工技术规范：JTG F40—2004[S]. 北京：人民交通出版社，2004.
- [52] 费绍东. 乳化沥青冷再生混合料性能研究[J]. 四川建材，2019，45(11)：18-19.
- [53] 中华人民共和国交通运输部. 公路工程沥青及沥青混合料试验规程：JTG E20—2011[S]. 北京：人民交通出版社，2011.
- [54] 董昭. 加速磨耗试验与沥青路面材料抗滑性能衰变规律研究[D]. 西安：长安大学，2011.
- [55] 严超，魏显权，方杨. 沥青混合料水稳定性能评价方法研究[J]. 公路，2019，64(10)：29-33.
- [56] S. P. ATUL NARAYAN，DALLAS N. LITTLE，KUMBAKONAM R. RAJAGOPAL. Analysis of rutting prediction criteria using a nonlinear viscoelastic model[J]. Journal of materials in civil engineering，2014.
- [57] V. PAPAVASILIOU，A. LOIZOS. Field performance and fatigue characteristics of recycled pavement materials treated with foamed asphalt[J]. Construction and building materials，2013，48.
- [58] 刘至飞，丁敏. 长期服役沥青路面面层材料汉堡车辙试验研究[J]. 公路工程，2018，43(3)：225-228.
- [59] WILSON D J，DUNN R C M. Analyzing Road Pavement Skid Resistance Institute of Transportation Engineers ITE，Proceedings of 2005 Annual Meeting，Australia，2005.
- [60] ANTONIO RAMÍREZ，JUAN GALLEGO，JOSÉ R. Development of new laboratory equipment for measuring the accelerated polishing of asphalt mixes[J]. Wear，2015，323-322：164-170.
- [61] 公路路基路面现场测试规程：JTG E60—2008[S].
- [62] 车飞. 沥青混合料离析对季冻区沥青路面长期路用性能的影响[D]. 西安：长安大学，2009.
- [63] METCALF J B. The application of full scale accelerated pavement testing[C]// Combined 18th ARRB Transport Research Conference and Transit New Zealand Land Transport Symposium. Christchurch，New Zealand，1996.
- [64] 中华人民共和国交通运输部. 公路沥青路面设计规范：JTG D50—2017[S]. 北京：人民交通出版社，2017.
- [65] 中华人民共和国交通运输部. 公路工程沥青及沥青混合料试验规程：JTG E20—2011[S]. 北京：人民交通出版社，2011.
- [66] 刘黎萍，孙立军. 高速公路沥青路面轮迹横向分布研究[J]. 同济大学学报(自然科学版)，2005(11)：31-34+50.
- [67] 中华人民共和国交通部. 公路工程集料试验规程：JTG E42—2005[S]. 北京：人民交通出版社，2005.
- [68] 胡明方. 大山包一级公路行车安全风险分析与技术对策[D]. 西安：长安大学，2018.
- [69] 张草原. 基于环境因素的隧道沥青路面抗滑性能研究[D]. 重庆：重庆交通大学，2017.
- [70] 2020年中国公路隧道数量、长度及扩建趋势分析，隧道改扩建工程如火如荼[EB/OL]. https：//www.huaon.com/channel/trend/759152.html.
- [71] 李胜春. 公路隧道进出口过渡段路面使用条件及设计建议[J]. 公路交通科技(应用技术版)，

2013，9(3)：93-97.

[72] 高静. 基于行车安全的公路隧道进出口路面结构与材料研究[D]. 西安：长安大学，2012.

[73] 边少君. 基于ICE的隧道仿真监控系统的设计与实现[D]. 青岛：中国海洋大学，2012.

[74] 海德俊. 彩色沥青路面铺装技术及其发展概述[J]. 上海公路，2007(3)：12-14.

[75] 李国豪. 中国土木建筑百科辞典：交通运输工程[M]. 北京：中国建筑工业出版社，2006.

[76] 王丽，李文凯，齐力源. 超薄磨耗层路面使用性能与层间剪切试验研究[J]. 公路与汽运，2018(1)：102-105.

[77] 杨志. 彩色防滑路面的研究进展及现状[J]. 建材与装饰，2019(32)：280-281.

[78] 张生林，赵安平，汤爱平，等. 彩色防滑路面的发展及现状[J]. 筑路机械与施工机械化，2013，30(2)：26-30.

[79] 李长顺. 欧洲彩色防滑路面在中国的应用[C]// 中国公路学会. 第五届全国路面材料及新技术研讨会论文集. 中国公路学会：中国公路学会，2004：229-231.

[80] 薛长龙，曹玉华，李长江，等. 薄层彩色防滑路面应用技术的国内外研究进展与展望[J]. 公路交通科技(应用技术版)，2017，13(3)：46-49.

[81] YOO I, LEE S. Performance evaluation of melting-blown color pavement method[C]. Vilnius, Lithuania：Vilnius Gediminas Technical University，2008.

[82] 中华人民共和国交通运输部. 路面防滑涂料：JT/T 712—2008[S]. 北京：人民交通出版社，2008.

[83] 苏彤毅. 彩色防滑路面在福银高速公路(宁夏境)隧道入口路段的应用[J]. 江西建材，2015(23)：157-158.

[84] 范宏伟. 白鹤滩水电站大坝骨料运输公路彩色防滑路面设计及施工技术[J]. 价值工程，2017(12)：122-124.

[85] 王永维，李强，李桂琴，等. 彩色树脂抗滑薄层罩面技术在青海省中的应用[J]. 现代交通技术，2018(1)：15-18.

[86] 余坪. 高速公路彩色防滑路面设计与施工技术探讨[J]. 黑龙江交通科技，2017，40(2)：70-71.

[87] XU M, PAN X, DENG Q. Setting method of Thin-layer antiskid colored pavement in tunnel based on increasing luminance of pavement[C]. Beijing, China：[12] American Society of Civil Engineers (ASCE)，2012.

[88] 韩彦斌，曾艳华，张玉春. 高速公路隧道内交通事故的影响因素及防治措施[J]. 四川建筑，2009，29(03)：62-64.

[89] 莫战春. 高速公路减速标线的设计与应用研究[J]. 交通标准化，2008(11)：9-13.

[90] 中华人民共和国国家质量监督检验检疫总局，中国国家标准化管理委员会. 道路交通标志和标线 第3部分：道路交通标线：GB 5768.3—2009[S]. 北京：中国标准出版社，2009.

[91] 中华人民共和国交通部. 路面标线涂料：JT/T 280—2004[S]. 北京：人民交通出版社，2005.

[92] 中华人民共和国交通运输部. 路面防滑涂料：JT/T 712—2008[S]. 北京：人民交通出版社，2008.

[93] 吕浩，朱瑶之，李娣. 彩色树脂抗滑薄层在钢桥面人行道铺装中的应用研究[J]. 上海公路，2018(3).

[94] 李明俊，闫磊. 改性环氧树脂薄层铺装在铺面工程中的应用[C]// 中国公路学会道路工程分会学术年会暨，第六届(2012)国际路面养护技术论坛，2012.

[95] 刘景怡，闫子豪，杨海波. 不同类型交通警示标识的记忆效果差异[J]. 心理技术与应用，2015(10)：8-11.

[96] 闫彬，周继彪，过年生，等. 毗邻隧道群出口的交通标志设置研究[J]. 西华大学学报(自然科学

版），2013，32(3)：85-89.

[97] FERMÜLLER CORNELIA，MALM HENRIK. Uncertainty in visual processes predicts geometrical optical illusions[J]. Vision research，2004，44(7).

[98] 尚婷. 基于驾驶员眼动特征的道路视错觉控速标线关键参数研究[D]. 重庆：重庆交通大学，2017.

[99] 申艳军，杨阳，邹晓龙，等. 国内公路隧道运营期交通事故统计及伤亡状况评价[J]. 隧道建设（中英文），2018，38(4)：564-574.

[100] CAO C，SHI C，LEI M，et al. Deformation characteristics and countermeasures of shallow and large-span tunnel under-crossing the existing highway in soft soil：a case study[J]. KSCE journal of civil engineering，2018，22(8)：3170-3181.

[101] SADEGH I，BAHAREH K，HOSINI H S S，et al. Correlation of clinical grading, physical tests and nerve conduction study in carpal tunnel syndrome[J]. Scandinavian journal of pain，2018.

[102] WANG Xiaofei，YANG Siqi，YAN Ying，et al. Analysis of distribution of freeway accidents under various conditions in China[J]. Advances in mechanical engineering，2016，8(8)：1.

[103] KOHL B，BOTSCHEK K，HORHAN R. Austrian risk analysis for road tunnels[C]// 3rd International Conference：Tunnel Safety and Ventilation. Graz：[s. n.]，2006：204.

[104] 王曾珍. 城市交通承载力评价模型研究[D]. 北京：中国地质大学（北京），2017.

[105] 邓冲. 宝林山隧道综合整治施工方案[J]. 广东交通职业技术学院学报，2004(1)：1-4.

[106] 张鸣. 影响驾驶员行车安全的心理和生理因素分析[J]. 濮阳职业技术学院学报，2010，23(6)：128-129+160.

[107] 代科. 基于山区公路的视觉辨识度理论研究[J]. 有色金属文摘，2015，30(2)：80-81.

[108] 胡功宏，范云飞，高建平. 山区高速公路隧道典型安全因素分析及其对策研究[J]. 西部交通科技，2007(6)：89-92.

[109] https://news.yiche.com/hao/wenzhang/895095.

[110] 鄢庆，等. 公路隧道照明设计要领[C]//中国照明学会（中国国家照明委员会）、上海市市容环境管理局、飞利浦照明（中国）有限公司. 走近CIE 26th——中国照明学会(2005)学术年会论文集. 中国照明学会（中国国家照明委员会）、上海市市容环境管理局、飞利浦照明（中国）有限公司：中国照明学会，2005：171-176.

[111] 詹嘉，潘晓东，杜志刚. 高速公路指路标志视认性与行车安全研究[J]. 公路与汽运，2007(1)：36-39.

[112] GODLEY S T，TRIGGS T J，FILDES B N. Perceptual lane width, wide perceptual road centre markings and driving speeds[J]. Ergonomics，2004，47(3)：237-256.

[113] 余志生. 汽车理论[M]. 5版. 北京：机械工业出版社，2009.

[114] 中华人民共和国交通运输部. 公路工程技术标准：JTG B01—2014[S]. 北京：人民交通出版社，2015.

[115] ZHOU J B，CHEN H，YAN B，et al. Risk assessment of operation safety in freeway tunnels：an evaluation approach using multiple safety indices[J]. Journal of transportation safety & security，2014，6(1-4)：93-116.

[116] 张冬梅. 高速公路中长隧道进出口段视错觉减速标线设置研究[D]. 西安：长安大学，2015.

[117] 张强，陈雨人，潘晓东. 色彩心理在道路交通安全中的应用[J]. 华东公路，2005(6)：65-67.

[118] 大智浩. 色彩设计知识[M]. 尹武松，译. 北京：科学普及出版社，1986：56.

[119] 胡江碧，任仁，管桂平. 公路隧道光环境技术[M]. 北京：人民交通出版社，2015.

[120] 王贤培，李白丁. 设计色彩[M]. 苏州：苏州大学出版社，2005.

[121] 韩玉昌．汽车交通心理学[M]．大连：大连海运学院出版社，1991．

[122] KATZ, B J. Peripheral transverse pavement markings for speed control. April 26, 2007. Virginia Polytechnic Institute and State University, Blacksburg, Virginia.

[123] CIE. CIEPublication 88：2004，Guide for the lighting of roads tunnels and underpasses[R]. Vienna, 2004.

[124] 招商局重庆交通科研设计院有限公司．公路隧道照明设计细则：JTG/T D70/2-01—2014[S]．北京：人民交通出版社，2014．

[125] 李林聪．无人驾驶汽车行车环境下的声学事件检测[D]．西安：西安理工大学，2019．

[126] 周娜．高速公路隧道群交通运行环境分析与评价研究[D]．西安：长安大学，2010．

[127] 王露．山地城市隧道出口路段驾驶适宜性技术研究[D]．重庆：重庆交通大学，2017．

[128] 张锐，黄晓明，赵永利，等．隧道噪声的调查与分析[J]．公路交通科技，2006，23(10)．

[129] W. F. KING, D. BECKERT. Aerodynamic noise generated by high-speed tans[J]. Noise control engineering, 1979.

[130] 汪怡平，谷正气，等．汽车气动噪声数值计算分析[J]．汽车工程，2009，31(4)：385-388.

[131] 柳孝图．建筑物理[M]．3版：北京：中国建筑工业出版社，2010．

[132] 汪亮．人类视觉的眼球运动机制[J]．科技视界，2014 (20)：185-185．

[133] 赵新灿，左洪福，任勇军．眼动仪与视线跟踪技术综述[J]．计算机工程与应用，2006(12)：118-120+140．

[134] 王抢，朱彤，朱可宁，等．视觉与听觉次任务对驾驶人视觉的影响及差异[J]．安全与环境学报，2014(4)：49-52．

[135] 刘浩学．交通心理学[M]．西安：陕西科技出版社，1992：56．

[136] 裴玉龙．道路交通安全[M]．北京：人民交通出版社，2007：19-200．

[137] 李勇，阴国恩，陈燕丽．阅读中疲劳、心理负荷因素对瞳孔大小的调节作用[J]．心理与行为研究，2004(3)：545-548+560．

[138] 张瑛．眼动仪的设计与实现[D]．西安：西安电子科技大学，2012．

[139] 闫国利，田宏杰．眼动记录技术与方法综述[J]．应用心理学，2004，10(2)：55-58．

[140] 徐娟．眼动仪的发展和性能比较[J]．中国现代教育装备，2012(23)：16-18．

[141] 刘蒿．基于眼动仪实验的体育场地区天然光影控制研究[D]．哈尔滨：哈尔滨工业大学，2014．

[142] 陈秋晓，徐丹，陶一超，等．SketchUp & Lumion辅助城市规划设计[M]．杭州：浙江大学出版社，2016．

[143] 陈仲林．高速公路隧道照明节能研究[J]．灯与照明，2008(3)：6-16+30．

[144] 皮亮，季佳俊，陈建忠．公路隧道照明关键参数的实验分析[J]．交通科技与经济，2012，14(3)：24-26．

[145] 刘兴茂，兰宇，李栋林，马非，张玉春．公路隧道照明照明灯具配置优选研究[J]．交通节能与环保，2015，11(4)：67-70．

[146] 肖代全，申振武，徐学才．高速公路隧道口绿化对驾驶员心理的影响[J]．公路交通科技，2016，33(6)：101-106．

[147] 程玉红．基于数字模拟的城市立交桥高杆照明失能眩光研究[D]．天津大学，2014．

[148] 尚婷，张勃，白婧荣．基于驾驶员视觉特性的道路视错觉控速标线关键参数[J]．科学技术与工程，2018，18(18)：300-307．